学力と評価の戦後史

学力論争・評価論争は教育の何を変えたのか

古川 治 著

ミネルヴァ書房

刊行に寄せて

占領期から今日まで八〇年間の教育の歩みを学力論・評価論から吟味検討する

大阪大学・京都大学　元教授　梶田叡一

本書は、一九四五年の敗戦から今日までの八〇年間にわたる日本の教育の歩みを、学力論・評価論の視点から吟味検討したものである。

日本が無条件降伏し、アメリカを中心とした連合国の占領下に置かれ、教育を始めとした社会のあり方全般の急速なアメリカ化が図られた時期のことを思うにつけ、また一九五一年のサンフランシスコ講和条約によって一応の独立を回復し、日本的な伝統の回復が徐々に図られつつ、多元的な世界秩序の中での新たな日本社会の位置づけに向けて模索が進められた時期のことを思うにつけ、そして今日の何事もなかったかのように平穏無事で、しかしどこか沈滞した状況を見るにつけ、この八〇年間は日本という国の長い歴史の中でも変化の著しい特異な性格を持つものであった、という感慨を持たざるを得ない。

本書は、筆者の古川治さん自身がこの激動の「戦後教育」を受けて成人し、教職に就いて学校現場や教育委員会で様々な体験を積み重ね、その経験を踏まえて大学で教員養成に携わってきたという個人史を基盤とし、まさに自らの実感を土台としながら、この間の学校教育の変遷を広範囲な資料収集に基づいて、とりわけ学力観・評価観に関わる論争の綿密な検討を中心に、読み解こうとしたものである。

本書の特筆すべき点の第一は、検討の目配りが広く、一党一派に偏しない公平公正なものにしようという配慮が色濃くうかがわれることである。これまでも戦後の学力論争・評価論争を歴史的に展望した文献がなかったわけではないが、往々にして一定の党派的グループの取り組みに視野を限定した自画自賛的なものになりがちであった。本書での検討には、そうした狭さと独善を脱しようとの意図が強くうかがわれると言ってよい。

特筆すべきもう一つの点は、本書の叙述を貫いている「一人ひとりの子どもの人権の尊重」という基本視点である。このことはまた、どの子も固有の生命を生きる「かけがえのない存在」として無条件に尊重されるべきである、との人間観に立つものと言ってよい。この視点は、近年においては国連において一九八九年一一月に採択され、現在までにほぼ全加盟国によって批准されている「子どもの権利条約」に表現されているように、どの子も「生きる権利」「育つ権利」「守られる権利」「尊重され参加することのできる権利」を持つ、という基本認識にも繋がるものである。

私自身が体験してきたところを振り返ってみても、この八〇年間にわたる戦後日本の学校教育の歩みは、様々な点で紆余曲折を余儀なくされたものであった。ちなみに、一九四五（昭和二〇）年八月一五日、太平洋戦争終戦の日、私自身は四歳五か月であった。ラジオから流れた天皇陛下の終戦の詔勅も、灯火管制のための覆いをはずした電燈がその夜まぶしかったことも、記憶に鮮明である。そしてその後、進駐軍のジープが街を走り回る中、近所の私立幼稚園に通い、鳥取県米子市立就将小学校に入学したのが一九四八（昭和二三）年四月、日本がアメリカ軍中心の連合国進駐軍の施政下に置かれて二年半を経た時のことである。終戦までの「軍国主義教育」を払拭し、新たな「民主教育」を進めよう、というアメリカ主導の大転換がなされている最中であった。

私の小学校入学の前年の一九四七（昭和二二）年には、アメリカが草案を準備した日本国憲法が施行され、教育基本法が制定され、当時のアメリカの学校制度を模した六・三・三・四制へ、という制度的大転換がなされている。日本の伝統や文化は蔑視され無視され、何事も「民主的」「進歩的」な欧米の考え方や風習に倣おうという風潮の下で、新しい教科書を用いて、アメリカの進歩的教育学者が指導する新しい授業観と評価観の下で、戦後新教育が進められようとしていたところであった。こうした占領期に、アメリカ主導で実施された社会実験的な大転換（改革）は、今日に至るまで日本社会に大きな痕跡を残しているが、将来の新たな日本社会をどのようなものとして形成していくべきかについての論議や対立をも引き起こす重要な要素を多々含むものであった。

学校教育の領域においては、アメリカから持ち込まれた「科学的な」学力観・教育評価観が、「民主的」「進歩的」潮流を象徴するものの一つであったと言ってよい。新しい評価観の基本には「客観的なエビデンスの重視」と「集団標準的な評価次元の設定」があった。これは非常に説得力を持つ、当時の状況からすれば「進歩的」な発想に彩られたものであった。私自身はこれまで、一次元的な知能指数（ＩＱ）や正規分布に基づく相対評価の考え方、正誤法や選択肢法から成る客観テストに、とりわけ大きな違和感を持ち、反対してきたが、それらの功罪はアメリカから持ち込まれたこの二つの基本原則と密接に関わっている。

「客観的なエビデンスの重視」は、それ自体、日本社会においてはそれまで見落とされがちな視点であった。日本では伝統的に「心情」を重視するため、何らかの取り組みの「成果」を問題にすることなく、その時その場で「誠実に」「一生懸命」取り組んだかどうかばかりを問題にする、という傾向が強く見られる。「結果」より「過程」が大事、と言われたりしてきたところである。そこでは多くの場合、「つもり」といった主観的願望と、「はず」といった希望が語られるだけであった。このため、教育においても教師は、子どもにこれこれの力をつけるつもりで教えています、だから子どもにはこれこれの力がつくはずです、という主観的な願望を語るだけで終りがちであった。本当にそれが実現したかどうか、それは客観的にどのようにして確認できるのか、それを次の指導のステップにどう生かすか、といった発想や感覚は皆無であったと言っても過言ではないであろう。

「集団標準的な評価次元の設定」は、個体差の問題を単純に正規分布を想定して処理するという「科学性」は別として、発想や感覚それ自体は日本社会でそれまで一般的に共有されてきたものと基本的な親和性を持つものであった。日本では平均的な人を「普通」として捉え、それよりどれだけ上か、あるいは下か、を問題にする、という発想が伝統的に強くあったのである。だから、アメリカから導入された知能指数の発想も、学業成績の五段階相対評価の発想も、その「科学性」に幻惑されるだけで、それ自体としてはスムーズに受け入れられたと言っていい。

しかしながら、こうした集団標準に準拠した発想の重視は、一人ひとりの持つ他と比べようのない個性を見過ごしたり軽視したりすることに繋がりかねない。本当は、平均的で「普通」に見える人の間にも様々な形で重要な違いがあるし、平均より上と評価された人の中にも、他の人と比較して問題となる点があったり、他の人と比較の困難な独自の特性があったりするのである。私自身は小さな頃から、他の人との比較で普通だとか優れているとか劣っているとか言われるのには、強い抵抗感を持っていた。例えば、私は知能指数そのものは高く出るのが普通であったが、飲み込みが悪いことに自分で早くから気づいていたし、機械的な記憶力にも問題があることに気づいていた。だからといって酷く悩んでいたわけではないが、知能指数が高いということで「頭がいい」と言われたりすると、「それは違う」という内的な声がいつも聞こえていたように思う。成績についても同様な気持ちがあって、テストの点が他の人よりいいから良い成績を貰える、などということは、自分には何かしらなじめない気持ちがあったものである。私の母親がいつも言っていた「人はそれぞれだから、その人の特徴はよく見ていかなくちゃいけないけど、他の人と比較して上だとか下だとか考えちゃいけない」という趣旨の言葉が、どこかに染みついていたのであろうか。さらには戦時中の「日本は神の国」という強力な思想統制の下で、我が一家はカトリック教徒であり続けたため、小さな私自身も「ヤソ」「非国民」と近所の子どもから罵られたりして、自分が「普通」には入らない子どもであることを身に染みて感じとってきたためもあるかもしれない。

いずれにせよ、「普通」を標準として相互比較的に個々人を捉えようとするが故に「個性」が見えなくなってしまうという問題は、教育のあり方を考える際、常に念頭に置きたいものである。結局は「私は私」で生きていけるようにならなくてはならないのである。

本書を読み進めて頂ければ、現代教育の孕む様々な根本問題について、改めて目の前に突き付けられる思いがするのではないかと思われてならない。多様な問題提起を豊かに孕む書として、一人でも多くの人に読んで頂きたい、と切に希望するものである。

学力と評価の戦後史——学力論争・評価論争は教育の何を変えたのか

目次

Contents (continued)

第Ⅲ部　戦後の評価改革と評価論争

序章　学力とゆとりの狭間で揺れた戦後教育を検証する

本書は、日本の戦後教育史上における学力と評価のあゆみを述べるとともに、幾度となく交わされた学力論争や教育評価論争についての展開過程を叙述し、学力論争や評価論争の歴史的な意義と今後の課題について考察することを目的としている。第Ⅰ部は、戦後教育における学力・評価と私の小・中学校時代から、教職へ入職しその後の教職人生における戦後教育との重なりについて、第Ⅱ部は戦後の学力と学力論争について、第Ⅲ部は戦後の評価改革と評価論争についてという三部構成とした。

私は日本の戦争指導者が占領軍による極東軍事裁判で裁かれた敗戦の色が残る一九四八（昭和二三）年の世界的なベビーブームの時代に誕生し、日本でも毎年の出生数が約二七〇万人といういわゆる「団塊の世代」と呼ばれる世代である。小学校時代から大学入学まで「競争教育」「すし詰め学級」の教育を受け、学力競争と入学試験に追われてきた世代である。私と同様、団塊の世代の学校を競争で生きぬいてきた探検家の関野吉晴も同様の感想を次のように語っている。関野は世界各地の秘境探検をライフワークにしてきた団塊の世代の探検家（一九四九年生まれ）である。彼は一橋大学時代から南アメリカのアマゾンを探検し、植村直己冒険賞を受賞した医師でもある異色の探検家で文化人類学者（元武蔵野美術大学教授）でもある。その関野は団塊の世代の生き方を振り返って、「僕は団塊の世代で、人数がやたらと多い。偏差値教育の走りの世代でもあります。若い頃は目標に向かって競い合うのが当然と思い込んでいました。そんな僕を変えたのは二〇年間通った南アメリカのアマゾンで共に暮らした先住民の生き方でした」(「時代の証言者」『読売新聞』二〇二三年八月一日付)と何の疑問も持たずに戦後の競争教育の時代を当たり前と思い、受験教育の学校時代を振り返っている。

戦後の昭和二〇年代まだ街に日雇い労働者がいて貧しかった時代、私の一〇歳以上離れた姉や兄は優秀な成績だったので、戦後の新制公立高校に入学できたが、父が亡くなり豊かでなくなった我が家を助けるため高校卒業後就職し、大学進学を諦めた。一九五〇(昭和二五)年の高校進学率は四二%だが、一九七四年には九〇%、二〇〇四年には九八%に達した。姉が大学進学を諦めた一九五四(昭和二九)年の大学進学率は七・九%だが、私が進学する一九六七(昭和四二)年には一二・九%に上昇した。都市部の高校では半数以上の生徒が大学に進学していた。さて、私は昭和四〇年代の高度経済成長の「大衆教育社会」の入り口にさしかかった時代に育ったおかげで、高校にも大学にも進学する機会を与えられた。そのため、姉や兄からは「旧制高校から旧制大学に進学して出世した父のように、名門の高校を経て一流の大学を卒業して一流の企業に就職すれば、幸せな人生が送れるから、とにかく勉強しなさい」と摺りこまれて育った。他の子どもたちも同様に、より高い学力の獲得を目指して競争教育が拡大し、学歴社会が確立していったのではないか。

したがって、二〇二五年の今日まで五十数年にわたり教師(小学校・中学校・大学)を続けてきた私にとって、大きな影響を与え続けてきた「学力」と「学歴」という教育問題は、私の喉に刺さった小骨のようにいまだに解決しない課題として残っている。この問題意識が、戦後の学力論や評価論やその論争と改革の意義とは何だったのかを整理し、自分史と重ねながら明らかにしてみようと考えた理由である。

戦後の学力論争は、「ゆとり」か「学力」かというテーマで右に左に揺れながらも、人間形成は学校教育や教師の教育実践や子どもたちの学力保障の取り組みを通して切り拓かれてきた。しかし、ときにはその論争は「空中戦」の「レッテル貼り」になり、イデオロギッシュで非生産的なものにもなった。なぜなら、各論者がそれぞれに「学力」を定義し、それに基づいて「教育改革はこうあるべきだ」と主張し、果てしなく「べき論」を展開してきたからである。「教育学者が百人いれば、学力論が百通りある」と言われるゆえんである。長年学力論争を研究してきた山内乾史（佛教大学教授）は学力論争のあるべき姿について、「学力について共通理解があるわけではなく、それどころか、おのが勝手に土俵を設定し、勝手なルールで、勝手に一人相撲を取っているのである。しかし、個別的な思い込みを他者に強制するだけの独善的な議論がいくら展開されても収穫が少ないのも事実である。教育社会学者の苅谷剛彦が述べるように教育政策は、個人的な教育経験だけを基にした議論によって決定されてはならない。教育政策は個人的な思い入れを離れた客観的なデータ、議論に基づいて決定されるべきである。言い換えるならば、学力論争とは、『学力が上がったか、下がったか』等という陳腐な議論ではなく、義務教育における学校で育成すべき学力とは何かという多様な議論を整理して、『学校、教育、社会がどうあるべきか』を考える深遠な議論である」（山内・原、二〇〇六）とその本質を指摘する。そして、その上で学力と評価の研究において、未整理のままにされ今後明らかにすべき研究課題とは何かを明確にすることができたらと考えている。

本書では、以上の視点に立って、私が体験してきた戦後教育、そして教師として教育実践する中で繰り広げられてきた学力論や学力論争、そして学力論と裏腹の関係にある評価論のあゆみや評価論争に沿って課題を明らかにしてみたい。

第Ⅰ部　戦後教育における私の学びと教え

敗戦とアメリカの占領による改革から始まった戦後民主教育は二〇二五年で八〇年を迎えるが、その時間と私の人生はほぼ重なる。敗戦の色が残る貧困の一九五〇年代から高度経済成長の七〇年代初頭までは小学校から大学まで学生生活を送る。小学校低学年時は戦後の経験主義教育を受け、高学年になると学習指導要領が法的拘束力を持つ「逆コース」の教育の「五八年体制」を経験し、道徳が創設され「教育の現代化」による高度化が進む系統主義の教育を受けた。中学生になった一九六一年には文部省が実施した全国学力テストの洗礼を受けた。中学・高校を過ごした六〇年代は偏差値とトラッキング（能力別編成）に振り回される、学力成績による序列に基づく競争主義の教育を受け、大学では学園紛争で明け暮れる日々を過ごした団塊の世代である。

万国博覧会終了後の七〇年代初頭、「でもしか教師」として入職し、教師生活を五十有余年、小・中学校や大学で教育実践と教育研究に奮戦してきた。その過程はどのようなもので、生起した教育の矛盾・課題、特に学校教育の中心課題である学力と評価問題とどのように対峙してきたのか、解決を目指し取り組んだ自らの教育実践と教育研究の歴史を振り返り、第Ⅱ部の学力論争、第Ⅲ部の評価論争に繋げたい。

七〇年代は「落ちこぼれ」問題、八〇年代は校内暴力、不登校問題に追われる生徒指導と「詰め込み教育」の改革として「ゆとり」教育に取り組んだ。九〇年代は「総合的な学習」の創設と高等教育側からの「ゆとり」教育による学力低下批判に対応した。二〇〇〇年からは、大学に席を移し学力論・評価論やカリキュラム論など教育研究に明け暮れ七五歳を迎えた。第Ⅰ部では、戦後民主教育が掲げた教育の機会均等とその歪みの下における私の学びと教えのあゆみについて述べる。

第1章　児童生徒時代と教師時代

1　少年期と学校生活の記憶

(1) 敗戦の臭いが残る戦後に育つ

私は敗戦直後の一九四八年、都市部の大阪市に隣接する豊中市に生まれた。私の歩んだ時間は戦後の昭和、平成、令和の約八〇年間とほぼ重なる。私が生まれた第二次世界大戦後の一九四八年一二月に国際連合第三回総会において、すべての国とすべての人民が達成すべき共通の基準として世界人権宣言が採択された。この宣言の第一条「すべての人間は、生れながらにして自由であり、かつ、尊厳と権利とについて平等である」、第二条第一項「すべて人は、人種、皮膚の色、性、言語、宗教、政治上その他の意見、国民的若しくは社会的出身、財産、門地その他の地位又はこれに類するいかなる事由による差別をも受けることなく、この宣言に掲げるすべての権利と自由とを享有することができる」、第二六条第一項「すべて人は、教育を受ける権利を有する」、同第二項「教育は、人格の完全な発展並びに人権及び基本的自由の尊重の強化を目的としなければならない」という人権思想やユネスコ憲章前文の「戦争は人の心の中で生まれるものであるから、人の心の中に平和のとりでを築かなければならない」という宣言は、私の生い立ちやその後の生き方や生涯の仕事となった教育の基盤として羅針盤のように大きな影響を与え続けた。

また、一九四六年に成立した日本国憲法第二六条では、「すべて国民は、法律の定めるところにより、その能力に応じて、ひとしく教育を受ける権利を有する」「すべて国民は、法律の定めるところにより、その保護する子女に普通教育を受けさせる義務を負ふ」と宣言し、一九四七年に成立した教育基本法第四条でも、「すべて国民は、ひとしく、その能力に応じた教育を受ける機会を与えられなければならず」と規定され、戦後教育の理念である「教育を受ける権利」「教育の機会均等」「教育の自由」が謳われた。

一般に我々は「戦後教育」というが、それは単に敗戦後の教育というだけではなく、第二次世界大戦の反省の上に立った敗戦後の世界人権宣言や日本国憲法や教育基本法の理念に込められた「平和」「人権」「平等」「機会均等」「能力の伸長」「人格完成」に代表される人間解放と基本的人権と個人の成長・発達を実現する新しい人間主義の教育理念が込められた概念として理解するべきであり、本書ではそのように使用する。

私の個人的なあゆみを戦後教育史に沿って述べておくと、一九五一（昭和二六）年にジュネーブ宣言や世界人権宣言を参考に、子どもの幸福を図る目的で制定された児童憲章と重なる。「児童は、人として尊ばれる」「児童は、よい環境の中で育てられる」という法的拘束力を持たないが、児童福祉の普遍的原理となるものであった。前後して一九四七（昭和二二）年児童福祉法が制定され、保育所が児童福祉施設としてスタートした直後の一九五一（昭和二六）年「草創期」に市内で初めて開設された公立保育所に入園した。経済的に豊かな少数の子どもたちは私立幼稚園に通園し小学校入学を迎えた。私の小学校入学当時の実感によると、保育所へ通所していた子は数人で、クラスの半数以上の子どもたちは、幼稚園にも通園せず、家庭の専業主婦の母親のもとで育ち小学校に入学するのが普通で、自分の名前を漢字で書けないのが普通であった。小学校から大学までは日本国憲法や教育基本法に基づき、戦前の複線型の教育制度を改め、新しく設けられた民主教育の下での機会均等と平等を実現するため改められた単線型の学校教育制度である六・三・三・四制の男女共学の戦後学校教育を当然として受けた。小学校入学はサンフランシスコ講和条約締結後の一九五五（昭和三〇）年、中学校入学が日米安全保障条約改定後の一九六一（昭和三六）年、高校入学が高度経済成長下の東京オリンピック開催の一九六四（昭和三九）年、大学入学が万国博覧会前の一九六七（昭和四二）年である。一九五四（昭和二九）年三月、商店街にあった写真掲示板には、日本の遠洋マグロ漁船第五福竜丸が太平洋のビキニ環礁でアメリカが行った水爆実験により、乗組員が放射性物質を浴びたという「第五福竜丸事件」が大きく写真報道されていて、原爆や水爆に対してぼんやりと恐怖感を持ったことを覚えている。

（2）進駐軍と戦後教育との出合い

一九五五（昭和三〇）年四月に小学校に入学するが、入学式の服は兄のお下がりで質素なものだった。日本国憲法第二六条第二項では「義務教育は、これを無償とする」とあったが、教科書代、給食費は有償で、文部省が学校給食完全実施を発表した数年後であった。入学後の給食はコッペパンと牛乳。ひもじくて家に帰ってもおやつもない時代であったので、アメリカからのお下がりの家畜用脱脂粉乳をやかんに入れてアルマイトのコップに配給された牛乳や給食はおいしく、残す子どもはいなかった。

学校を休む子もほとんどなく、欠席者は経済的に貧困で小さな弟妹の世話をしなければならないという「長欠児」だけで、今でいう不登校児童は存在しなかった。木造二階建てのハーモニカ型の暖房もない冷たい校舎で、一学年八学級、一クラスは五〇人以上の「すし詰め学級」であった。冬は石炭代を徴収され、教室に石炭ストーブが焚かれ、毎日当番の子が学校裏に積まれた石炭を教室に運んだ。夏はプールがないので、近くの池や川に近所の上級生に連れられて泳ぎに行った。池ではアメリカザリガニをバケツ一杯とってきて、鍋でゆでてみんなでおやつとして食べた。多くの学校がプール建設のため積み立て募金を始め、子どもたちは、「学級費」「給食代」「石炭代」「プール積み立て募金」など現金を袋に詰め毎月持参し、日本国憲法の「義務教育は、これを無償とする」に反して受益者負担の時代であった。

校庭の隅には戦前に軍国主義教育に利用された二宮金次郎の薪を背負う石像が残され、校舎の地下には戦争中の防空壕跡が残っていて、立ち入り禁止だったが暗がりのトンネルの中で探検ごっこをして遊んだ。保育所には近くにアメリカ進駐軍（「占領軍」とはいわなかった）が撤収した伊丹飛行場があり、頻繁に行きかうジープに乗ったアメリカ兵に手を振って、新聞紙でアメリカ軍のGI帽子を作り遊んだ思い出がある。もともと進駐軍の飛行場は、軍用空港（大阪第二飛行場）であったが、戦後はアメリカ進駐軍に接収された飛行場で当時はイタミ・エアベースと呼ばれていた。一九四五年の終戦前には、アメリカ軍の空襲で軍需工場へ動員されていた旧制中学生や旧制女学生などが死傷したと親から聞かされた。私が生まれる三年前のことであった。

私が生まれた一九四八年頃、子どもたちが知らないところでは連合国軍最高司令官総司令部（GHQ）下部組織の民間情報教育局（CIE）が日本の学校教育を民主教育に転換させるため、旧大阪池田師範学校附属学校等を会場に、ジョン・デューイの経験主義教育に基づく新しい社会科教育やフォークダンスの趣旨や内容を説明し、各学校に軍国主義的な授業が残っていないか、地元の各学校の授業や職員会議を厳しく巡視、指導していたと先輩教師から聞いた。我々の小・中学校時代の体育大会ではフォークダンスを踊った。

ＧＨＱの「四大指令」に基づいて、一九四六年の夏から教職員の適格審査が始まり、言論界・教育界を含む「公職追放」が始まった。「好ましからざる者の教職からの除去」について教職員の資格審査が行われ、大阪では小・中学校関係者で該当する者はいなかったが、一九四七年にはある府立旧制中学校校長が排除処分になった。また、私が生まれた一九四八年には、軍国主義教育のシンボルであった「教育勅語」の失効・排除の決議が衆議院・参議院でなされた。「教育の指導原理として認めない、教育基本法により新理念の普及に努力する」と決議された。

しかし、一九五〇（昭和二五）年には朝鮮戦争が勃発し、アメリカの進駐軍兵士は朝鮮戦争に動員され、毎日、アメリカの爆撃機が飛び立っていった。その後、急速に日本からアメリカ兵が減少していった。小学校低学年のときには、学級には在日朝鮮人の友達やアメラジアンの子ども（アジアにアメリカ軍基地があるアメリカ兵と現地人の女性との間に生まれた子ども）たちがいて、分け隔てなく遊んだ。アメリカ兵の帰国とともにアメリカに家族で帰っていく子どももいたが、日本に母子家庭として残されて暮らすアメラジアンの子どもたちは肌の色の違いから差別を受けていた。また、戦後の貧困から脱出するため遠い外国の新天地に夢を抱いて家族でブラジルへ移民する級友もいた。担任の先生からしばしば給食代の督促を受けていたクラスのある女子は一年生の二学期のある日、「今度、ブラジルに移民するので転校します」と言って、突然クラスから去り移民していった。担任の先生が時々終わりの会の後、何人かを呼び止め袋を渡し、子どもたちは後日空袋を提出していた。いぶかしく思っていたが、やがてそれは給食費の免除であったり、生活保護のお金であることに気づき、私より貧しい家庭の子がいることを自覚した。ちなみに、生活保護率（人口一〇〇〇人当たりの「被保護者」の比率）を見ると、私が入学した一九五五年は二一・六％だが、私が教師になる一九七五年には一二・一％に低下していた。その後勤めた下町の学校では一五％、文教地区と呼ばれる学校に勤めたときには五％程度で地域差は大きかった。生活保護を受けている子どもたちの成績は概ね高くはなかったことにも気づいた。社会全体が貧しく貧富の差も大きかった、そのことは学力差を生み、教育格差を拡大していくものであることを自覚することになった。

クラスにテレビがある子は一人だけで、私たちの家庭にテレビが入ってきたのは一九五〇年代末期、小学校高学年になってからであった。それまでは数人の仲間でテレビがある友達の家で「月光仮面」「赤胴鈴之助」「大相撲」などを見せてもらった。駅前商店街の街角には旧日本軍の古い軍服を着た足や腕に傷を負った傷痍軍人がアコーディオンで軍歌を演奏してカンパ活動をし、敗戦後の臭いが残っていた。

低学年の頃のテストは一〇〇点の評価方法で採点され、多くの子が一〇〇点か九〇点だった。それが高学年を迎える四年生の半ば頃になると、クラスの子どもたちのテストの点も一〇〇点から五〇点ほどに点数差が大きくなり、学級内で「できる子」「できない子」中間の「普通の子」と分かれていき、勉強が「できる」「できない」は「学力差があるんだ」とぼんやりとイメージするようになった。「できる子」は、医者の子、大学教授の子、公務員の子などで、親はＰＴＡ役員をする保護者たちであり、担任教師は「できる子」を大切にしていることは明確にわかった。子どもたちの友達関係は成績結果と関係し、成績（学力）は出身家庭の経済的・文化的地位が影響していることを露骨に表していた（三宅和夫の研究――苅谷、一九九五で紹介）。クラス内では、学力差があり、学力は学級での人気や力関係や仲間関係の形成に大きく影響し、個人の学習への自信や自尊感情をも左右するものであることを自覚するようになった。

そして、四年生から五年生になる頃には、学力は「読み書き計算」、評価は10段階の相対評価でネブミされるものと自覚するようになった。学校でのテストも宿題も親から勉強しなさいと言われる内容は、教科書の音読、漢字の書き取り、計算問題であり、「読み書き計算」ができることが「学力」があることであると考えるようになった。そのことを一層摺りこんだのが、学習結果を学期に一回担任から総括的評価として10段階相対評価で評定化されて「いただく」通知表であった。通知表は各教科ごとに10段階相対評価でネブミされ、学級という集団内での相対的な学力の位置を自覚させられるものであった。教科の成績（学力）は、「本がスラスラ読める」「漢字が間違いなく読み書きできる」という学習内容ではなく、音楽は6、算数は7、社会科は8という具合に、いつの間にか自分の学力を10段階相対評価で自覚するように摺りこまれていった。この相対評価の結果、自分よりできる子が何人もいることを知らされ、教科成績に応じた自尊感情を形成することになった。親からは、夏休みが明けて二学期が始まる始業式には、「今学期は通知表の成績が上がるように頑張りなさい」と言われ、担任の先生に返却した。こうして、より多くの知識を暗記すれば成績が向上するという、学力観と評価観が摺りこまれ、身に付いていった。ちなみに、「読み書き計算」を宿題とする習慣は日本の教育が近代化する明治時代に確立し、子どもにとって必要な学力であるという間違った学力観を植え付けた。

ＩＥＡ（国際教育到達度評価学会）のＴＩＭＳＳ（国際数学・理科教育動向調査）二〇一九年調査におけ

る「宿題の量」アンケートにおいても欧米に比べて、香港や日本の宿題の時間数が多いことが明らかにされており、あらためて問い直しが求められているのではないか。

六年生になると担任の先生が長期病欠になったが、代替えの先生は配置されず、空き時間のある先生方が交代で教えてくれた。「戦争帰り」のベテランの男性の先生（後に、新設校に初年度から着任した岩田茂先生に聞くと、戦前は陸軍航空隊のパイロットであった）の理科の授業では、たびたび太平洋戦争の話に脱線して、「日本が負けてからソ連軍が侵入してきて、日本の領土を取った卑怯な国である」という話や「アメリカ軍のミッドウェイ海戦で日本の戦況が不利になった」という話を聞いて、「そうなんだ」と思って戦闘機や戦艦など戦争の知識やイメージを膨らませた。旧制師範学校を改組した新制学芸大学を卒業した若手の先生方は、男女仲良く遊ぶフォークダンスなど新しい民主主義教育を教えてくれたが、戦前自分たちが熱心に取り組んだ旧教育に対する郷愁が清算されないまま戦後の新教育に転換したベテランの先生たちもいた。そして、戦後経験主義教育の是正に至り、戦後一五年ぐらいまでは戦後民主主義教育の内実は、ベテラン教師、若手教師の間で複雑な感情を内に抱えていたことが窺い知れた。

戦後は戦前の師範学校教育に代わり、師範学校が学芸大学と名称変更し、総合大学において教員養成を行う開放制の教員養成制度になったので、新制学芸大学や国立大学・外国語大学等出身の若い教師が着任してきた。しかし、当時教師の給与は安く、教師不足の時代であったので、私の四年生の担任は和歌山県の学校から転入、五年生の担任は徳島県から就職、六年生の担任は元憲兵隊員、中学一年生の英語の先生も元憲兵隊員、中学三年生の担任は学徒動員の元特攻隊員、僧侶との兼職等と前歴は多彩であった。

日本教職員組合が一九四七（昭和二二）年に結成され、担任の先生方も日教組組合員になり、ときにはちまきを締め勤務評定反対や学力テスト反対のストライキをしていた。後年これらの先生方は教職員組合の委員長や書記長になり、私が教職に就いてから教職員組合運動の主任制度反対闘争ではストライキで一緒に教組運動をする仲間として再会し、同僚教員になったこともあった。

小学校五年生は八組までの「すし詰め学級」と呼ばれる学級規模と大規模校だったので、学校分離がされ、六年生になって市内で「第一八番小学校」として仮に命名された新設校に移動し、六年生は四組と規模が縮小された。

ちなみに、文部省は学級規模の適正化と称して、義務教育学校の学級人数を少なくするため、一九五八（昭和三三）年に「学級編成及び教職員定数改善計画」（「義務標準法」）を制定し、第一次（一九五九～六三年、五〇人を明示）から第七次（二〇〇一～〇五年）まで、四五人、四〇人、三五人（低学年のみ）と、学級人数を縮小してきた。

さて、六年生の修学旅行の行き先は伊勢神宮で、食べる米を持参し、大きな広間に一クラスの子どもたち五〇人が寝る、「雑魚寝」であった。当時、現在のような平和教育としてヒロシマやナガサキについて学びに修学旅行に行くことはなかった。修学旅行後、担任が卒業まで長期入院したが、代わりの新担任の補充はなく、空いた教頭先生などの先生方が交代で教えに来たが雑談や自習が多く、六年生一年間の空白で学力低下を招いたように思う。年度末の新設校一期生の卒業式は式をする体育館がないので、新設のプールの水を抜き、プールの底を会場にして卒業式が行われた。ちなみに、その後、豊中市では小学校が最大四一校、中学校は六校から一八校まで膨らんだが、令和の時代の少子化により、数校の小学校と中学校が統廃合され、小中一貫校として再出発している。

（3）進路指導をしない進学指導

中学校に入学したのは一九六一（昭和三六）年、新制中学校制度成立一三年目で、母子家庭で母親が勤めていた市役所の都合で最も進学競争の激しい文教地区のA中学校へ転学した。それまでは大阪市に隣接した豊中市の中の下町だったので、クラスで通塾する子はなく、せいぜい通塾先は習字や珠算のお稽古塾であった。クラスには、家計を助けるため朝の新聞配達や牛乳配達をする子が数人いた。しかし、転校先の豊中市北部の住宅地の文教地区と呼ばれる中学校では腕時計をしてあらかじめ英語等に通塾する子も多く、家庭教師をつけている家庭もあった。校区内には、近隣の国立大学の教員住宅、大企業の社宅や門構えのある住宅が多かった。クラスの友人の家に遊びに行った際に、自分の中学校の数学の先生が、友人宅へ家庭教師として入って行くのを見た。あるとき、友人の家に遊びに行くと、応接間があり百科事典やステレオの音響セットが置かれていた。友人は、クラッシックが流れると、ヘンデルやドヴォルザークなど即座に作曲家と曲名を言い当てるが、私は全くわからず、つくづく教養と文化と経済的格差を思い知らされた。文教地区の保護者の学歴差や経済力と文化力の高さにカルチャーショックを受けた。「これでは、学校の英語や国語や音楽などの文化教養や学力に差が出るのは当たり前だな、母子家庭の子どもでは到底勝てないな」と思った。かつてフランスの社会学者ピエール・ブルデューが、「学校は文化的再生産装置である」といったように、今でいう学力格差の原因となる経済資本、文化資本、人的資本の格差を身をもって自覚した。

教育社会学者の志水宏吉（大阪大学教授）も同様の自らの体験を次のように振り返っている。「中学校に上がったときA、B、C、Dの小学校から入ってきた。下町に位置するA小学校に比べて、大企業の社宅が立ち並ぶD小学校から来た子どもたちのテストの点数が圧倒的に高いことに私は気づいた。

Ｄ小学校の子はやたらと勉強ができる。今から思えば、その時私は圧倒的な学力の階層間格差を見せつけられていたことになる。……教育社会学者になった私にとって強烈な原体験となっている」（志水、二〇二〇）。

入学した中学校の校舎は、もともと戦前の旧制女学校を転用した古い木造施設であった。学級数は一四クラスで、教室不足を補うために新築だった体育館を、ベニヤ板で八区画に区切って八教室として使用した。とにかく一学年の生徒が七〇〇人であり教室不足のマンモス中学校であった。私が中学二年生のとき、教科書が無料で支給されるようになった。一九六二（昭和三七）年、教科書無償に関する法律の成立により無償化が実現し、憲法の掲げる義務教育の無償化が始まったからである。教科書の無償化のきっかけが四国の高知県長浜の部落の親たちの教科書・教育費無償化運動の成果として実現したことは、教師になってから知った。

日本が高度経済成長の真っただ中に入った一九六四（昭和三九）年、東京オリンピックの年に府立高等学校（普通科）に入学したが、旧制女学校から新制高等学校になった高校であったので、旧制の女学校の施設を転用したものであった。入学した府立高校には、普通科、商業科、家庭科等の学科があり、戦後の新制高校三原則らしきものが残存していた。戦後の大阪府内は小学区制の一三学区に分けられていたが、大阪府教育委員会は府立高校へと増加する生徒の収容率を高めるため、一九六三（昭和三八）年には五学区制に変更し、高校増設難に対応しようとした。当時人口二〇万人の豊中市に府立高校は戦前の旧制中学校と旧制女学校をそれぞれ新制高校に再編した二校しかなく、進学を希望する団塊の世代の中学生を収容することはできなかった。保護者たちは、それに対して高校を増設して生徒の収容率を高めるべきであるとして、教職員組合・ＰＴＡを中心に増設運動が高まった。府教育委員会の大学区制の結果、私の属した第一学区の全日制普通科府立高校は一五校に膨れ上がり、工業科・商業科等職業高校への人気は低迷した。生徒たちは普通科高校、わけても難関大学への進学率が高い高校を目指し、学区拡大に伴って一五校に膨れ上がった高校は一番から一五番まで序列化、高校間格差が拡大し、難関校を目指して一層受験競争が激しくなった時代の幕開けであった。ちなみに、現在は大阪府をはじめ多くの都道府県では学区自体が廃止の傾向にあり、府立高校は学力の高い難関高校を頂点に底辺高校までピラミッド型構造が出来上がり、高校間の学力格差が一層拡大し、難関大学を目指す生徒は私立高校へ進学し、改めて公立高校の役割が問われている。

高度経済成長時代を迎え、地下鉄が郊外に延伸されニュータウンができ、高速道路が整備され、もはや戦後ではないと感じるほど、幼少年時代の敗戦後の牧歌的な空気や戦後の理想の教育への希望は残っていなかった。高度経済成長社会を迎え、生徒たちは社会上昇するため、新制高校への進学率も急速に上昇した。新制高校設置直後の一九五〇（昭和二五）年には四二%、私の一二歳上の姉が旧制女学校を転用した新制高校へ進学する一九五五（昭和三〇）年には五二%、私が進学する頃の一九六五（昭和四〇）年には七八%、万国博覧会が開催された一九七〇（昭和四五）年には八二%となり、一九八〇年代末期には高校全入時代を迎え、進学を見据えてとにかく普通科を目指し、後期中等教育の高校は適格者主義から希望者主義の時代へ性格を大きく変え、当時の進路指導は現在のキャリア形成教育ではなく、偏差値に応じて行ける高校を選ぶだけ、単なる普通科の進学高校を選ぶだけの進学指導であり、誰でもとにかく高校の普通科へ進学していった。

（4）経験主義教育と特設道徳の体験

教育内容はそれほど覚えていないが、小学校一年生の社会科では本屋や郵便局や魚屋さんなどお店屋さんごっこの経験主義学習をし、コア・カリキュラムの生活単元学習をして、勉強もゆったりしていた。まだ戦後の経験主義教育が続いていた。三・四年生の担任の水谷先生は、「家に帰っても勉強できないだろうから、学校に残って宿題をして帰りなさい」と温かく居残り学習をさせてくれた。水谷先生も教室で子どもたちのノートに赤ペンを入れておられた。まだ、教師にはそのようなことができる余裕のある時代であったのであろう。

一九五八（昭和三三）年学習指導要領が改訂され特設道徳が創設された。このとき学習指導要領は参考様式から文部省の告示となり、法的拘束力を有するものに性格を変えた（「教育の五八年体制」の確立である）。本格実施当時、私は五年生だったが、担任の若い男性の岡先生は、「今度道徳という教科ができたがよくわからないので、ドッヂボールをしよう」と言って、晴れた日はドッヂボールやソフトボールをして遊び、雨の日は教室で物語を読んでもらった。隣のクラスでも席替えやクラス委員の選出等、特別教育活動にあてていた。

高学年になると勉強が急に難しくなってきた。一九五八年の学習指導要領は、経験主義教育では学力低下を招くとの反省から、系統的な学習指導に転換したからであろう。友達の家に集まりグループで宿題学習をした。戦後新しく設けられた家庭科では男女仲良く協力し合い、雑巾縫いなどの裁縫や調理実習の学習もした。

私は一九六〇年に六年生になり、新設小学校へ移動した。校舎はそれまでの木造校舎から市内で初めての白亜の鉄筋校舎に変わった。当時の新設校の様子を、新設校に着任し五年生担当だった岩田茂先生（一九三四年〜）にお聞きした。岩田先生は物理学が好きで民間企業への就職を希望したが、「国立大学一期校不合格で、二期校に合格したのが新制学芸大学で、入学後教師になる大学であることを知り、教育実習に行ったら、子どもと勉強するのが面白くなり、民間企業への就職希望を諦め、教師になることを決め」、一九五七（昭和三二）年に教職に入職したという、いわゆる「でもしか教師」と呼ばれた世代の教師である。岩田先生は文教地区（三年間）の学校から下町の新設校へ転勤した当時の様子を次のように語っている（二〇二四年二月九日、岩田茂先生インタビュー）。

新設小学校ということで、市内の学校から力のあるベテラン、若手の教師が集められました。前任の文教地区の学校では授業を受けるにあたって、あらかじめ塾で学習内容を学んで知って来るので、子どもたちの意欲は感じずに目も輝いていませんでした。それに対して、下町の子どもや親たちの多くは教育に興味や関心を持っていませんでした。子どもたちは純朴で、それだけに新しい授業内容に目を輝かせて興味を示し参加してきました。子どもたちにはAレベル、Bレベル、Cレベルと学力格差がありましたので、各自がそれぞれのAレベル、Bレベル、Cレベルに応じて自分で伸びる目標を設定させて、到達させるような方法を採用しました。

例えば、理科の授業で「蠟燭の火が消えたら、煙はどっち向きに巻くのか」と質問すると、目を輝かせて授業に参加しました。仮説をたてさせ、班に分かれて討論させたり、発見学習のようなことに取り組みました。塾がないので、放課後も「残りたい者は残れ」と言って補充学習ができました。しかし、一九六〇年頃からは大阪府教育委員会の研究開発学校に指定され、「創造性の教育」など授業研究開発に取り組み、だんだん忙しくなり、子どもたちとドッヂボールをして放課後遊べなくなっていきました。若い先生が多かったので、職員会議や研究会など夜遅くまでし、学力向上の議論をしました。教師が頑張れば、子どもたちの学力が伸びていくので新設小学校では授業研究が面白く一三年間在籍しました。「提灯学校」と呼ばれるように遅くまで研究しました。「親たちは教育は先生にお任せ」と言って、教育にあまり関心がなかったので、子どもたちだけではなく親たちにも関心を持ってもらうことに苦労しました。その後、豊中市立教育研究所で理科教育を中心に研究し、またプラネタリウム会館ができると、館長として転勤しました。新設小学校での授業改善の体験が教師人生の中で最も楽しく、充実していました。

こうして私が小学校四年生から六年生として過ごした一九五八〜六〇年の時期は、学習指導要領が経験主義から系統主義に転換され、社会は高度経済成長の時代に転換し、学習内容も高度化して、研究開発学校の指定が増加し、牧歌的な学校から理数教育に重点を置いた科学教育重視の節目であったことと重なる。この教育を支えたのは一九五四（昭和二九）年から施行された理科教育振興法である。理科教育振興法とは理科教育を通じて、科学的な知識・技能を習得し、我が国の発展に貢献しうる有為な国民を育成しようとする理科教育の振興を目的とした法律である。

小学校の恩師・岩田先生も後述する中学校での担任の羽室泰治先生も教師としての入職は一九五七年である。一九五七年当時、教育社会学者の永井道雄（京都大学）は『中央公論』に当時の教師の無気力や無能力を揶揄して「でもしか教師」と評した。永井によれば、できれば技師、医師等の希望を抱いていたが希望を果たせず、やむなく「教師にでもなろうか」、また学力的な能力が不十分である理由から、「教師にしかなれない」ということからできた言葉である。永井の批評は、本来教員養成学部のあり方について述べたものであったが、世間で恣意的に「でもしか教師」として評された。その背景には、優秀な学生は待遇の良い民間企業に就職し、待遇の悪い教育界には人材を送らない実態もあった。こうして、一九五〇年代末期から一九六〇年代初頭にかけては教員採用の低減期が続いたが、実態は教職を志しても教職に就けない学芸大学卒業生もおり、教育に熱心に取り組む教師たちもいたことは、書きとどめておきたい。ちなみに、教師の薄給問題が解決したのは一九七三（昭和四八）年の田中内閣での閣議決定による人材確保法案まで待たなければならなかった。

(5) 学力の階層間格差と輪切り・選別の高校受験

中学校に入学すると教科担任制になり、系統教科である数学、国語、英語等はいっきに勉強も難しくなった。英語は一年生の入学当時こそみな同じスタートであったが、二学期にはすでに学力格差が生じ序列ができていた。中学校に進学すると塾に行く子が多く、塾であらかじめ学校で学習する内容を予習して臨んでいた。私は英語は近所の元大学教授を退職した先生が少人数の塾を開き、丁寧に個別指導してもらったおかげで得意になったが、三年生になるとそれでも五〇点ほどしか取れない。英語の先生は、「このテストは五〇点以上取れないように作成している。難関高校入試テストを模して作成している、五〇点取れたら上出来である」と自慢をしていた。学習熱心な生徒が多数であったので、あえて振り分けをするためのテストであったのであろう。私が中学校に入学した一九六一年から文部省の全国学力テストが悉皆テストになり、文部省のテスト、大阪府のテスト、京大NXテスト、クレペリンテスト等やたらにテストが多かった。中学一年生の大阪府の学力テストの際、英語の先生に、「君は知能指数に比べてテストの点数が高いね」と言われた。初めて「知能指数」という言葉を聞いたが、担当の先生は学校に保存されていた私の指導要録に記載されている「標準検査の欄」の「知能指数」と学力テストの成績を比較（アンダーアチーバー、オーバーアチーバーがいわれた時代であった）してそう言ったのであろう。当時入学後には「知能テスト」が行われ、その結果は指導要録の「標準検査の欄」に記載され、生徒を普通学級か障害児学級かへ編成する際の資料として使われていた。戦前は「学籍簿」と呼ばれていたが、私が生まれた一九四八年に、アメリカの教育成績を累積的に記録していく学習カードを模して、「指導要録」として改定されたものである。親の職業等の学籍欄と学習・行動・身体・標準テスト結果等の学習欄が設けられ、記録は指導の改善に使用するものであったが、指導機能はあまり発揮されず、証明機能として活用されたようである。問題のある知能指数をともかく「標準検査の欄」に記載することは、一九九二（平成四）年の指導要録改訂協力者会議で知能指数は生後的に変化するものであるとして、記載の廃止が決まるまで伝統的に続き、教師の学習指導の際に生徒を固定的にみるという影響を与えた。

文部省が全国学力テストを実施し出した一九六一年度に、くしくも私は中学一年生であり受験した。一年一二組の生徒だった当時、一一組担任で数学の指導を受けた羽室泰治先生（一九三五年～）から、教師になってから当時のA中学校の進路指導の取り組みの様子をお聞きした。羽室先生は戦前は国民学校生として疎開し、戦後は新制中学一期生、新制高校一期生、新制学芸大学を卒業し、一九五七（昭和三二）年小学校教師になり、一九六一年からはA中学校転任一年目（当時二六歳）の若手教師だった。その後、羽室先生は学力保障、非行対策等教育のあるべき姿を求めて日教組運動に取り組まれた。羽室先生によると、現場教師が反対する中で全国学力テストが実施され、九月二一日には日教組から「学力テスト反対」ストライキの決定が出たが、学校現場の混乱の中でスト決行には至らなかったという。学校現場の反対を押し切って実施した文部省は、都道府県ごとの成績結果を公表すると、順番競争になるので公表しなかったという。その結果、テスト結果の内容が各学校に返却されることもないので、自分の中学校の生徒の学習指導の改善に生かされることはなかった。学校現場の教師たちの「学力テスト反対運動」により、一九六五（昭和四〇）年に文部省は不評な全国学力テストを廃止することになった。

私のA中学校は高校・大学進学熱の高い教育熱心な地域柄でもあり、伝統的に定期考査ごとに、席次という全教科（九〇〇点満点）の素点を集計した学習得点表が配られ、学級五〇番中、あなたは何番と席順がつけられた。私はことの意味が理解できなかった。私の合計点が六〇〇点でクラスで席順は一五番だとすると、隣のクラスへ六〇〇点を持っていくと席順は一〇番になる。クラスごとの集団の質によってこれだけ席順が変わるものだと、相対評価による物差しの矛盾を感じた。期末試験や休み明けの実力試験では全教科テストの得点に従って九〇〇点満点の一番から順に五〇〇点までの生徒の名前を書いた得点表が廊下に掲示され、競争意識をあおられ、成績が生徒の値打ちを決めるようであった。この席次と得点表の掲示について羽室先生から、「当初の校長の発案で限られた府立高校へ合格するためには学力競争を突破する必要があり、学力をつけるしかないので競争を勝ち抜く実力をつけるためのものであった」と聞いた。しかし、この「序列主義は行き過ぎであると職員会議で教師から反対の声が上がり」、私の中学卒業後には廃止されたという。

私の記憶では、大阪府学力調査結果はどこができなかったかよりも、学級で何番だったと相対評価に基づく席順を懇談会で通知されただけだった。とにかく、学習の到達度はペーパーテストによる点数で、評価は常に総括的評価であり、評定という「ネブミ」であった。小学校の通知表は指導要録に従って10段階評価で、中学校の通知表こそは5段階評価であったが、高校入試の際に高校へ提出する内申書では10段階評価に細分化され、序列化された。進路指導の先生方は、生徒が進学したい希望校を受けて中学浪人になることを恐れ、一段偏差値を落として確実に入学できる高校を進める進路指導であった。それでも、教師の進路指導に従わず希望校を受けて「中学浪人」になり、とりあえず滑り止めの私立高校に入学し、次年度再度希望の府立高校を受験しなおし、希望を叶える友人も数人いた。

中学校では雨の日以外毎朝、A中体操が行われた。これは、「体操をして眠気を覚まさせ、一時間目の授業から脳を活性化させ、生徒を全力集中で授業に臨ませるためのものであった」という。戦前の教練を思い起こさせるこのような方針に反対して取り組まない先生もいた。当時A中学校に転任した羽室先生は、一九六一年から一九七〇年代まで在籍した当時のA中学校や大阪府における高校受験制度の矛盾や解決に取り組んだ教師たちの議論の様子を次のように回想している（二〇二四年一月七日、一月一五日、羽室泰治先生インタビュー）。

当時、大阪府教育委員会の学力テストが実施され、成績結果が返ってきた。私の担当の数学でいえば豊中市全体の中学校平均は大阪府平均より一〇点上回りました。さらに、北部の文教地区のA中学校の成績は大阪府の平均を二〇点上回りました。それに対して、南部のB中学校の成績は大阪府の平均を二〇点下回りました。市内の中学校間で南北格差、学力格差がありました。これは各地域の保護者の学歴差、経済的・文化的格差から生まれる地域格差です。私がA中学校に転勤した一九六一年にはすでに、団塊の世代の生徒たちの五〇〇点以上の成績を廊下に貼り出すことは、高校入試を突破するために、学力競争で実力をつけ乗り切ろうと競争主義が取り入れられました。学年の生徒が全教科九〇〇点満点で競争し、五〇〇点以上の生徒の実名を廊下に貼り出すのです。クラスでは五〇人の生徒が一番から五〇番までの順序で席次表に並べられる相対評価に基づく序列主義です。職員間では、競争によって学力を上げるということは「馬の鼻先に人参を見せて競走馬の尻を叩くようなもので、それは教育ではない」「受験競争は、逆に受験地獄を招き、火に油を注ぐのではないか」という声が上がり、一九六四年から廃止されることになりました。当時二〇万都市の豊中市内には府立高校が二校しかありませんでした。全員が二校を目指すのですから学力をつけるより方法がなかったのでしょう。

それに加えて、一九六〇（昭和三五）年になると急増した団塊の世代の生徒を迎え教室は満杯で、特別教室を普通教室に、体育館はベニヤ板で間仕切り普通教室に転用し、さらに運動場にプレハブ教室を建てしのぎました。これが、生徒を落ち着かせない原因になり、「生徒の荒れ」を生み、生徒指導の問題行動が多くなりました。そのことが、当時議論されていた「学力」「評価の在り方」「クラブ活動」「生徒指導」をより良い方向を目指した指導へと発展させていきました。そのような議論を受けて、実力テストの掲示や定期試験の序列化（席順として一覧表に）も廃止されていきました。

振り返ってみると、団塊の世代の生徒たちの劣悪な教育条件の中で起こった非行問題の解決を考える中で、「競争の論理」による学習指導の誤りに気づき、子どもを中心に据えた「仲間づくり、共に学ぶ学習」による学力保障こそが大切ではないかと職員会議で議論され、発展していったのではないでしょうか。その後の学校現場における入試競争やマンモス校解消、学級定数改善への取り組みは早かった。教師たちが話し合い、教職員組合や保護者が連携して、府立高校増設運動に取り組み、その結果四〇万都市の豊中市内に府立高校が五校まで増設されました。府立高校間の格差にも取り組みました。地元で育った中学生の仲間がそろって地元高校に進学する地元校育成運動にも取り組みました。生徒にきめ細かい指導で学力保障をするため、学級定数を五〇人→四五人→四〇人→三五人へ縮小する学級定数改善運動（義務標準法）のため、毎年文部省へ学校現場の声を届ける要請行動にも継続して取り組みました。

以上のように羽室先生が語る、生徒を選別し、序列化する能力主義と批判された教育政策の基盤は、一九六二年の経済審議会答申「経済発展における人的能力開発の課題と対策」から誕生した。答申のポイントは社会でも教育でも能力主義を徹底して、国民には職業能力を育てることであるという目的であった。これに対して教育関係者はこの能力主義が教育荒廃の原因であると批判した。例えば、戦後経験主義教育のリーダーであり民主教育を牽引してきた梅根悟（教育制度検討委員会、一九七四）は次のように述べた。

能力主義こそは今日の教育荒廃の元凶、教育諸悪の根源と言うべきである。……子どもを成績に応じて分類し、その能力別に上下の序列をつけ、進学する子としなくてもよい子に分け、また普通高校と職業高校に仕分けし、男女を差別し、さらに一流校から何流校にまで、格差をつけて、選別していく。そこから子どもたちの間に、激しくつめたい競争主義が生まれる。こうして、我が国の学歴主義的傾向は強まり、学校は学歴競争の修羅場となる。こうした大勢を教育における「能力主義」と呼ぶことができる。

このように、偏差値やテストの点数など特定の能力を根拠に人間を序列化する能力主義の教育は一九六五年頃から問題にされ始めたが、一九七〇年代末期の「ゆとり」の時代まで改善されることはなかった。

また、一九六〇年代前半まで、中学校は高等学校への入り口であるとともに、職業社会への出口であった。私が小学校のとき、隣の中学校では進学組と就職組に分かれ、就職組の生徒は木工細工をしていたのを思い出す。高度経済成長において就職者のうち大きな割合を占めたのが新規中学校卒業者であった。一九六二年になると、戦後生まれの団塊の世代の子どもたちが、高校進学を目指すようになった。そのため、大阪府など各都道府県は公立高校の増設に追われた。私が高校入試を目指す前年の一九六三年頃からは生徒たちは普通高校、わけても難関大学への進学率が高い進学校を目指し、学力格差によって高校間格差が拡大し、序列化され、一層受験競争が激化した。クラス五〇人のうち、進学希望者は四九人で、ほぼ普通校希望であった。

一九六一（昭和三六）年には高度経済社会の発展を担う人材養成のため、五年制の高等専門学校も誕生し、理数科の教科が得意な友人の中には高等専門学校を目指す子もいた。団塊の世代が高校入学を始めた一九六三年、大阪府立高校（普通科）だけでも九校が新設された。文部省、各都道府県教育委員会、ＰＴＡ、日教組などが連携して高校増設運動を繰り広げていた。一九六〇年代からのひしめくベビーブームの子どもたちの高校入試は激しい受験競争にさらされた。中学生たちは成績を偏差値に置き換えられ、「輪切り・選別」されることになった。我々が体験した加熱化した学力問題や受験競争は、今に続く大きな社会問題になった。

近年は、この日本特有の能力選抜方法が社会構造の変化で揺らいできたが、これまでの入試システムの特徴について、竹内洋（京都大学名誉教授）は、「日本の受験競争で特徴的なことは、大学が小刻みな偏差値ごとに最難関まで隙間なく傾斜的に並んでいて、努力すれば少し上の偏差値の学校に手が届くように設計されてきたことです。……平成以降、中産階級は細り、格差が広がりました。勝ち組も負け組も生まれた家（親）で決まる『親ガチャ』が言われ、リターンマッチが難しい社会になってきました」（『朝日新聞』二〇二三年四月一五日付）と述べている。

かつてのアメリカの日本教育に関する調査報告書で「日本の子どもの一生は一五歳の三月のある日の成績で決まる」と言われるほど、受験の学力検査の成績だけで入学の合否を判定していた。受験方法を改善するために、上級学校は常日頃の生徒の学習や諸活動の様子を加味して合否の判定をしようとして、私が高校に進学する前年の一九六三年に学力検査制度が必須になった。一九四八（昭和二三）年の学校教育法施行規則では「入学定員を超過した場合は入学者の選抜を行うことができる」とされ、あくまで調査書が基本、例外的に選抜テストが原則であったが、受験競争の時代に入り一九六三（昭和三八）年から、学力検査が必須になり、高校は全入主義から適格者主義に方向転換した。その過熱化を防ぐために学力検査と調査書を同等に取り扱おうとしたのが、調査書の制度だったのである。こうして、中学校教育を正常化しようとしたのであるが、その後の経過はそうはならず、調査書偏重や自分の調査書の評価内容を知りたいとする開示請求、また教師による意図的操作など数々の問題が噴出した（戦後箕面教育史編集委員会、二〇二二）。

(6) 適格者主義の選別で高校に進学

適格者主義の選抜で振り分けられた府立高校に進学した一九六四年、小・中学校の道徳の創設に準じて高校では倫理社会科が新設されたが、大学の倫理社会免許所得の教員養成が間に合わず、担当者がいなかったのである。近隣校では国立大学大学院哲学科の院生が授業をしていた。私の学校も大阪府教員採用試験を受けずに、直接大学の教授推薦で倫理社会科担当の先生が校長面談で採用された。他教科でも教員不足で、公立中学校から英語、数学、理科等の先生を補充していた。体育では相撲・柔道・剣道が復活し戦前の錬成を思わせた。三年生の日本史では家永三郎（東京教育大学教授）らが執筆した『新日本史』（三省堂）を使用した。一九六二年の文部省の検定では不合格とされたが、一九六三年の検定では条件付き合格となった教科書である。その後一九六五年には、家永教授は当時の文部大臣の措置に対して精神的損害を被ったとして国家賠償請求を起こしたところであった（いわゆる、第一次家永教科書訴訟で、東京地裁判決は一九七四年）。

高校の普通科も二年生に進級すると、進学コースと就職コースにトラッキングされ、それに応じて教科書も数学や理科などではAとBの教科書に分けられ、能力別編成の時期に入っていた。したがって、友人も進学コースと就職コースの者が仲良くなることはなかった。二年生になった一九六五年には日韓条約締結に反対する運動、一九六六年にはアメリカのベトナム戦争反対の世界統一デモに参加し、近くの国立大学自治会の学生運動に連携して学生運動の仲間入りをした。当時の一九六六年には中国で文化大革命、一九六七年にはアメリカの学生のスチューデントパワーを中心に世界的に広がったベトナム反戦運動、一九六八年にはフランスのパリでの学生運動など世界各地で学生運動が盛り上がり、いよいよ革命が起こるのではないかと思われる時代の雰囲気があり、「勉強をしているときではないな」と思い、学生運動が盛んな大学へ一九六七（昭和四二）年に入学した。ちなみに、高等教育への進学率は一九六五年に一七％を超えたところであった。それは一九七〇年には二四％に上昇した。

アメリカの高等教育の研究者マーチン・トロウによると、大学への進学率が一五％までは選ばれた人だけが入学するエリート段階、一五％を超えるとマス段階に入る（トロウ、一九七六）という。つまり、日本は私が進学した一九六七年頃には大学生が「学歴エリート」であった段階は終了し、誰でもが入学するマス段階に入ったということである。大学は学生運動が盛んな大学の社会学部を選んだ。社会病理研究会を創設し、大阪西成区の労働者の街「釜ヶ崎」と呼ばれるスラム地区のフィールドワーク調査に参加し、都市社会学や夜間中学校設立運動など教育社会学に熱中した。高校の教員を希望していたので、教職課程は熱心に受講した。大学では三年間学園紛争とロックアウトが続き、ほぼ講義もなく、レポート試験で過ごし、卒業式もなく大学生活を終えた。一九七〇年になると学生運動は沈静化し、高度経済成長の時代に入り、学生は何事もなかったかのように優良企業への就職試験に走り回っていた。

教員免許を習得する教職課程だけは授業が行われており、教員免許状を取得した。母校へ高校免許取得のため教育実習に行った際、小学校教師を経験した数学をかつて学んだ恩師・大浜威先生から小学校教育の魅力を聞き、その気になって小学校教師を目指すことになった。その結果、一九七二（昭和四七）年に大阪市郊外の田園都市の小学校教師として入職した。初職として入職した小学校で担任した子どもたちから、まず聞かれたのは、「先生はどこの大学を出ているの?」ということであった。もはや一九六〇年代後半の学園紛争時代の伝統的な教育を根本的に問い、改めようという雰囲気はなくなっていた。一九七〇年代に入職した教育現場では、六〇年代には何事もなかったかのように子どもたちや親たちは以前の進学競争と学歴主義の文化に戻っていた。パンドラの箱が開かれ、いよいよ本格的な「大衆教育社会」が出現する時代を迎えたのである。小学校の高学年を担任すると「よくできる」子どもたちは国立大学附属中学校を目指して進学塾で遅くまで受験勉強をしていた。その後校長をした小学校では、卒業生の半数が有名私立中学校へ進学するように変化していた。戦後、府立高校は中学区制だったが、いつのまにか府全体が一学区、つまり学区制が廃止され、難関高校を頂点とし偏差値に基づいてすべての公立高校がピラミッド型のヒエラルヒーの中に序列化されるようになっていった。また、難関大学を目指す中学生は、公立高校に進学せず有名私立高校（中高一貫校を含む）に進学するように転換していった。さらに、一九九〇年代末期になるとゆとりのある小学生は、新設された私立中高一貫校に進学するようになり、学力格差も拡大することになった。私は、一九七〇年以降今日まで教師・研究者として、このような受験競争による序列主義と学歴主義の中で、すべての子どもたちに「学力保障と成長保障の実現」を目指して五〇年間という長い時をかけ、学力問題と対峙し、格闘していくことになった。

2　教職への入職と教師としてのあゆみ

（1）学力保障と成長保障を目指す実践へ

新任教師として小学校三年生を担任したが、赴任した小学校は大阪府郊外の住宅と農村の混住地域で、教育については保護者が学校に任せてくれる最後の時代で、保護者である母親の最終学歴は、主として高校卒業が多く、短大卒業・大学卒業の母親は数人程度であった。しかし、数年すると万国博覧会後の高度経済成長期でもあり学校周辺は農村地帯から急速に大規模な住宅開発が進み、第二次ベビーブームの子どもたちが多数都心部から郊外の小学校へ転学してきた。旧地域の子と大阪市内から転入した新興団地の子が入り交り、保護者の教育への関心も高まり、授業の教え方や学力など教師への要望も出るようになった。新卒の若い教師が毎年沖縄から東北地方まで全国各地から大量採用され、学力に課題のある子も多く、教職経験の乏しい若い教師たちは、各教科の年間カリキュラムを作り、週案を作り、教科書を教えることに追われたが、中には「わかる算数」(水道方式)や「仮説実験授業」などの民間教育運動の教育方法を取り入れ、副読本やドリルなどの副教材を用いる先生や「社会科の初志をつらぬく会」で問題解決学習をする先生、オーバーヘッドプロジェクターなどの教育機器を活用して「基礎学力」の保障に力を入れる熱心な先生も多くいた。

私が就職する前年の一九七一年、全国教育研究所連盟大会で、学習内容を理解している子どもが小学校で七割、中学校で五割、高校で三割であるという調査結果が発表され、マスコミから「7・5・3教育」と揶揄され、「落ちこぼれ問題」として提起された。当時、学力問題が教育界の課題になっていることなど知る由もなかった。学力が十分でない子どもたちは「学力不振児」といわれ、研究対象になっていたので、私も担任をしながら市の教育研究所で「学力不振児の研究」として取り組んだ。当初、宿題を忘れた子や授業が理解できない子がいれば、放課後「残り学習」といって数人の対象児童に補充学習をさせ、学力補充をした。当時、一般に小学校の評価は指導要録や通知表では相対評価による五段階であったが、大阪府同和教育研究協議会が差別の克服と学力保障の実現を目指し低学力の克服のため到達度評価の運動を始めていた。市内の小・中学校の教務主担者会議の申し合わせとして、学力保障の取り組みに応じて成績は「よくできた」「到達した」「もう少し」の三段階評価による到達度評価に改められた。しかし、何をもって「到達した」かという到達基準は教務担当者に口頭で、「指導目標に照らして」と言われたが、到達度の基準になる「到達度評価基準表」は存在せず、実質は各教師の「絶対基準」に任されていた。そして、年度末の総括的評価である「評定」は、指導要録へ「履修済み」と記載し、年間の指導の過程は別途作成した「指導カルテ」に日常的に手書きするようになった。年度末に記載する指導要録は学校教育法施行規則に基づく法的文書であるので必ず記載したが、日頃の指導過程や成長の変化を記載する「指導カルテ」は、理想としては日頃の指導の際に手元において記録し、指導の改善に活用するという目的であり、申し合わせ当時こそ頻繁に活用されたが、一週間の学習計画である週案を作成するのが精いっぱいで、「指導カルテ」を常に使用する教師は多くなく、だんだんとまとめて総括的評価として記載するようになった。形成的評価としては活用されず（ブルームの形成的評価の考え方が日本に紹介されるのが一九七三年）に結果として定着せず、数年後には形骸化していった。到達度評価のための「到達度評価基準表」が初めて作成されたのは一九七五年の京都府教育研究所発行の「研究討議の資料」まで待たなければならなかった。一九七五年京都府教育委員会は、『到達度評価への改善を進めるために』を学校現場へ配布し、全国に先駆けて到達度評価改革が教育行政主体で進み始めた。私は授業計画に取り入れるため、早速『到達度評価への改善を進めるための資料』を手に入れるべく、京都府教育研究所まで指導資料を求めに行き、算数の単元目標の作成に試行錯誤した思い出がある。

一九七五～七六年には、私は小学校の五・六年生を担任した。この時代になると、多くの子がピアノ、習字、スイミングスクールなどのお稽古塾や難関の国立大学附属中学校や私立中学校へ進学のため学習塾に通うことで忙しくなり、放課後子どもたちが全員で集まり、「送別会」や「残り学習」をすることなどは不可能になった。私は、そこで自主的に学ぶ学習態度や基礎学力を確実に育てるため、ときに学校行事で授業が欠けると、その授業分を土曜日の午後に、弁当持参で補充授業を実施した。

学校学習以外に家庭での学習習慣を培うため他のクラスより宿題は多く、ヘミングウェイの『老人と海』の感想文を書き、自分で問題作りを通して読解力や計算プリントドリル学習にも力を入れ、学級の子どもたちは学力格差を克服して確実に基礎学力を身に付けていった。それは、私が教師になって以来、自らの生い立ちや学校体験に基づく教育観・学力観が形成されたためである。それは、自らの人生の進路選択が可能な学力形成と人格形成を通して自己実現できる資質・能力だけは、一人ひとりの子どもに育成することが必要であるとの体験を通した信念から、教育実践してきたということである。私の教育の理念は、教育基本法第一条の「教育は、人格の完成を目指」し、第二条の「幅広い知識と教養を身に付け」「個人の価値を尊重して、その能力を伸ばし」と示されている通りである。学校は、「人格形成」と「学力形成」の両面を通して、教育基本法が目指す「人格の完成」を目指さなければならないが、学校教育の役割は「学力形成」である。戦後から現在までを見てみると、この教育の目的や目標は、多くの教育関係者の努力にもかかわらず実現されず、今日も自己実現を阻害する学力問題として焦点になっている。このような理由から、すべての子どもにとって自己実現を目指すことが可能な「学力形成」にかかわる学力論・評価論・カリキュラム論・教師論にこだわってきたというわけである。

(2) 落ちこぼれ問題と一五年ぶりの国立教育研究所、日教組による学力調査

学力低下の「落ちこぼれ」問題が学力論争へ発展する一九七五年から七六年にかけて、六〇年代の全国学力テスト以来、久しぶりに全国の小・中学生を対象に学力の低下の実態を把握する調査が行われた。一九七五年には国立教育研究所の学力調査、一九七六年には日本教職員組合・国民教育研究所

の学力調査が行われた。両調査とも国語や算数では総じて全国的に学力低下の実態を明らかにし、学力低下や序列化（格差の発生）を促す「落ちこぼれ」の学力問題や相対評価への批判の声が大きくなり、学力論争へと広がった。

一九七六年、私は担任する六年生の子どもたちに国立教育研究所の学力調査とその後すぐに実施された日本教職員組合・国民教育研究所の学力調査の問題を解かせてみた。学校現場では一九六〇年代の学力テスト反対闘争の混乱に懲り、アンタッチャブルの時代であったが、私は学力の実態把握は指導の改善に必要であると考え、同一問題を追試験調査した。両調査とも国語も算数も全国平均正答率よりも平均得点が二〇点も高く、問題を解けない低学力の子も少なかった。しかし、よくできる問題、できない問題の傾向は同様であった。したがって、このように頑張って小学校で学習した子どもたちが中学校へ進学したのであるから、中学校でも積極的に学習し、よい成績を修めるであろうと予想していたが、実態はそうではなく小学校時代に頑張って目標に到達していた「しんどい層」の子どもたち（家庭や地域にさまざまな課題があり、それが子どもの学校生活上の課題につながっているときに、そう呼ぶ）は、また学習成績が低位に落ちていった。私は、あらためて「学力の剝落現象」や「学力保障」のあり方を考えなければならなくなった。本当に自ら進んで学ぶ意欲が育たなければ、学力は剝落し、本物の学力は育たないものだと反省し、いかにすれば自ら学び学力をつけることができるか、指導方法について大阪大学や大阪教育大学や奈良女子大学附属小学校などの先生方が指導する大学や地域のいくつかの「研究サークル」に参加し、アメリカの教科書や国内の学力向上先進事例から学び、学力保障策を模索するようになった。

小学校教師となった初任者から五年間は、とにかく子どもたちと熱心に遊び、「教科書の内容を教え・理解させること」が基礎学力の定着になることだと考え、「わかる指導法」に集中した。「わかる力が学力である」という坂元忠芳流の考え方であった。自主教材を開発して見通しを持って子どもの意欲を引き出し、「教科書を教えること」ではなく「教科書で教えること」ができるようになったのはその後である。

教師のライフコース研究者のスイスのヒューバーマンが言うように、教師になっての数年間は、毎日毎日の授業の教材研究の繰り返しと同僚教職員から認めてもらい、職場の教師の世界で生き残っていけるだろうか、自分もやれそうだという発見をする「生き残りと発見期」であり、一般的には三年程度経ると教職の仕事に見通しと職場での存在感ができる。教科指導に見通しができ少し自信ができて、職場以外に新しい教育実践や理論を求めて、広く地域の研究会や研究サークルや学会など他校の先生方と実践交流する意欲的で積極的になる「安定期」を迎える。

私は初任校七年を経て、教師として「授業がわかる」教育技術を身に付け、さらに先輩から学び挑戦するために市内で文教地区だといわれベテラン教師の多い小学校に転勤した。そして五年生を担任した。職場には一九六一（昭和三六）年実施の全国一斉学力調査に反対し、学力テスト阻止行動をしたとして起訴され係争中の同僚もいた。身近に、戦後の文部省と日教組の学力テスト反対運動の混乱が残っていた。

ちなみに、学力テスト反対阻止行動では、北海道旭川市立永山中学校で起きた旭川学力テスト事件が一九七六（昭和五一）年に最高裁判所判決まで続いた。上告審では学力テスト論点として「教育権の所在」が問題になり、「国家教育権説」と「国民教育権説」が主張されたが、最高裁判所は教師に教育の自由が一定程度認められるように、国にも一定の範囲で教育内容について決定する権能を有するとした。全国学力調査は一般的に調査するものであり、教育活動への「不当な支配」にあたらず、これは当時の教育基本法第一〇条にいう教育に対する「不当な支配」ではないので、学力テストを適法とした。その後も、私が教師時代を過ごした一九九〇年代までは主任制度反対闘争での処分など教育政策をめぐって日教組と文部省との対立が続き、校内の職員会議では校長と教職員の間で厳しい対立関係になることもしばしばあった。この対立は日教組の路線転換により、一九九五（平成七）年日教組と文部省との歴史的和解により、日教組は中教審へも参加するようになり、「いじめ・不登校・高校中退・受験競争等々の共通の課題に参加・改革・提言の運動へと前進させる」と大きく転換した。日教組は二一世紀を控えた一九九七（平成九）年、「二一世紀教育改革プログラム」を発表し、これまで取り組まれてきた完全習得学習などを活用して、学力保障を行うことをプログラムに位置付けた（広田、二〇二〇）。

（3）プログラム学習からマスタリー・ラーニングの実践

敗戦から一九七〇年代までは教師不足が続いた。私の小・中学校時代の先生方を見てみると、前述のように先生方の前職は旧師範学校卒業教師、軍隊将校帰りの先生、戦時中の憲兵、特攻隊の生き残り、シベリア抑留体験教師、旧制女学校卒業生、代用教員、魚屋、豆腐屋から検定試験に合格し教師になった人など多彩であった。中学校頃になると、新制学芸大学や国立大学や私立大学出身の戦後の開放制の教員養成制度出身の若い先生方が着任するようになった。しかも、地元大阪出身者だけではなく、沖縄、九州、四国、中国地方など西日本各地の地方国立・私立大学卒業生が着任するようになった。そして、一九七〇年代に入り学生運動の洗礼を受けた「戦争を知らない」団塊の世代の学生たちが教師になり、学力の落ちこぼれ問題、同和教育、校内暴力・非行、いじめ、不登校など教育不信の時代を迎え、新しい人権教育・障害児教育や生徒指導の事態に対応する教育実践に立ち向かっていくことになった。初任の小学校では一九七〇～七七年ぐらいまでは、新任教師が毎年一〇人程度着任した。このような中で国旗・国歌や主任制度導入をめぐり、管理職と教職員が長く対立し、教育活動に齟齬をきたした。

前述の転任校は先輩から学ぼうと異動した学校であったが、教えてもらうことより主任として自ら担当することが多かった。早速、一九七七年からの学習指導要領の改訂で創設された「ゆとりの時間」のカリキュラム開発研究を担当した。加えて、教科書採択年度であり、教育研究会の「算数」部会長であったので、地域の教科書採択委員や大阪府教育委員会の「算数」教科書採択基準作りなどを担当した。教科書の編成は教科の構成理論や心理学者ピアジェなどの子どもの成長・発達の理論を基礎にスコープ（領域）とシーケンス（順序）から、九年間の各教科のカリキュラムが系統的に構成されていることを広く深く学ぶことができた。新しい「ゆとり」の時代の日本の算数教育のカリキュラム作りでは、どの教材を残し何をどのように精選し削減していくのかという教科のカリキュラム構成論も勉強することができた。その後、検定教科書の算数科の編著者を務め、日本数学教育学会での実践発表等を通して、全国の先進的な先生方との実践交流で多くを学んだ。

学力問題に戻るが、一通り三～六年生までを担任し、ぶつかった壁である「どうしたら剝落しない学力が育てられるか」と考えていた時代に取り組んだのが、大阪大学人間科学部でスキナーの完全習得のプログラム学習を算数・数学を中心に研究開発していた田中正吾教授だった。プログラム学習では、あらかじめ子どもたちがつまずきそうなところを予想し、ステップを小刻みに踏んで順番に学習を進め、最終的に到達目標へ到達させるという教育工学的なアプローチの学力観であり、一九七〇年代に流行した。しかし、プログラムを小さいステップアップにしてこなしていくのはよいが、学習が受け身になり自己学習能力を育てる上では課題があった。次に研究し実践したのが、一九六七年、アメリカのベンジャミン・ブルールたちが開発し、一九七三年に梶田叡一たちが日本に紹介し、落ちこぼれ対策として広がったマスタリー・ラーニング（完全習得学習）の理論であった。マスタリー・ラーニングの考え方は、学習の習得は、一人ひとり習得する時間が違うのであるから、学習目標を設定したらそれぞれの実現に十分な時間を与え、一斉学習の途中でつまずきを見取り、そのつど評価としての「形成的評価」を行う。ひとまとまりの教材の学習が終了した時点で、つまずきを補う「補充学習」やさらに深める「深化学習」を行い学習への意欲を高め、到達度を高め、最終的な学習目標へ（八〜九割のほぼ全員を）到達させるという学力観・指導観・評価観に基づく学習理論である。このマスタリー・ラーニングで学習すれば、子どもたち一人ひとりが自らの学習成果に自信を持ち、学習への自尊感情が高まり、次の学習意欲が高まるという利点があるものであった。このマスタリー・ラーニング論はブルームの「教育目標の分類学」（タキソノミー）として一九七三年に日本に紹介され、一九七四年の神奈川県藤沢市の実践研究をスタート後「形成的評価理論」の紹介とともに全国の国立大学附属小・中学校を中心に、一九七〇年代から一九八〇年代に授業目標と指導と評価を結び付け、授業改善の理論、学習論、形成的評価論として流行し、「学力保障と成長保障」の学習保障論として全国の公立学校へも広がり定着した（古川、二〇一七）。

私は、一九七九年から箕面市内の五年生六年生担任の先生方と学力保障の研究ティームを組み、算数で落ちこぼれの多い「割合」「分数」「比例」などの単元でマスタリー・ラーニング（完全習得学習）

の実践を行い、最終的な学習目標へ八～九割のほぼ全員を到達させるという成果を上げ、大阪府教育委員会も「落ちこぼれ対策」としてマスタリー・ラーニングを推奨してくれた。

文部省は一九八〇（昭和五五）年に「落ちこぼれ」問題の解決を図るため、指導要録改訂協力者会議の提案を踏まえ、指導要録はこれまでの相対評価に基づく「評定」に加えて、到達度評価に基づく「観点別評価」を導入した。「観点別評価」の観点は、「知識・理解」「技能」「考え方」「関心・態度」とする「目標に準拠した評価」へ、相対評価から到達度評価へ評価観を転換することになった。評定欄はこれまでの相対評価から、「絶対評価を加味した相対評価」として残った。結果として、目標に準拠した評価へ完全に転換され、学力を認知的学力と情意的学力から構成されるものとして考え、情意的学力である「関心・意欲・態度」を位置付けたのは、一九九一（平成三）年の「関心・意欲・態度」「思考・判断」「技能・表現」「知識・理解」が設定され、指導要領が「新しい学力観」と呼ばれた時代まで待たなければならなかった。しかし、文部省が一九八〇年に「落ちこぼれ」問題の解決を図るため、指導要録に観点別評価を導入し、学力観を情意的能力にまで広げた歴史的意義は大きなものがあった。この学力観・評価観の転換は、その後のどの子の学力も保障するマスタリー・ラーニング定着の追い風となった。

一九八一年、ブルーム理論を日本に紹介した梶田叡一が大阪大学に着任し、直接ブルーム理論を学ぶ機会に恵まれ、今日まで四〇年以上梶田理論に基づく学力保障と成長保障の両全を実現する「人間教育」について指導を受け、自分の学力論や評価論を形成してきた。この点は第Ⅲ部で詳説したい。

（4）通知表、ティーム・ティーチング、自己評価の全国調査を実施

学校での学力保障を中心とした教育実践の期間は一〇年で、一九八四～九九年までは、同和地区の青少年会館、教育指導課、教育センターで指導主事として、その後は校長を務めた。社会教育部が所管する同和地区の青少年会館では識字学級や部落解放を目指す子ども会活動に取り組み、学校教育部の教育指導課や教育センターでは、学校の校内研究や教師の研修指導、研究調査などを担当する中で、人権教育や学習指導、学力保障と評価のあり方、教育課程に関する研究活動を続けた。

青少年会館では行政上同和地区と呼ばれる被差別部落で生まれ育った子どもたちが基礎学力を養い、部落出身者であることに誇りを持ち、人権を大切にして部落差別に負けない「解放の学力」を育て、自ら学びたくましく生きていく力を身に付ける「部落解放子ども会」の指導を担当した。それとともに、部落差別と貧困により義務教育の学校へ十分に行けなかった結果、読み書きの力を身に付けられなかった同和地区の成人や高齢者たちが、夜間に読み書きを習う「識字学級」を担当し、多くを学んだ。一九九〇年は国連・ユネスコが設定した「国際識字年」だったので、「識字学級」に通う成人学習者は増加した。ちなみに、それに先立つ一九八五年にはユネスコ国際成人会議が開かれ、「ユネスコ学習権宣言」が出された。このパリ学習権宣言は世界人権宣言や教育差別撤廃条約を踏まえ、女性、障害者、非識字者を対象にしたもので、世界のすべての人々の学ぶ権利と教育を推進するものであった。一九七九年の「国際児童年」も一九九〇年の「国際識字年」もその一環であった。この宣言は、現代の複雑な社会の中で問題解決ができるように生きていくためには、すべての人に「学習権」を保障していくことは、人間の生存にとって必須の権利であるとした宣言で、「識字学級」の追い風になった。夜間の「識字学級」では、ある高齢者が「電車の切符を買う際、漢字が読めなくても窓口で行

先の駅名を言えば切符がもらえたのに、自動券売機ができてからは、自分で読めない漢字を探さなければならないので苦労する」と話すと、他の学習者も同様の体験談を話す。「識字学級」では、文字を覚え、獲得するたびに、その漢字にまつわる苦しい差別の体験を語る。それは、失われた過去の体験を語り、自分の新しい人生を獲得していく学習権獲得の過程であり、国連・ユネスコが提案した生涯学習の実践であった。ここで、「読み書き」の言語能力を身に付けることは、人間が人間らしく自己実現し、自らの力で一生生きていくための「基礎学力」であることを実感して学ばせてもらった。

同和教育では、一九七二年から大阪府教育委員会が府内全小・中学校に同和教育副読本『にんげん』を配布するようになったので、これを活用して部落差別をなくす同和教育に取り組むようになった。地域の学校は一九七〇年頃から同和地区の子どもたちの低学力を克服し、進路を保障する学力保障・進路保障を目指して、「地区学習会」に取り組んだが、先生方や保護者や地域の関係者の努力にもかかわらず十分な成果を上げることができなかった。一九八八年からは、行政・地域に大阪大学、大阪教育大学等の先生方が加わり、「同和教育に関する学力生活実態調査」が実施された。調査ではこれまでの学力保障にとどまらず、部落の子どもたちの学力保障、差別と貧困によって閉ざされてきた進路を開拓し、社会的・経済的地位を高めるためには、子どもたち自身の自尊感情を高める自己概念の研究成果を取り入れ、自尊感情を高め自己実現を図る新しい研究実践が提案された。地域の小・中学校も個別学習やマスタリー・ラーニングやティーム・ティーチングを導入するなど大規模な取り組みとなり、「効果のある学校」として提案された。この研究開発は、それまでは木下繁弥（大阪教育大学教授）などの学力論によって指導されていた学力保障論から一歩踏み出し、同和教育における新しい学力保障論として蓄積されることになった。その後、この同和地区における学力保障論の研究は、大阪大学の志水宏吉らの「効果のある学校」「力のある学校」「エンパワーメントスクール」など、日本の学力研究、学力格差研究の土台となって発展していった。

一九九五年に新設された教育センターでは、学校現場の先生方や大阪大学の梶田叡一教授（一九四一年～　元兵庫教育大学学長、中央教育審議会副会長、指導と評価や形成的評価を中心に研究し、ブルーム理論を日本に紹介し、人間教育論を構築した心理学者・教育研究者）たちと「全国通知表調査」を実施した。当時、文部省が提案した「新しい学力観」をめぐって学校現場を中心に議論がされていたので、どの程度「新しい学力観」が浸透しているかを把握するため、全国の小・中学校の通知表（N＝一五〇〇校）を収集して、全国規模の概観と問題点を得ることを目的に、「全国通知表調査」（第二次調査、代表梶田叡二）を実施した。結果は、地域差はあるものの全国的概要として大勢としては相対評価が激減し、絶対評価（到達度評価）が増加し定着しつつあることを明らかにし、「新しい学力観」に基づく情意的な学力の評価の方法を提案した。ちなみに、第一次調査は一九七五（昭和五〇）年、梶田叡一によって国立教育研究所調査として実施され、相対評価から到達度評価への転換を図るきっかけとなった歴史的転換になる調査である。続いて、第三次「全国通知表調査」は、創設された「総合的な学習」が本格実施された二〇〇二（平成一四）年度に行い、「総合的な学習」を通して学力観やポートフォリオ評価など評価観の転換を把握する調査となった。こうして、三次にわたる通知表調査を通して学力観と評価観の転換のあゆみを、一九七五～二〇〇二年の四半世紀にわたって継続的に調査を続けた。

一九九七年には、学力向上を目指す第六次教職員定数改善計画に基づくティーム・ティーチングの全国的定着状況の実態調査を実施した。一九九三年度から実施された文部省の第六次教職員配置改善計画では学級定員を削減せず、ティーム・ティーチングによる加配教員方式が採用された。そこで、教育センター顧問である浅田匡（早稲田大学教授、当時神戸大学助教授）との共同研究として、「ティーム・ティーチングの全国調査」を実施した。全国各地で創意工夫のあるティーム・ティーチングが実施され、一斉授業に比べて効果を上げ、学力向上に有効であることを分析し、ティーム・ティーチングによる授業がどのように授業構成を変え、学力向上にいかに効果を与えるのかという授業の可能性と課題について提言した。

一九九八年には、梶田叡一との共同研究として、「自己評価に関する全国調査」を実施した。これは、一九八〇年代に自己学習能力の育成が提案され、それに伴って自己評価能力の必要性も提言されたが、自己学習能力とともに自己評価能力がどの程度進んでいるかを全国規模で実態把握しようとした調査である。結果は、自己評価活動が、学習活動の「反省」のお手軽な手段として用いられ、「振り返り」を通して次の学習改善の活動につながり自己学習能力の育成に貢献していない実態が明らかになった。調査では自己評価活動の問題点を分析し、自己学習能力をP—D—C—Aサイクルとして育成するために取り組むべき課題を提案した。

その後二〇〇五年から私は大学の教員養成を担当する教職教育センターへ籍を移し、教職入門、カリキュラム論、評価論等の授業を担当しながら、学力、学習指導、学習評価、ブルーム理論、梶田理論の研究を続けてきた。そして、二〇一九年に甲南大学を退職後、これらを戦後の学力論と評価論として、二〇二二年に大阪大学大学院人間科学研究科で園山大祐教授の指導のもとで修士論文としてまとめたものを、二〇二五年を迎え戦後教育八〇年を振り返って整理しなおしたのが本書ということになる。これが、本書『学力と評価の戦後史』を執筆する理由である。

第2章　学力問題と評価問題の背景となる戦後教育の展開

1　コース・オブ・スタディとしての戦後学習指導要領と学力観の変遷

（1）三期に区分される戦後教育のあゆみ

戦後の学力論や評価論や学力・評価論争を考える上で、その背景となり影響を与えた教育界における出来事にはどのようなことがあったのか、その概略を振り返っておきたい。戦後教育の展開は小玉重夫（東京大学）の論のように三期（小玉、二〇一六）に区分できる。第一期は教育が戦後社会の建設に先進的な社会進歩の役割を担っていた時代である。次の第二期は教育への批判が顕在化した時代である。第三期は二一世紀を迎えポスト近代社会の教育の国際化・情報化の新時代である。第一期の区分は一九四五（昭和二〇）年八月の戦後改革から高度経済成長期の一九七〇年代までの時期である。この時期の教育は、民主主義教育・平和教育・人権尊重の教育を基に、子どもの成長・発達や人格の完成を理想に掲げ、社会の進歩を先取りする先進的な位置から社会を改革する役割を担っていた。そして、そういう教育の価値の先導者として教師は、近代的な価値と重ね合わされ、進歩的な知識人として信頼された。

第二期は、高度経済成長期が終焉し、近代的な価値に対する疑いや批判が顕在化し、教育への不信や批判が増していった一九七〇年代～一九九〇年代である。この時期は、アメリカのキング牧師たちによる公民権運動や教育の平等への運動の高揚、七〇年前後の大学紛争・高校紛争に象徴される学生運動の高揚、八〇年前後からの中学校や高校における校内暴力や少年非行、八〇年代以降のいじめ問題、不登校や高校中退の生起があった。そういう状況の中で、教育神話が崩れ、教育や教師に対して保護者や地域から学校教育に対して強い批判が提起された。

第三期は、一九九〇年代後半から二一世紀の今日に至るポスト近代社会の時期である。国際化やグローバリゼーションが加速し、高度経済成長期に形成された価値観や制度が大きく再編され、教育にも新自由主義が導入され子どもたちの私事化（プライバタイゼーション）が進んだ時期である。小・中学校では自校に応じて自由にカリキュラムを作成する「総合的な学習の時間」が創設され、画一的な学校経営から「特色ある学校づくり」へと変化したが、保護者や地域社会からは説明責任（アカウンタビリティー）を求められ、保護者から理不尽な要求が教師に突き付けられるクレーム多発の時代になった。

また、二一世紀（二〇〇〇年～）に入り実施されるようになった国際的な学力調査であるPISA調査（OECD主催）で日本の学力低下を招いたとゆとり教育批判がなされ、「ゆとり教育」から「学力重視教育」（中教審答申、二〇〇八年）へ揺り返し、PISA調査など国際的な学力競争の時代に転換し、新しい学力や資質・能力（リテラシーやコンピテンシー）が生み出され、二〇〇七（平成一九）年からは文部科学省主催の全国学力・学習状況調査も六〇年ぶりに実施され、学習指導の改善に生かされるようになったが、都道府県別の学力結果の学力比較も行われるようになった。

加えて、社会の情報化、特に人工知能の発展など急速に変化する社会において、新しく時代を生きていくための資質・能力を「生きる力」として育てていく教育が求められる時代になり、学校教育や教師に求められる役割もまた、意味を大きく変え、学校教育のあるべき姿が問い直されている。戦後、教育は社会の進歩を先取りするものであったが、その後の学校は人権教育、障害児・支援教育、また非行、虐待やいじめ問題、不登校など生徒指導、人権問題、防災・安全・いのちの教育、学校保護者問題の増大など問題は複雑・多様化するとともに、保護者へのアカウンタビリティーが求められ、学校や教師は批判の対象になった。加えて、二〇二〇年からは新型コロナウイルスの感染による世界的パンデミックを経験するとともにＧＩＧＡスクール構想などＡＩによるＩＴ教育が一挙に前進し、学校教育は「ポストコロナ」の時代を迎え、新たな役割が求められる転換点に入った。

(2) 戦後民主教育と新学制の発足

まず、一九四六（昭和二一）年には早速、アメリカを中心とする連合国軍最高司令官総司令部（ＧＨＱ）による統治下で、平和主義・国民主権・基本的人権の尊重を三本柱とする日本国憲法が公布された。この理念を教育で実現する準憲法的な教育における法律として、教育基本法が一九四七（昭和二二）年に施行された。同年四月、教育基本法を受けて六・三・三・四制の等しく進路が開かれた単線型の新学校制度が発足した。戦前の国民学校は小学校へ、旧制中学校・女学校は解体され義務制の新制中学校へ、一九四八（昭和二三）年には新制高等学校、一九四九（昭和二四）年には新制国立大学がそれぞれ発足した。戦前の袋小路で不平等なヨーロッパ型の複線型の学校制度は、アメリカ型の公平で機会均等な単線型教育制度に改められた。ＧＨＱの下で作成された『アメリカ教育使節団報告書』

（村井全訳解説、一九七九）は「日本の超国家主義、軍国主義がなくても日本の画一的な詰め込み主義の一九世紀型中央集権的教育制度は改革されねばならなかった」「受験と暗記の教育は批判力を奪い、国家に身を任す教育に陥るものである」との批判を踏まえ、デューイの経験主義教育を導入した。一九四七（昭和二二）年、学校現場の教職員により日本教職員組合（日教組）が結成された。一九五一（昭和二六）年から「教え子を再び戦場に送るな」というスローガンを掲げて、日教組による全国教育研究大会（教研集会）が開催され、その後、戦前の「教師は聖職者」という立場を「教師は労働者である」と転換した倫理綱領を制定した。一九四九（昭和二四）年になると専門職として教師の身分保障をするとともに、国家公務員並みに労働基本権を制限する「教育公務員特例法」によって専門職としての身分が規定された。

一九五一（昭和二六）年、サンフランシスコ講和条約の発効により日本は独立を回復した。ＧＨＱの廃止により文部省には教育行政を再編し権限が集中することになり、中央教育審議会が設けられた。一九五五（昭和三〇）年、政党では保守政党の自由民主党が誕生し、日本社会党が再統一され、政府・自民党と社会党・日教組とが教育政策の自由と統制をめぐって鋭く対立を深めていくいわゆる「五五年体制」が確立した。

戦後の教育は、教育基本法の「人格の完成」を一貫した教育理念として掲げつつ、教育方針は各学校で編成すべきものであるが、ガイドラインの基準として文部省から一九四七年三月に「学習指導要領　一般編」が試案として公表された。「学習指導要領」は、「この書はこれまでの一つの動かすことのできない道を決めて、それを示めそうとする目的で作られたのではなく、児童の要求と社会の要求とに応じて教育課程をどんなふうにして生かしていくかを教師自身が自分で研究していく手引きとして書かれたものである」とした。教科構成も戦前の修身、公民、地理、歴史が廃止され、小学校の教科は、国語・社会・算数・理科・音楽・図画工作・家庭・体育に加えて自由研究の九教科で編成された。戦前の国民学校の国定教科書による国家が編成するナショナルカリキュラムに対して、国民主権の生活を作りあげる社会科と自由研究によって、自主的な学びを確立する学習計画を編成する方針が採用された。教師の役割は、受け身のカリキュラム・ユーザーから主体的なカリキュラム・メーカーに転換した。一九五一（昭和二六）年には「学習指導要領　一般編」が改訂され、小学校から新教育のモデルであった自由研究が廃止され、教科以外の教育活動が望ましいとして「教科以外の時間」が創設された。中学校でも八教科以外に「特別教育活動」が創設された。高等学校では、一九四八年に「高等学校設置基準」が制定され、民主主義社会を支える人材を育成することが目的とされ、「国民に共通の教養」を学ばせる定時制高校も設置された。

この時代の教育課程は、デューイの経験主義教育理論に基づいて、地域社会で経験したことを再構成して、地域の問題を解決する民主主義社会の市民としての能力を育成することを目指した。しかし、経験主義は子どもたちの経験を重視し、系統的な知識の習得が後回しにされたので、新教育は戦前よりも学力低下を招き「はいまわる経験主義」と批判され、旧学力観と新学力観とが対立し、「学力とは何か」という学力論争が起き、一九五八（昭和三三）年、文部省は当時の社会情勢を反映して、道徳教育、基礎学力、科学技術の向上等を重視し、経験主義教育から系統主義教育へと「学習指導要領」を改訂した。教育の「五八年体制」の誕生である。

（3）法的拘束力と系統主義の一九五八年学習指導要領の告示

一九五〇（昭和二五）年に朝鮮戦争が起こり、東西冷戦構造の時代に入り、独立を回復した日本には、日本の伝統を大切にする道徳教育を求める声が高くなった。これを受けて教育の世界でもこの保守党の長期にわたる安定的な政治基盤の上に、一〇年ごとに定期的に文部省が「学習指導要領」を改訂する、教育の「五八年体制」が誕生した。したがって、一九五八（昭和三三）年に改訂された「学習指導要領」では性格も、これまでの各学校でのカリキュラム編成の参考から、文部省からの「告示」に変化し、各学校の教育課程編成の基準になり、「法的拘束力」を持つ法令になった。

「学習指導要領」が経験主義教育の反省から基礎学力を重視する系統主義教育へと変化することになり、小学校では、国語・算数等の授業時数が増加した。中学校では、「進路・特性に応じた教育」として上級学校に進学しない生徒を配慮して、「進学組」「就職組」に分けられ、教科を選択できる「選択制」が導入された。教科では地理、歴史、古典、道徳などが重視されるようになった。一九六〇（昭和三五）年には、池田首相から「所得倍増計画」が発表され、その後の一〇年間は高度経済成長の時代になり、高等学校では今後の日本の産業発展のための人材育成を目指して、中堅産業人育成の能力・進路の育成のため基礎学力と科学技術教育が重視された。小・中学校の道徳教育に準じて道徳を教えるため倫理・社会が導入された。理科も二倍になり、「現代国語」が新設され、「英語」も必須化され、数学ⅡA、数学ⅡBと生徒の能力・適性・進路に分け、就職組と進学組に編成する差別的なトラッキングが導入され、その後の教育の多様化路線に先鞭をつけた。

（4）教育の現代化と調和と統一の一九六八年学習指導要領

一九六八（昭和四三）年「学習指導要領」が改訂される前の一九六一（昭和三六）年、経済政策を支える人材の能力開発の一環として、全国中学校学力一斉テスト（いわゆる主要五科目の悉皆調査）が実施された。つまり文部省は教育課程の編成と学習指導要領の到達状況を確認するとして、全国一斉の悉皆の学力調査を始めた。好成績を得るためテスト対策に偏った教育の弊害が出て、学校現場の反対が強くなり、学力調査は一九六五（昭和四〇）年には抽出調査に変更された。「学力とは何か」をめぐって、広岡亮蔵（名古屋大学）や勝田守一（東京大学）などより学力モデルの提案から学力論争が起こり、学力論を一歩進めた。

一九六二（昭和三七）年からは戦後ベビーブームの子どもたちの高校生急増対策が本格化し公立高校が大幅に増設され、受験のための高校入試や大学入試が過熱化し、受験に偏った偏差値教育が問題になった。

一九六三（昭和三八）年になると文部省は、高度経済成長期を迎える社会において、子どもたちはそれぞれの適性に従って能力を開発し、進路選択する必要があるとして中教審に「後期中等教育の在り方」を諮問し、中教審は一九六六（昭和四一）年に「生徒の適性・能力・進路に対応し、職種の専門的分化を改善し、教育内容の多様化を図る」という「多様化路線」を答申した。一九六六年、ユネスコとＩＬＯ（国際労働機関）は、国連総会で「教師の地位に関する勧告」を採択した。「教師の仕事は専門職と見なされるべきである」と教師の仕事を「専門的知識及び特別技術を要求する公共的業務の一種である」として教師の処遇改善と社会的地位の向上を勧告して、全世界的に宣言した。一九七〇（昭和四五）年は、家永三郎らが編集した高校歴史科教科書をめぐる家永教科書裁判の第二次訴訟の東京地裁判決（杉本判決）が下された。教科書検定制度は違憲ではないと述べた上で、国家の教育権に対して、第一義的に教育権は親にあり、教師は国民の信託を受けて児童生徒の教育を行い、国民に対して責任を負うという画期的な判決を示した。

一九六〇年代は団塊の世代の多くの子どもたちが高校受験を目指す詰め込みの厳しい受験勉強の競争主義の弊害が露呈し、文部省は子どもたちが本来の人間としての成長発達の教育を取り戻すとして、一九六八（昭和四三）年に「調和と統一」と「教育の現代化」を目標として「学習指導要領」を改訂した。小・中学校の教育課程は教科、道徳、特別教育活動、学校行事の四領域から教科、道徳、特別活動の三領域に整理された。しかし、米ソ対立の中でアメリカの教育が最新の科学技術を取り入れた「現代化」路線に向かっていた影響を受け、日本の教育も数学・理科を中心に集合論など高度な学習内容の「現代化」を目指した。小・中学校の算数・数学では、集合・関数・確率の概念が取り入れられ、理科も現代科学を反映してA．生物とその環境、B．物質とエネルギー、C．地球と宇宙という高度な内容で構成された。中学校の授業時間数（週当たり）は三二時間から三四時間になり、世界一多い授業時間数となった。特に、「学習不振児に対する配慮」事項が設けられた。学習が不振な場合は、「内容の一部を欠くことができる」として能力・特性に応じることができ、その後の能力・個性に応じて学習内容を選択する能力主義教育路線の先駆けとなった。

（5）進学率の向上と「落ちこぼれ」問題

一九七一（昭和四六）年、経済的成長はひと段落するが、高校や大学への進学率は大幅に上昇し続けた。誰もが長期の学校教育を受けることが前提になり、これまでの前提を変えて学習内容や指導方法・評価方法への変革が求められると同時に、「落ちこぼれ」など学力低下問題や校内暴力、いじめ問題など多様な教育問題への対応が求められる時代を迎えた。

一九七一年には中教審から一八七二（明治五）年の学制開始から一〇〇年を迎えることから入念に四年間をかけた「今後における学校教育の総合的な拡充整備のための基本的施策について」が答申された。明治、戦後に次ぐ第三の学校教育制度改革を提言する「四六答申」と呼ばれた。小学校・中学校・高校の四・四・四制への変更、中等教育一貫学校の創設、教職員の職制整備、教員養成など戦後平等教育を総括し、今後の能力主義による教育政策を多面的に提案した。これらの課題は当時高度産業社会を迎えそれに対応させようとするテーマであり、現在も教育政策論争として続いている原型となる答申であった。その矢先の一九七一年、全国教育研究所連盟から子どもたちの学習理解度に関するアンケート結果「義務教育改善に関する意見調査」が発表された。調査結果は、「多くの子どもたちは授業内容を理解していない」というもので、「落ちこぼれ問題」として社会問題になった。文部省は「偏差値教育が教育を歪めている」として業者テストに関する通達を都道府県教育委員会に通知し、是正を図ろうとした。「落ちこぼれ問題」の対応策から、学力や評価のあり方が問題になり、「詰め込み教育」から「ゆとり教育」へと方針転換が図られることになった。一九七三（昭和四八）年、文部省は低賃金の教師の給与を上げ、高度経済成長で民間企業に流れる優秀な人材を教育界に招こうと「人材確保法」を成立させた。

(6) 授業時間の削減と「ゆとりの時間」を設定した一九七七年学習指導要領

一九七七（昭和五二）年、落ちこぼれ問題解決やアメリカの高度な「教育の現代化」を反省して導入された「教育の人間化」の方針を受け、「ゆとり」のある教育課程実現を目指し学習指導要領が改訂された。一九七〇年代に入るとアメリカでは、公民権運動やスチューデントパワーや女性解放運動の影響を受け、「旧来の学校はシステム化し、人間を抑圧する機関になっている」と批判され、イリッチの『脱学校の社会』やシルバーマンの『教室の危機』などで「教育の人間化」が提案された。いかに人間性を尊重した学校に作り変えるかというオルタナティブスクール論（新しい学校）が注目された。日本でも教育の人間化を目指した「ゆとりと充実」のカリキュラム作りが求められ、学習指導要領も、①知・徳・体の調和、②基礎・基本の充実、③ゆとりと充実の創意ある学校生活を目標として改訂された。教科の授業時間は土曜日の四時間が削減され、「学校が創意工夫した教育活動を行う時間」（「学校裁量時間」）、いわゆる「ゆとりの時間」が誕生した。「ゆとりの時間を設けることによって、学校生活や充実した学習が行われるようにする」というものであった。例えば、小学校の算数では、集合、柱体の体積は削減されたように、「現代化で高度化された」算数・数学、理科は削減の対象となり、削減・統廃合・先送りされ、小学校から中学校へ送られ、中学校の内容は高校へ送られた。この時代にはほぼすべての中学生が高校進学するので、小・中学校で学んでいた内容は、高校卒業までが共通教育としての位置付けに変質した。その結果、高校の卒業単位も共通的に必要な基礎的な内容に絞るとして、八五単位から八〇単位へ削減された。

その後二〇〇二（平成一四）年度からは土曜日は休業日にされ、結果として「学校五日制」になった。中学校でも、週当たり土曜日の四時間分の授業時間数一四〇時間が削減された。教育関係者からは好意的に受け止められ、「学力低下」批判は起こらなかった。この経過を考えると、その後二〇〇八（平成二〇）年まで続いた長い「ゆとり教育」の始まりは、この一九七七年からだと考えるべきである。

一九七九（昭和五四）年には、障害のある子どもたちがこれまで義務教育学校への就学が猶予・免除されていたが、養護学校への就学が義務化され、養護学校への義務化として反対が起こり、『ともに学ぶ』原学級保障論の運動が高まり、現在のインクルーシブ教育論の実現につながっていく原点になった。

（7）臨時教育審議会と新学力観の一九八九年学習指導要領

豊かな時代に入った一九八〇年代の教育界では、校則強化の管理教育への反発から中学校の生徒による器物破損や校内暴力が社会問題化した。卒業式に警察を導入する学校も出た。これ以降、生徒指導において学校と警察との「学警連携」が誕生した。一九八三（昭和五八）年になると校内暴力は下火になるが、一九八六（昭和六一）年には東京都中野区の中学二年生が、「葬式ごっこ」でのいじめを苦に自殺し衝撃を与えた（いじめの第一の波）。いじめ問題、不登校問題が継続して生起し、不登校生やいじめ認知件数は増加し続け、現在に至っている。

一九八〇（昭和五五）年、大平首相の政策研究会（文化の時代の経済運営研究グループ）は、「もはや追いつく目標とすべきモデルがなくなった。これからは進むべき進路を探っていかなければならない」とこれまでの日本のキャッチアップ型近代化の終焉を宣言した。一九八四（昭和五九）年、中曽根首相が内閣に臨時教育審議会を設け、「戦後教育の総決算」を図り、「二一世紀を展望した教育の在り方」を答申した。答申からは、科学技術化、情報化、グローバル化社会に合わせ教育の規制緩和を行い新自由主義教育と新保守主義教育を進め、家庭教育を充実させ、個性を重視し自己教育力を育て、中等教育学校、単位制高等学校など新しい学校を創設するなど、二一世紀の教育制度全般の改革に影響を与えた。「臨教審」答申は三回出され、①自己教育力の育成、②個性教育の推進、③伝統と国際理解の推進が答申された。答申は保守主義を踏まえて市場原理の自由化競争、民営化路線に立ち、伝統文化、ナショナリズムを重視し、教育では自由化・個性化・国際化を提案した。一九八九年には臨教審路線を踏まえて、学習指導要領が、小・中・高校同時に改訂された。テーマは「自ら学ぶ意欲と社会の変化に主体的に対応できる能力の育成を図り、個性を生かす教育」となった。文部省は、目指す自己学習能力の学力像を、「変化の激しい社会において生涯を通して学習していく子供たちが自分の課題を見つけ、自ら考え、主体的に判断し、表現して、よりよく問題を解決していく資質や能力の育成を重視することが不可欠であり、自ら学ぶ意欲や思考力、判断力、表現力などを学力の基本とする」（一九八九）ことと規定した。文部省は「自ら学ぶ意欲や思考力、判断力、表現力」も学力であると転換した。これを受け、小学校では心豊かな人間の育成、体験学習を目指し、低学年の理科と社会を廃止し、「生活科」を新設した。中学校では、最大二八〇時間（週八時間）に及び選択教科が拡大され、共通学習から選択履修幅の拡大は、これまでの「前期中等教育」の性格を変えた。高校では国民としてのあり方と生き方を学ぶ「公民科」（倫理・政治経済・現代社会）が新設された。関心・意欲・態度などの情意的学力をこれまでの認知的学力と同様に考える「新しい学力観」が、梶田叡一（大阪大学）や佐伯胖（東京大学）など心理学者の側から提案され、「関心・意欲は学力か」などの批判が起き、「新学力観」論争として学力・評価論争が起きた。

（8）生きる力を育て、知の総合化を図る一九九八年学習指導要領

一九九一（平成三）年、中教審は受験教育偏重の後期中等教育の改革を目指した高校教育再編成案

を答申した。答申は、国立大学附属学校が東京大学や京都大学に大量の合格者を出していることは教育の「機会均等」ではなく、学歴社会を形式的平等から実質的平等に改革するため、学力や個性に応じて学習する総合学科制高校、単位制高校、四年制高校など多元的な高校教育システムを創設することを提言し、高校教育では能力・個性・適性に応じた多様化を進めた。

一九九三（平成五）年、文部省は第六次公立義務教育諸学校教職員配置改善計画（六年計画）を実施した。先進国に比較して学級定数が多く削減要望が出ていたが学級定数削減をせず、文部省は各学校に一名教員を加配し、ティーム・ティーチングを導入することで学力向上を図ろうとした。これにより伝統的な一人担当による一斉授業から複数指導によるティーム・ティーチングで個別指導が可能になった。続いて、二〇〇一（平成一三）年文部省は第七次公立義務教育諸学校教職員配置改善計画を実施し、学力保障や個別指導の観点からティーム・ティーチングに加えて、少人数指導、習熟度別の指導方法を導入して学力向上を図ろうとした。これまで能力別指導としてタブー視されていた習熟度別学習指導が、一気に義務教育である小・中学校に広がった。

一九九五（平成七）年には前年に発生した愛知県西尾市の中学二年生が凄惨ないじめを苦に遺書を残し自殺するといういじめ問題が再度多発（いじめの第二の波）し、社会問題になった。文部省は、「弱い者をいじめることは人間として絶対に許されない」という内容の「いじめ対策緊急会議報告」を全国の学校に通知した。スクールカウンセラー事業が開始され、全国の各中学校にスクールカウンセラーが配置された。阪神・淡路大震災で疲弊した兵庫県の学校には「心のケア」のためスクールカウンセラーが特別配置された。

一九九八（平成一〇）年、最後の「教育課程審議会」が、授業を三割削減し学校五日制を実現し、

「ゆとり」の中で基礎・基本を重視し、「生きる力」を養う「ゆとり」教育を答申し、これを受けて中教審から答申が出された。一九九六（平成八）年、中教審はこれからの時代に求められる「生きる力」は全人的な力であり、国際化や情報化をはじめ社会の変化に主体的に対応できる資質・能力を育成するため、教科の枠を越えた横断的・総合的な学習とすることが必要であると提言した。答申「二一世紀を展望した我が国の教育の在り方について」は、「自ら学び、自ら考え、生きる力を育成し」「教育内容の厳選と基礎・基本の徹底」を図り、厳選した時間を「知の総合化」と「知の主体化」の力を養うため「総合的な学習の時間」を創設し、各学校の創意工夫を求めた。

2　二〇〇〇年以降の学習指導要領と学力観

（1）「分数ができない大学生」等高等教育研究者からの学力低下論

一九九九年、西村和雄（京都大学）らの研究グループにより『分数ができない大学生』『小数ができない大学生』（岡部・戸瀬・西村、一九九九、二〇〇〇）等の書籍が刊行され、小学校の分数や中学校の二次方程式を解くことができない大学生の現状を訴え、二〇〇〇年には「新学習指導要領の実施中止を求める署名運動」を始めた。これまでの学力論争が初等中等教育関係者から提起されていたのと違い、高等教育関係者、塾関係者、産業界関係者等から、「総合的な学習の時間」を実施し「ゆとり」教育を行えば、学力が低下するという文部省の教育行政をめぐる学力論争が起き、「ゆとり」が「ゆるみ」であることを認め方針転換を図った。

（2）小渕内閣「教育改革国民会議」とPISAによる国際学力競争の時代

一九九九年からの学力低下論争を背景に、学力向上や教育制度改革を目指して二〇〇〇年から小渕内閣が「教育改革国民会議」を設置し、二〇〇一年に文部省も文部科学省に再編され、二〇〇六年の教育基本法の改正、二〇〇七年の全国学力・学習状況調査の実施、学力充実のための学習指導要領改訂、世界的なIT化社会に対応するGIGAスクール構想が新型コロナウイルス感染症のパンデミックの影響で急速に進展するなど、従来の学校教育が抜本的に改革される時代を迎えた。小渕内閣は「教育改革国民会議」を設け、「教育を変える一七の提案」（二一世紀教育新生プラン）を示した。提案は教育の原点は家庭であり、道徳教育や奉仕活動を重視し、近年問題を起こす子どもの指導を曖昧にしないこと、個性を生かす教育システムにし、新しいタイプの学校（コミュニティ・スクール）を促進し、そのため新しい教育基本法に改正し、五か年を単位とする教育振興基本計画を設定することなどを提言した。

指導要録は二〇〇一年に改訂され、学習指導の観点別評価に関しては、「観点別学習状況の評価を基本とした評価方法を発展させ、目標に準拠した評価を一層重視する」こととされ、相対評価は一掃されることになった。

二〇〇三年から改訂学習指導要領が実施され、「総合的な学習の時間」が週四時間創設された。「総合的な学習の時間」が学力低下の原因だとされ、学力低下批判を受け、文部科学省は、学力向上のため「確かな学力」という概念を提案し、「学びのすすめ」のアピールをした。

ところで、学力低下論争は二〇〇〇年から始まったPISA調査の第二回目の結果が二〇〇四年に発表され、日本の読解力が一四位に低下したことから新たな展開を見せた。これまで学力は近代国家においては、自国民に「読み書き計算」を身に付けさせることだと考えられてきたが、二〇〇〇年に入りPISA（OECD主催）が提案する二一世紀の国際的な社会を生きぬくための資質・能力として、自らの将来の生活を開拓していくため、知識・技能を活用・応用する「リテラシー」という「PISA型学力」が重視されるようになった。

二〇〇八（平成二〇）年、中教審は一九七〇年代末期からの「ゆとり」教育による学力低下批判や国際的に遅れを取った「PISA型学力」を踏まえて、教育課程を「ゆとり」から「学力」重視路線へと大きく転換することを答申した。「PISA型学力」を取り入れ、「ゆとり」か「学力」かという二項対立から脱し、新学習指導要領として「習得」・「活用」・「探究」を学力と規定し改訂された。主要教科の授業時間数の増加、小学校での英語活動の新設、言語活動の重視、教師の指導性の復活などが図られた。こうして学力論争はナショナルカリキュラムレベルで決着し、国際的資質・能力を問題とする時代に移った。

（3）教育基本法の改正と全国学力調査の再開

二〇〇六（平成一八）年、安倍内閣が成立し、内閣に「教育再生会議」が設置された。教育基本法が六〇年ぶりに改正され、第一条「教育の目的」に加えて第二条に、①道徳心、②個人の価値、③正義と責任、④生命を尊び、自然を大切にし、⑤伝統と文化の尊重という新しく五つの目標が示された。翌年には学校教育法第三〇条に学校教育が目指す学力の規定が追加された。「生涯にわたり学習する基盤が培われるよう、基礎的な知識及び技能を習得させるとともに、これらを活用して課題を解決するために必要な思考力、判断力、表現力その他の能力をはぐくみ、主体的に学習に取り組む態度を養うこと」と国家が国民に育成すべき学力像を法律で規定した。また、二〇〇七年から全国の小学校六年生、中学校三年生を対象（悉皆）に、全国学力・学習状況調査が学力低下批判を受け、一九六〇年以来四〇年ぶりに実施された。二〇〇七年に実施された第一回調査結果について、教育社会学者の苅谷剛彦（東京大学）は、「六〇年代の調査と比べ、都道府県や地域規模の間で差は出ていない。国の政策で教育条件が平準化された効果とも言える」（『朝日新聞』二〇〇七年一〇月二五日付）と評価したが、結果の公表が都道府県・市町村ごとの比較資料になるなど、目的以外にも使われるという混乱も起こり、全国的に低位だった大阪府や沖縄県、高知県などは深刻に受け止め、その後学力向上策の改革を行い、存続や廃止の議論が出ながらも現在まで毎年続いている。

二〇〇八（平成二〇）年、学習指導要領が改訂され、総合的な学習の時間が半減され、これまでの「ゆとり」対「学力」という二項対立が解消された。二〇一〇（平成二二）年には、高校無償化法が実施され、公立高校の授業料は無償化され、私立高校の授業料の支援も行われ、経済的に豊かでない生徒たちが希望する私立高校へ進学できるようになり、公私の割合比率に変化が出て、私立高校優先の時代を迎えた。

二〇一一（平成二三）年三月一一日、子どもたちが学校に在学する時間帯に東日本大震災が発生した。この大震災を契機に、命を守る「防災教育」や人間関係の「絆」を大切にした教育が全国的に広がった。二〇一三（平成二五）年、多発するいじめ問題に対応するため、「いじめ防止対策推進法」が成立した。二〇一四（平成二六）年、戦後高度経済成長を経て経済大国になった日本の子どもたちの六人に一人が貧困の状態にあるということで、「子どもの貧困対策の推進に関する法律」が可決された。貧困は、虐待、引きこもり、低学歴、就学難を誘発するもので、「教育支援」「生活支援」「保護者の就労支援」など学校が基盤に対策を進めることが決められた。同年、世界の中で日本の教師がどのような専門性開発のニーズを持つかを明らかにする国際教員指導環境調査TALIS2013（第一回は不参加、二回目から参加）がOECD主催で実施（三四か国）された。調査は中学校教員対象であったが、特徴的なことは一週間当たりの勤務時間が、国際平均三八・三時間に比較して日本は五三・九時間と飛びぬけていた。世界的に優秀であると言われた「日本型学校教育」の特異性とその矛盾点が浮かび上がった。戦後七〇年を迎えた二〇一五（平成二七）年、学習指導要領の一部を改訂してこれまでの特設道徳が、「特別の教科　道徳」として改編された。検定教科書も編集され、教科としての評価も設けられた。

（4）「主体的・対話的で深い学び」を掲げた二〇一七年学習指導要領

二〇一七（平成二九）年、学習指導要領が改訂された。改訂の源流は高等教育のアクティブ・ラーニングを初等・中等教育に導入したものである。テーマは、幼稚園・小・中・高校全体を通して「主体的・対話的で深い学び」を実現することとされた。これまでの知識の習得にとどまらず、OECDが提案したリテラシー概念を土台とし「活用型学力」を発展させたコンピテンシーの能力やジェネリックスキル（汎用性のある能力）を育成しようとした。学習指導要領総則では「資質・能力の三つの柱」として、①知識及び技能が習得されるようにすること。②思考力・判断力・表現力等を育成すること。③学びに向かう力・人間性等を涵養することをすべての学校を通しての実現を目指すと述べられた。そして、この三本柱の上に、学校内にカリキュラム・マネージメント（P—D—C—Aサイクル）を導入し、「主体的・対話的で深い学び」（アクティブ・ラーニング）の学習を展開しようと考えた。

二〇一七年の学習指導要領の改訂では高校が焦点になった。教科・科目の改編が大幅に行われ、「現代の国語」「言語文化」「地理総合」「歴史総合」「公共」「総合的な探究の時間」等が必須科目に位置付けられた。

令和に入り、文部科学省は新型コロナ感染拡大の二〇二一（令和三）年、日本が二〇二〇年代を通して目指す学校教育のあり方を、「令和の日本型学校教育の構築」として中教審から答申した。答申はこれまでの教育を、「学力を保障するという役割のみならず、全人的な発達成長を担ってきた」として、「日本型学校教育」を大いに評価した。その上で「急激に変化する時代の中で育むべき資質・能力」として、「読解力、考え方を働かせ考えて表現する力、対話や協働を通じ知識を共有し新しい納得解を生み出す力。また、自己肯定感・コミュニケーションを通じて人間関係を築く力、困難を乗り越え成し遂げる力、ウエルビーング（より良い自己を形成する力）を実現していくために主体的に目標を設定し、振り返り、責任ある行動がとれる力等が重要である」と列挙した。

しかし、新型コロナ感染拡大による学校教育への矛盾が露わになると、「日本型学校教育」は、「みんなで同じことを、同じように過度に要求する面が見られ、同調圧力など共同体的性格を有しているので、その抜本的改善が必要である」と評価は一変した。そこで中教審で答申されたのが、子どもたち一人ひとりの主体的な学びを通して学力を実現するためには、教育方法論として「個別最適な学びと協働的な学び」が必要であるという提案であり、学校現場は大わらわという状況である。

第Ⅱ部　戦後の学力と学力論争

戦後、アメリカから導入された経験主義教育がスタートした直後から、「学力低下」問題が「学力論争」として登場する。一九五七年にはその反動で学力を重視する系統主義のカリキュラムになり、一九六〇年代になると文部省は全国学力テストを実施するが、「学力とは何か」をめぐり混乱する。勝田守一は「学力」を「成果が計測可能なように組織された教育内容を学習して到達した能力」（測定学力論）と定義する。一九七〇年代初頭、教育の現代化で学習内容が高度化し、児童生徒の「落ちこぼれ」をめぐり学力論争が起こった。勝田の測定学力論に立つ藤岡信勝・鈴木秀一に対して、坂元忠芳は測定学力を支える意欲も学力であるとして、学力論争が起こる。一九八五年の臨時教育審議会は「教育の自由化」「個性重視」へと改革し、自ら学ぶ意欲を育てる自己学習能力として新しい学力観を提案する。「関心・意欲・態度」は学力かをめぐって、新学力論争が生起する。一九九〇年代末期には、教育改革として「総合的な学習」が創設されたが、「分数ができない大学生」として痛烈に批判を浴せた大学教育関係者から、学力低下の原因は「総合的な学習」であると「犯人扱い」され、「ゆとり教育」批判の学力論争が起こる。二〇〇〇年からPISA学力調査（OECD加盟国）に参加した日本の結果が二〇〇三年調査以降低下し、「PISAショック」と呼ばれ、文部科学省は「確かな学力」を提案し、学力充実路線へと方向転換する。二〇〇六年からは、教育基本法を改正し、学校教育法には養うべき学力として、学力の三要素（基礎的な知識・技能、思考力・判断力・表現力、主体的に学習に取り組む態度）を法律として規定する。二〇〇八年告示の学習指導要領では、「ゆとりと学力は二項対立するものではない」とし、学力充実路線に転換した。近年は、「生きる力」と「人間力」が求められるようになり、主体性・意欲・個性等々の非認知的な「能力」も学力を形成する重要な一部であると認識され、学力概念は変化している。

第3章　学力論争の戦後史

1　「学力」概念と学力問題

日本で「学力低下」「学力問題」「学力論争」として「学力」が注目され問題になったのは、戦前の国定教科書に代わって、戦後民主教育が行われた一九四〇年代末期から一九五〇年代初期の頃、各学校が新しく創設された学習指導要領を参考に意図的な教科学習のカリキュラムを作成し、教師によって創意工夫のある授業実践が可能になってからのことである。「学力」という用語は我が国の教育分野で自然発生的に常識的に使われてきた概念であり、欧米の教育学から輸入された概念ではないので便宜的には「academic achievement」と訳されている。

ところで、第Ⅱ部のテーマである学力をめぐるあゆみや論争はギリシア時代以来、フランスの啓蒙主義の時代の百科全書対ルソーの教育論の対立などいつの時代も、どこの国においても見られた事象であり、日本の教育界だけの問題ではない。近年の世界を見てみるとアメリカやイギリスなど先進諸国では学力論争がなされているが、発展途上国では見かけない。それは、教育方針は国家が独占的に占有し、政策として指示するからである。それに比べて、先進諸国では自国の子どもたちの学力がどの程度であるか、家庭の支援はどうか、学力の特徴はどのようなものであるか等をめぐって自由に研究・発表することが可能であるからであろう。その意味で、日本においては学力論争が国家管理教育の戦前に誕生することなく、一九四〇年代末期から一九五〇年代初期の戦後民主教育において生起したのは、日本が発展途上国を抜け出し、先進諸国の仲間入りをした象徴なのであろう。

さて、我が国の組織的な学校教育の始まりは七世紀の天智天皇の時代に創設された律令下の大学に始まる。七〇一年、大宝律令の中に「学令」として整備された。明経（中国の古典七経）、音、書、算のコースが設けられ、一定期間ごとに学習成果の理解度が「学力」として試された。古典の読み方や古典の意味を学習成果として貯金的知識として身に付けたかどうかを「学力」として問うものであり、江戸時代頃までは「学力《がくりき》」と読まれ、「儒教の経典を読み、理解する能力」であった。明治時代、学制の実施により国定教科書を読む力として用いられるようになったが、旧制の中学校、高等学校、大学等が成立し学歴社会が急速に進む頃になると、「学問で身に付けた力」として定着した。明治時代中頃、一九〇〇（明治三三）年文部省の沢柳政太郎学務課長のもとで、学校教育が考査中心から学習中心の第三次小学校令に改定され、教育課程が以前の試験成績への依存を少なくし、子どもの自主性を重んじる教育に改革されるようになると、学力低下がささやかれた。

早速、軍隊の徴兵検査の際に身体検査とともに実施される壮丁教育調査という成人男性対象の「学力検査」でも、日露戦争に出兵する成年男子が受けた壮丁教育調査の漢字の読み方や算数の計算問題の出来が悪くなったとして、「学力低下」問題になり、陸軍省から文部省へ改善要請があった。

このように「学力」は、貴族の時代に必要とされた「学力」、武士の時代に必要とされる「学力」、明治時代の産業振興富国強兵の時代に求められた「学力」は、そのときどきの政治的・経済的・社会的要請に基づいて、子どもたちや若者に身に付けてほしい「学力」として理念化され、時の政権が設ける「学校」という場所で形成されてきた。

ところで、教育社会学的にいうと、明治の「近代社会」において個人はそれまでの生まれた身分によって地位が決定される封建社会（アリストクラシー）から、個人の業績（メリット）によって地位が決定する能力主義（メリトクラシー）の時代に入った。人々は生まれや身分によって地位が決定されるのではなく、頑張った業績や能力によって、社会的地位が配分される能力主義社会に変化したのである。「学力」という言葉は、学校で勉強して「学力を身に付け」仕事のできる人間になる（地位配分）という意味である。

外国からも批判される「日本において社会的地位を得るには、学校の勉強で成功することである」（天城（元文部事務次官）、一九八七）という学歴主義は、早くも明治時代の学制期に生まれた。学校制度は、生まれた身分により出世が決まる江戸時代の教育制度に代わり、学問をしたものが出世する近代ヨーロッパの複線型の教育制度を導入し、上級学校へ進学し出世する学歴社会をも生み出した。一八七二（明治五）年には福沢諭吉が『学問のすすめ』を著し、「万人皆同じ位にて、生まれながら貴賤上下差別なし。されども人間世界を見渡すに、かしこき人あり、おろかな人あり、貧しきもあり、富めるもあり。人学ばざれば智なし、智なき者は愚人となり」（福沢、二〇二二）と言い、近代社会における社会的地位において貴賤貧富の差は家柄や生まれではなく、学問のあるなしによって決まるので、学問に励むべしということを国民に説いた。近代社会においては、学問をして能力や実績を上げ、個人の能力や業績が学歴という目標になり、社会的地位を得る学歴社会が成立した。そして、学校制度も一八八六（明治一九）年には義務教育の発展として中学校令、師範学校令、帝国大学令、一八九四

（明治二七）年には初等・中等学校に続く段階の教育として高等学校令（官立で男子のみ）が公布され、初等教育から高等教育まで一貫したエリート養成の学校制度が整備され、近代学歴主義社会が確立した。

特に、戦後の日本はメリトクラシーな社会になり、少なくとも国民は意識のレベルでは、みんなが機会の平等を享受できるはずだという「能力＝平等主義」（苅谷剛彦（オックスフォード大学教授））が受け入れられてきた。「頑張れば、みんなできる」という「能力＝平等主義」に支えられて、「人材の地位配分の役割が機能してきた」（小玉、二〇一三）社会だったと解釈できる。現代は、基本的にはメリトクラシーで「大衆教育社会」の時代になったが、近年は生まれ育った家庭で子どもの能力に格差が生じる状況が出てきて、家庭の違いが「努力ができる子」と「努力ができない子」の違いを生み出している。「格差社会化の進行がメリトクラシーの変質を招き、ペアレントクラシーの社会への移行が見られるようになった」と言われている。

こうした理由から、公的に「学力低下」「学力批判」「学力問題」が「学力論争」として登場し社会問題化してくるのは、戦後の六・三・三制新教育とともにアメリカから導入された民主主義社会の建設を目指した経験主義教育が展開されてからになるのである。戦後初めて「学力」に関する書籍として出版されたのは、一九四九（昭和二四）年、文部省で学習指導要領の編成を担当した青木誠四郎が著した『新教育と学力低下』である。戦後登場した学力という用語が、「学力低下」という批判的な論争に導かれてスポットライトを浴びたのである。

そして、戦後学力論争は、城丸章夫（一九一七〜二〇一〇年　千葉大学教授を務めた教育学者）が「戦後の新教育批判が基礎学力の問題から出発した」（城丸、一九五九、八三頁）と言い、木下繁弥（一九三六〜二〇一八年　元大阪教育大学学長、日本カリキュラム学会創設者の一人）は「戦後新教育の実施と共に生起した子どもたちの『読・書・算』能力の低下の現実は否定することのできないものであった。『読・書・算』能力の低下の問題は、基礎学力それ自体を当面の問題課題とすると同時に、戦後新教育への批判へとつながり、学力とは何か、国民の要求に応える学力とは何かという、すぐれて教育の本質に発展する必然性を内包していた」（木下、一九七一）と総括できる問題となったのである。

なぜ戦後の新教育の学力が「学力問題」として国民の社会的問題になったのか。その理由は前述のように戦前の学力は一部のエリートの関心事であったが、戦後は民主主義教育が確立し、教育の機会均等が実現し、六・三・三制の新教育制度により小・中学校が義務教育になり、また高度経済成長期には学歴社会化が進み、学力形成の問題は保護者だけでなく広く国家社会の関心事になり、国民一般の着目する問題になったからである。

（1）学力問題の四つの視点

それでは、学力問題とは学力の何をめぐる論争なのかを戦後教育の歩みに沿って考えてみたい。田中耕治（一九五二年〜　元京都大学教授、教育方法・教育評価論の研究者、到達度評価、ブルーム理論、真正の評価論の研究者）は、「学力問題」とは次の四つの視点から整理できるとしている。

①学力水準という視点

計測可能な学力を対象にして、学力調査によって当該集団の平均値が低下し「学力低下」として問題になる場合、学力水準の高低が問われている。戦後の新教育により、学力が戦前に比べて二年程度低下したという学力論争が該当する。

②学力格差という視点

学力水準が全般に高くとも、到達度が高い子と到達度の低い子に分散している場合、学力格差が問題となる。学力低下の実態把握を目的とした一九七五年の国立教育研究所の学力調査、一九七六年の日本教職員組合・国民教育研究所の学力調査の結果、「落ちこぼれ」問題も学力低下のかげに隠れた学力格差の実態を明らかにした。

③学力構造という視点

学力が多くの知識内容を暗記し、公式を活用し問題を解き意味・理解を不問に受験勉強する力を暗記学力モデルとするのに対して、分析し、推論し、問題解決を図るブルームの能力論に基づき、教育目標の分類学による認知的学力や情意的学力を学力モデルとするのが学力構造の対立論争である。

④学習意欲の視点

学習に主体的に意欲を持って取り組もうとする態度と姿勢である。一九八〇年の第二回ＩＥＡ（国際教育到達度評価学会）の「国際数学・理科教育動向調査」結果で、日本の成績は世界のトップにもかかわらず、「数学の勉強をこれ以上習いたくない」「数学の問題を解くのは楽しくない」「将来の日常生活に役立たない」（田中、二〇〇八、一一頁）という回答が多数を占めた。文部省が「新学力観」を提案したのもこのような課題への対応である。

（2）戦後の六つの学力論争

戦後の主な学力論争は次の六期に整理できる（田中、二〇〇八、九六頁をもとに筆者が加筆）。

表３−１　学習指導要領の変遷と教育内容の変化

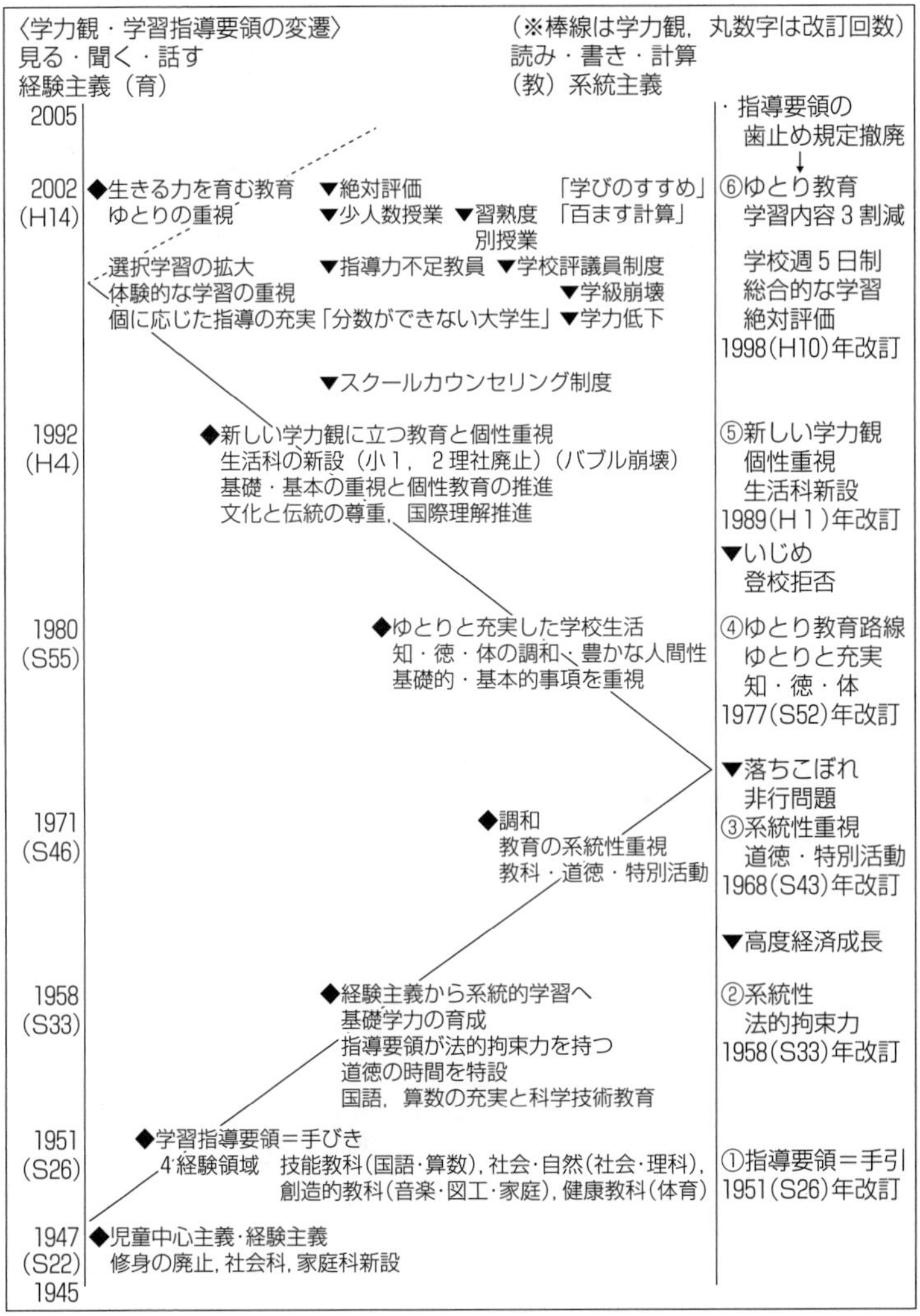

出所：山内・原，2010，p. 10

第一期「基礎学力論争」――一九五〇年前後の新教育と批判者との学力低下、基礎学力概念をめぐる論争
第二期「計測可能学力」「態度主義」に関する論争――一九六〇年代前半、学力テストをめぐる学力における計測可能性の論争
第三期「学力と人格」をめぐる論争――一九七〇年代、落ちこぼれ問題をめぐる学力と人格の論争
第四期「新学力観」をめぐる論争――一九九〇年前後、関心・意欲・態度など情意的学力をめぐる学力と評価の論争
第五期「学力低下」論争――一九九九年以降、高等教育側から初等・中等教育側への学力低下批判、「ゆとり路線」の論争
第六期「コロナ禍と学力論争」――ＧＩＧＡスクールと日本型学校教育の評価論争

2　戦後新教育と学力低下批判

(1) アメリカ教育使節団報告書と経験主義教育

一九四六（昭和二一）年、アメリカを中心とする連合国軍最高司令官総司令部（ＧＨＱ）による統治下になり、ＧＨＱの下で作成された日本の軍国主義教育だけでなく一九世紀型の中央集権的な教育を批判した『アメリカ教育使節団報告書』（村井全訳解説、一九七九）が提言され、デューイの経験主義教育が導入された。

一九五一（昭和二六）年学習指導要領（一部改訂）では、「児童生徒の教育課程は、地域社会の必要、

一般社会の必要に影響され、……個々の学校において具体的に展開されることになる」と解説している。経験主義の教育課程は、子どもたちが地域社会で経験してきたことを、学校で話し合い地域社会の問題を解決する能力を備えた市民に育成することなのである。当時の教育は、デューイの言う「経験の再構成」であるという考え方を土台にしていた。全国の経験主義教育の先進校、東京都の桜田小学校の「桜田プラン」、神戸大学附属明石小学校の「明石プラン」、奈良女子大学附属小学校の合科学習、埼玉県川口市の「川口プラン」（鍋釜プラン）など各地で多様なプランが作成された。当時のコア・カリキュラム作りの様子について、戦後師範学校から大阪学芸大学に改編され、新制大学でデューイの経験主義教育を学び、一九五三年に大阪府箕面市の小学校現場へ赴任し、社会科の初志をつらぬく会で活躍した高市俊一郎（一九三一～二〇二二年　元大阪府箕面市立萱野小学校校長）は社会科カリキュラムを開発した当時の経験や学校現場の様子を、次のように語っている。

例えば、家庭を領域（スコープ）とした場合、一年生では「昨晩何を食べましたか」「お魚を食べましたか」「お魚はどんな魚を食べましたか」。二年生になると「お魚はどこのお魚屋さんで買いましたか」「お金はいくら払いましたか」と計算し、「お米はどこで買って、なんぼ家では食べましたか」と算数をする。魚とはどんな字を書くのか。三年生になったら、市場の教材に発展させる系統（シーケンス）をもって教えていった。生活の中に社会・国語・算数・理科・音楽・図工等各教科を教科総合的に教えていくかは煩雑で、ためらいがありなかなか系統的には教えられなかった。そのため、先進校以外では教科書をカリキュラムとして教える方が安易なので、すべての学校が取り組んだのではなく、趣旨だけ取り組む学校もあったという（高市、二〇一七）。

戦後の新教育への学力低下批判から学力問題が生起したのは、経験主義によるコア・カリキュラム運動が急速な高揚期を迎えた一九四九（昭和二四）～一九五〇（昭和二五）年頃である。当時、経験主義教育を進めていたコア・カリキュラム連盟の石山脩平（一八九九～一九六〇年　元東京教育大学初代教育学部長）自身が批判を心配して、一九四九年三月に連盟機関紙『カリキュラム』誌上で「コア・カリキュラムと基礎学力の問題」と題して、「我々がコア・カリキュラムを実践していて批判される問題は、実力が落ちやしないかという問題です」と問題意識を提起している。この発言は、コア・カリキュラムによって子どもたちの学力、読み書き計算の基礎学力が低下したのではないかという当時の大きくなる批判を意識した発言である。新教育への批判は外部からは生活綴り方教育運動や日本民主主義教育協会、日本教育学会等からであり、内部からの批判は梅根悟（一九〇三～一九八〇年　和光大学初代学長を務めた教育学者）＝長坂瑞午（一九〇七～一九七七年　東京教育大学教授を務めた教育学者）論争等である。

外部からの批判は、戦前の学力と比較してみる系統主義の立場からで、その急先鋒は戦前から山形県で生活綴り方教育を実践し、東北地方における貧しい生活経験に基づいた生活綴り方教育運動のリーダーであった国分一太郎（一九一一～一九八五年　生活綴方のリーダーであり国語教育の実践家）である。国分は「学校は読・書・計算の学力をつけてやるところであるが、読・書・計算の力は恐ろしいほどに低下している。本も新聞も雑誌も広告も読めない人間に、この複雑な世の中では高い意味の実力・学力＝実践力・生活力もつくはずがない。読・書・計算の力を最後の一人までつけてやることは、民主主義的教育の最低綱領でなければならない。……読・書・計算の力は恐ろしい程に低下している。二年分は遅れている。親たちはまず、読・書・計算のことを考えている。この要求にこたえられないような学校は、どんなハイカラな生活学習をしてもだめである」。「ハガキ一枚、手紙一本かけないようでは、学校は何を教えてくれているのやらわからない」。「戦前も、壮丁教育調査の漢字の読み方や算数の計算問題の『学力低下』があったように読・書・計算力はひどく低かったのに、現在はそれよりもぐっと低下した。これでは社会の進歩に逆行するわけだ。この学力低下の姿をなくすように、こどもを守っていかなければならない」（国分、一九四九、二二頁）と基礎学力論を擁護する立場から批判した。

次に、日本民主主義教育協会本部の平湯一仁（戦後、社会教育を中心に活躍）は、コア・カリキュラム運動は「インフレそのものの解決でなければならないのに、そのことにほうかむりして、食生活の合理化にすり替えられ」、コア・カリキュラムは「生活といい、課題といい、うっかりすると言葉の魅力に引っかかるのであるが、根本的には学校の独自の任務に対する全く誤った見解と、科学に対する無知にもとづく危険な考えである」とした。

「形式的モデルを作ることばかりに集中し、子どもを正しくとらえる努力を怠り、現実の教育の社会的歴史的条件を無視している」ことによって、「世界観について沈黙し、価値判断の基準を持たず、学力低下がもたらされた」と批判した。実証的な研究を開始したのが、久保舜一（一九〇八〜一九九二年　元国立教育研究所部長で心理学者）である。一九五一（昭和二六）年、久保は戦前実施した調査問題を、再度神奈川県の小・中学校生へ国語、算数・数学調査として実施し、改めて調査比較すると「二年程度低下している」（久保、一九五六）ことを実証的に明らかにした。

これに対して、戦前との比較ではなくあるべき学力水準から比較する立場から、批判したのが日本教育学会である。一九五〇（昭和二五）年の日本教育学会第九回大会で「学力とは何か」というシンポジウムを開催し、三年をかけ「義務教育終了時における学力調査」に取り組み、一九五四（昭和二九）年に調査代表者であった城戸幡太郎（一八九三～一九八五年　北海道教育大学学長を務めた心理学・教育学者、教育科学研究会の創設者）は、学力に関する絶対基準がないので戦前との相対比較しかできないが二年程度低下しているという結果を公表し、「もし学力評価の基準が妥当なものであったとすれば、学力は低下しているともいえるが、それでは学力を低下させた条件は何であったかを追求していくと、それは直ちに新教育のためであると断定することはできない。……経験主義は新教育の特徴であって、それによって生活経験を豊かにすることはできるであろうが、経験を合理化する論理的思考が訓練されることは必要である」と述べている。その上で調査は、学力低下が制度よりも指導の問題に起因し、子どもの学力問題は教師の学力（指導力）問題であるとし、①学校所在地の地域層、②地域の経済状態、③父母の知的水準、④学校経営、⑤職員組織、⑥教育方法、⑦学校の校風、⑧進学率等の因子が影響することを指摘した。そして、「原因は何にあったのかについて科学的な方法による解明が必要である」（城戸、一九五四）と報告した。

また、マルクス主義教育学の立場から、矢川徳光（一九〇〇～一九八二年　ソビエト教育学研究会会長を務めた教育学者）は、コア・カリキュラム運動がやっていることは「子供たちに本当の科学を教えない、社会科を教え社会科学、自然科学を教え、それらの基礎になる読・書・算をきちんと教えないから学力が低下してしまう」（矢川、一九四九）と批判した。矢川は、『新教育への批判』（一九七三）において、「我々は、子供の生活経験を尊重する。それを無視しては真の教育は成り立たない。だが、我々は教育とは子供の経験を、法則によって実地的に指導することである」「認識の出発としての経験を重んじることと、経験主義とをゴッチャにしてはいけない」として、経験主義と経験の尊重とは違うことを述べた。矢川は、人類の発展は経験と知識を統一し、客観的な理論にしたからであり、この科学を無視しては、人間の認識の形成という教育の目的は達成できないと考えた。その後、この教育と科学の結合、系統性を重視する考え方は、民間教育運動として活動する歴史教育者協議会や数学教育協議会は学校現場での自主編成運動を通して、教科の系統性の実践研究を積み上げ、「教育の現代化」へと発展していった。

さらに、コア・カリキュラム運動に対して、「形式主義」「はい廻る経験主義」「社会的現実無視」として、小川太郎（一九〇七～一九七四年　元神戸大学教授で全国部落問題研究協議会会長）、波多野完治（一九〇五～二〇〇一年　お茶の水女子大学学長を務めた心理学者、ピアジェ心理学を日本に紹介した）らも批判した。学校現場の教員で組織する日本教職員組合も一九五〇年東京都内の小・中・高校の児童生徒を対象に国語・算数の学力調査を実施（N＝二六七五人）し、子どもたちの知識の貧困、学力低下の事実を『ありのままの日本教育』（一九五〇）として発表した。その理由として、①子どもをとりまく生活環境が学力を支配する、②学校の設備状況が影響する、③家庭の経済状態が学力を支配することを明らかにし、一九五一（昭和二六）年の第一回日教組全国教研大会（日光大会）から、学力低下の討議を行い、「基礎学力」の取り組みについて報告がされるようになった。

（2）新教育側からの反論

新教育を推進する側からは、文部省やコア・カリキュラム連盟から、「戦前のような意味での学力ではない」「戦前のような学力が多少低下しても、今日の社会では昔の学力観が改められなければならないのではないか」という反批判が起こり、学力論争が展開された。最も早く一九四九（昭和二四）

年に新教育側から学力低下に反論したのは、文部省教材研究課長を経験し、新しい学習指導要領編成にかかわり、新教育を推進した青木誠四郎（一八九四～一九五六年　東京家政大学学長を務めた教育心理学者）の「学力の新しい考え方」（青木、一九四九）である。青木は、「学力が知識に偏向して考えられ」ているが、学力とは「計算ができるそのことではなく、そのようなものを、実生活の理解に役立て得る」力（用具主義）のことであると反論した。「新教育への批判として、郵便ごっこや八百屋ごっこをやっている。何らかの系統的な指導がない。一定の基礎学力についての訓練もしない。計算の訓練もしない。あれでは学力がつく筈がないというものである」。「学力の低下を憂え、批判する人々の学力の考え方は、教科書にある算数の問題がよく解ける、計算が速く正確にできることであった。そういう生徒は、試験の成績もよく、入学試験に合格する実力があったのである。しかし、今日学力について過去から転換しなければならない」と主張した。「単に計算ができ、知識を持っていることと考えないで、これを理解するために知識を持つことを考えなければならない。実生活の理解に役立て得ることが学力なのである。新しい生活について理解する力を学力と言うのである」と提案した。その上で、「学力低下の疑いの起こる根本的な問題は、今日の指導が十分な効果判定の下に行われていないということである」として、「たえず学習効果を確かめ、それに応じて指導がされなければならない」とし、心理学者としての評価方法改革への言及も見られた。青木の評価論改革については、第8章評価論で述べる。

次に、コア・カリキュラム連盟の梅根悟は前述の座談会で、「世間でいう学力とは何ぞやという問題を考えることも必要だが、世間でいう学力なるものは、今の国語・算数の教科書に示されているものをマスターすることだと思う。その学力がコア・カリキュラムで落ちないかと言う杞憂ですね。

……伝統的な意味での国語・算数の能力は落ちていないと思う」（梅根、一九四九、三九頁）と反批判した。

（3）コア・カリキュラム連盟内部における梅根と長坂の論争

内部論争の梅根＝長坂論争について触れておくと、同じコア・カリキュラム連盟であっても当時文部省編集課にいた長坂瑞午は、文部省の「教科カリキュラム」はコア・カリキュラムの「生活カリキュラム」に大幅に近づいているので、あえて「生活統合」の名の下に「教科」の教育的系統性を軽視する必要はないと主張した。これに対して梅根悟は、「現行の社会科はすでにコア・カリキュラムになっているから、時間的にも社会科を大幅に増やし他教科を縮小し、社会科を中心に調整すべきだ」と反論（梅根・長坂、一九五一）した。つまり、教材にとらわれない生きた単元を作ることができるならば、社会科の中で理科や算数などが学習されてもよく、それぞれ理科や算数として計算すればよいと反論した。この論争は、①長坂の教科を学問の体系としてみるのか、梅根の生活体験の総合としてとらえるのかという点、②カリキュラムの自主編成は教科の枠を越えてもよいのか、どこまで可能かという自主編成の課題など立場の違いを明らかにした（梅根・長坂、一九五一）。

（4）昭和二〇年代学力論争が提起した問題

一九五〇（昭和二五）年には連合国軍最高司令官総司令部（ＧＨＱ）の下部組織であるＣＩＥ（民間情報教育局）の教育課学校教育係のオズボーンの「コア・カリキュラムは行き過ぎ」発言や学校現場におけるカリキュラム作りの煩雑さや教科書で教える方が基礎学力が系統的に定着するという現場教

師の旧来の考え方の実態もあり、各地の学校のコア・カリキュラム運動は下火になっていった。

昭和二〇年代における学力論争がその後の学力論に提起した問題は二点あると教育学者の佐伯正一（一九一二～二〇〇七年　京都教育大学教授を務めた教育学者）は述べる。一番目は、「新カリキュラムが学力低下をもたらしたという主張と反論によって、学力観への見直し（戦前の読・書・算だけが学力ではない）が生じたことである。二番目は新教育のように学力観が広げられたにもかかわらず、読・書・算は国民に形成されるべき学力の基礎として尊重されなければならないことと考えられたこと」（佐伯、一九八四、二七六頁）であると総括している。

学力論争は梅根が、「教育はある学力標準を設定し、その結果を標準に合するか否かを評価すること」というように、「学力規準」だけを問題にしていたのではなく、根底に「評価方法」をも問題意識として原初的に包含していたのである。しかし、このことは一九七〇年代、相対評価論への批判から揺らぎ、「目標と評価は一体」であるという絶対評価の問題が意識され、到達度評価運動が起こるまで待たなければならなかった。その結果、「学力」論争だけに焦点が当てられた。一九五八（昭和三三）年には学習指導要領が、それまでの生活単元学習や問題解決学習の反省の上に立って「基礎学力」を重視し、「系統的で発展的な教育内容」の教育課程が編成された。

3　学力テストの混乱と学力モデル提案の時代

（1）広岡亮蔵の三層構造の学力モデル

全国学力テストが実施される一九六〇年前後から教育学者の広岡亮蔵（一九〇八～一九九五年　元名

古屋大学教授、戦後初めて学力モデルを提案したが態度主義と批判された）や勝田守一（一九〇八〜一九六九年　戦後文部省で学習指導要領社会科を編成し、その後東京大学教授を務めた哲学・教育学者、元教育科学研究会中心メンバー）から「学力モデル」が提案されるようになった。「学力モデル」について安彦忠彦は「学力モデルとは一定の構造を持った学力の構成要素とその関係を図示したもの」（日本カリキュラム学会、二〇〇一）と規定している。

当時、学力モデルや学力概念が求められた背景について、兵庫県の山村の学校で生活綴方教育を土台に『村を育てる学力』などを著してきた東井義雄（一九〇八〜一九九五年　元兵庫県八鹿小学校校長、綴方教育やいのちの教育を実践した教師であり僧侶、ペスタロッチ賞受賞）は学校現場の空気を自分の学校の教師の声として、「小学校だけはおちついて子どもに、本物の力をつけてやれると思っていたが進学がこうむずかしくなり、文部省までテスト、テストと言い出すものだから、テスト用の間に合わせの学力づくりがはびこるようになる」「テスト、テスト、テストで子どもたちを攻め立て、進学用学力を詰め込んだ方が、子どものためにいいのではないか、ふとそんな気持ちが起きざるを得ない状況である」（東井、一九六二）と紹介している。

広岡は、一九五八（昭和三三）年頃から、コア・カリキュラム運動への反省から学力観をモデル化するようになった。また、教育科学研究会の勝田守一は一九六一（昭和三六）年全国学力調査の実施（悉皆調査に変化）を契機として学校で育てる能力としての学力をモデルとして表し、日教組の学力テスト反対闘争などで混乱する学校現場の要請を受け、民間教育研究運動の立場から、学力論争を科学的に整理しようとした。

そもそも、「学力モデル」とは教師が教育実践をする際、到達させるべき望ましい学力像を仮説的にあるべき学力像としてイメージするものである。「学力モデル」は、学校現場の教師たちが持つ学力観を初めて具体的に図式化したものである。「広岡モデル」にしても「勝田モデル」にしても、それまでの「学力観」といえば、学力の内容やその構造を明らかにすることが中心であったが、「学力モデル」の提示によって、学力をその要素間の関係や学力を獲得していく過程をも構造化することが可能になり、「学力モデル」研究の展望を開いた。ここでは「学力モデル」研究に先鞭をつけた広岡の「同心円構造の三層モデル」と勝田の「能力モデル」について振り返ってみたい。

広岡が、「高い科学的な学力」と提起した背景には、戦後間もない経験主義に対する反省が込められている。経験主義では主体的な知識を重んじるあまり、知識の抽象性（概念）、客観性（文化遺産）、体系性（論理）の力が衰えたことの反省である。加えて、「生きた発展的な学力を」という提案には、「思考態度の抜け落ちた結果主義の知識が珍しいものではなく、思考態度を学力構造の中に積極的に位置付けて、知識と態度との相伴を図ることは、大いに大切である」と述べている。

広岡は一九五三年、これまでの新教育運動の反省に立って、「高い科学的な学力、生きた発展的な学力」を学力の三層説モデルとして提案した。初期のモデルを発表した一九五八年は小・中学校の学習指導要領が系統主義に転換された年であり、この点について後に広岡を態度主義であると批判した藤岡信勝たちは、「学習指導要領の『目標』の項を読めばわかるように、広岡氏の態度主義の学力論は、学習指導要領の観点そのものであった」（鈴木・藤岡、一九七五）と指摘している。さらに、藤岡たちは、「態度主義の学力論」批判を展開するにあたって、勝田モデルを前提として科学主義の立場から「態度主義」を次のように厳しく批判して論争に入った。

形成すべき学力の中心を人類が歴史的に蓄積してきた自然と社会に関する科学的認識の成果や技術・芸術に求めず、文化遺産の内容とかかわりのない「態度」や「思考力」を学力の中核にすることによって、事実上教育内容の科学性を否定していく立場は、戦後の学力をめぐる論争の中で「態度主義」と呼ばれるようになった。……一九五八年版学習指導要領の内容は「態度」や「思考力」や「考え方」で満ちている。その実態は一九六八年版学習指導要領でも何ら変わっていない。態度主義は学習指導要領の立場そのものだったのである。戦後の新教育の非科学性を批判して結成された民間教育研究段階が、鋭く批判してきたのは当然である（鈴木・藤岡、一九七五）。

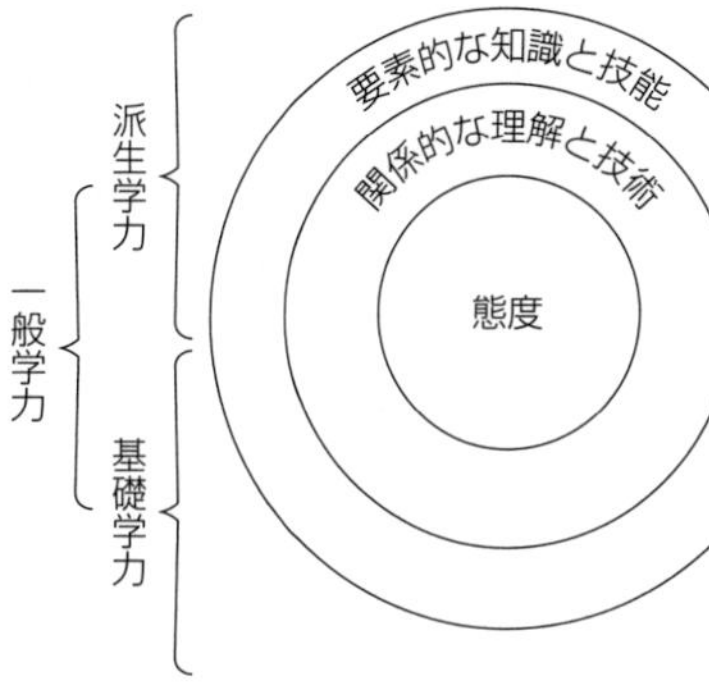

図３－１　広岡亮蔵の学力モデル

出所：田中，2008，p. 102

その後、広岡はモデルを一九五八～七一年まで何度か書き換えているが、初期の一九六四年モデルを挙げて説明したい。外側の外層は知識・技能・技術を、中層は関係的な理解と総合的な技術・学びとり方を、内側の中核になる内層は考え方など思考態度、感受表現態度、操作態度の能力をもとに三層構造で学力をとらえた。外側から内側に向かって重要な能力が置かれている。「高い科学的な学力」は戦後の経験主義に対する反省であり、「生きた発展的な学力」とは習得した知識・技能が応用力・適応力として発揮されなければならないこと、その上で思考・態度が中核としてあり、知識層と態度層の二重層で学力をとらえることを提唱した。広岡のモデルに対して、すべての子どもに高いレベルの科学をやさしく教える理科教育を目指して「極地方式研究会」を創設した教授学研究者の高橋金三郎は「基本的事実法則が着実に教えられ、つみあげられて態度が形成されるのであって、態度主義は反知識・反科学主義に通じ」「広岡氏のように学力に知識層と態度層の二重構造を考え、しかも態度を中核にするのは大反対である」（高橋、一九六四）と批判した。

しかし、「この広岡モデルは戦後初期の学力論争をバランスよく整理した点において、また教師たちが自生的に持っていた望ましい学力像をうまく説明した点において説得力ある提起となっている」と好評であったが、科学性を重んじる当時の民間教育研究者たちの多くからは、「知識層と態度層との関係、学力（わかる力）と人格（生きる力）との両者の関係構造を同根（一元論）ではなく異根（二元論）とみなし別物と見る反科学主義であり、結局『態度主義』（科学・芸術の陶冶力を過小評価し、戦前の修身の非合理的な態度、心構えを学習主体に持ち込むことを批判した言葉）になるのではないかという批判」（田中、二〇〇八）が強く出され、不評であった。しかし、現場教師からはタイムリーな示唆として多くの賛同を得た。

（2）上田薫―大槻健の態度主義論争

一九六〇年代初期マルクス主義教育学の立場に立つ学者が科学主義を主張し、確かな個の育成を目指して活動する社会科の初志をつらぬく会の活動を「態度主義」とレッテルをはることに対して、社会科の初志をつらぬく会の上田薫（一九二〇～二〇一九年　戦後文部省で学習指導要領を作成し都留文科大学学長を務めた教育学者、社会科の初志をつらぬく会会長）とマルクス主義教育学の立場の大槻健（一九二〇〜二〇〇一年　早稲田大学教授を務めた教育学者、教育科学研究会会員）との間で交わされたのが、「上田―大槻論争」で、のちに「態度主義」論争と呼ばれた。なぜ、マルクス主義教育学の立場の研究者が「態度主義」とレッテルをはるのかという争点が浮き上がってきた論争であり、藤井千春（一九五八年〜　早稲田大学教授を務める教育学者、日本デューイ学会会長）の論（藤井、二〇二一）を手掛かりに整理しておきたい。

上田薫は戦争から復員後、文部省で小学校社会科学習指導要領の作成を担当した。一九四七年版学習指導要領は各学校で教育課程を編成する際の「試案」であり、アメリカからカリキュラムという概念を導入したため、ヴァージニア州のコース・オブ・スタディの影響が強かった。そのため、子どもたちが実際の生活の中で直面する問題を教材にして、自分たちで問題を解決する問題解決学習の方法が採用された。一九五五年には社会科だけが系統主義の社会科へ転換されたので、戦後の社会科をアメリカのヴァージニア・プランを参考に作成した長坂瑞午（一九〇七〜一九七七年　戦後学習指導要領編成にかかわり、その後東京教育大学教授を務めた教育学者）、重松鷹泰（一九〇八〜一九九五年　戦後文部省で小学校社会科創設に尽力し、その後名古屋大学教授を務めた教育学者）、上田薫たちは「社会科の初志をつらぬく会」を結成し、戦後「初期社会科」の問題解決学習の実践を継続して「つらぬく」ため、研究会を結成した。社会科の初志をつらぬく会が戦前の画一的な指導方法を反省し、戦後アメリカから導入した経験主義学習を通して、自ら探究する主体的で近代的な個人の育成を目標として実践した。

これに対して教育科学研究会やマルクス主義の立場に立つ民間教育研究団体は、戦前の非合理的学習内容を批判し、史的唯物論の立場に立ち、科学的法則に基づく知識を有し、社会を変革する人間の形成を目的として教育した。戦前の恣意的教育を克服するためには、主体的な個人の形成よりも、科学的で社会を変革する人間の形成が優先的教育内容であったからであろう。当然、この立場からは「社会科の初志をつらぬく会」の理念は批判の対象になる。

教育科学研究会の大槻健は、教育科学研究会の機関誌に、「社会科教育における態度――人格主義について」を掲載し、「社会科の初志をつらぬく会」の長坂の社会科教育論（「社会科の初志をつらぬく会」機関誌三号）を「態度論に終始する限り、権力統制の強さの度合いに応じて、いつでも、『皇国民の錬成』に復元し得るのであり」「徹底的に科学と教育とを結びつけてみることの方が今日大切である」と「態度主義」として次のように批判した。

「権力の提示する教科論は、態度をやしなうことに究極のねらいをおいて、その限りにおいて必要な知識を、子どもに与えようとするものである。……要するに態度が大切なのだから、という理由で、知識内容の厳密さは二の次にまわされるのである。……教科の指導を通して子どもたちの間に養わなければならない知識は、したがって、科学的法則に至るのに必要な知識としてあるものであり、どんな知識であってもよいということではない」、「科学や客観的法則を放棄した暴力的な学習論」である（大槻、一九六二）。

「社会科の初志をつらぬく会」は、病気療養中の長坂に代わって上田が機関誌一〇月号で「何が知識不信か」を掲載した。「知識と態度は切断しがたい」「子どもに何かを与えるということは、子どもの個性的理解を媒介することによってのみ成立する」と一人ひとりの子どもが自らの責任で知識を活用し、社会の進歩に貢献できる態度を育成する問題解決学習を通して、個性的な個人の確立が重要であると考えたのである。上田は大槻に対して「科学という美名によって、このような一方的屈辱関係をつくりあげ」「それを子どものところまで押し付けるということである」「唯物史観の歴史法則を『客観的真理』として教えることは、科学をきわめて静的なものととらえるだけではなく、無批判的に『過去を未来に流しこもうとする』ことで、それにより『子どもたちの未来の可能性は無残にふみにじられてしまう』」「独善的に科学の名が利用され、教育は科学の奴隷にさせられる」と批判した。論争には、吉田昇、滝澤武久、矢川徳光らが加わり終結した。

以上のような経過を踏まえた論争を藤井は分析して、「大槻の言う『科学的法則』とはマルクス主義の史的唯物論である。大槻はマルクス主義のいう科学と教育を結びつけることを主張した。そのような立場からは、『考える子ども』で長坂が論じた『社会科の本質』、すなわち一人一人の個としての主体的な生き方の確立を目指すという立場は、『文部省のそれと、実質的にかわりがない』と見えたのである」。結局、この論争は「プラグマティズム的な立場とマルクス主義との間での、教育を土俵とした哲学・イデオロギーの代理論争であった。この論争を通じて、上田は子どもたちが知識を活用して自分自身で考えることのできる思考体制が育成され、民主的な社会の建設が可能になると考えたのである。そして、子どもの思考体制の発展に相関して、必要とされる知識も、また知識の意味も発展するという上田の『動的相対主義』の理論が明確にされていった」と総括して終わった。この態度主義論争の背景は、戦前の非合理的な教育の反省を踏まえた根深いものであった。

（3）勝田の「計測可能学力」モデルに関する論争

これに対して、一九六一年から文部省が実施した全国学力調査（それまでの抽出調査から悉皆調査に変更）を批判して、教育論争に参加した勝田守一は学力に「態度」を持ち込むことを警戒し、勝田モデルと呼ばれる「計測可能」学力説を提案した。

そもそも、勝田は戦後文部省で「社会科」の普及に尽力した研究者である。その理由は、二度と戦争の惨事を生起させないようにして、「人間を創る」ことを目指していたからである。当初、勝田は「教育は、社会改造の一つの過程でなければならない。しかし、教育のなし得ることは、個人の内面に作用して……行動の変化を期待することである。教育はこのような個人の心性と行動の変化の改造を目指すということであろう」（勝田、一九七二、一五八頁）と述べ、社会科がその中心になり、「近代的民主的な市民」の育成をすることであると考えた。したがって、教育に直接国民性の改造を期待していたので、個別レベルである「学力や能力」という教育目標で国民性の改造という目標に近づく発想はとっていなかったようである。その後の一九五二年になると、勝田は「人格形成」という当初の理念を踏まえて、学力から能力そして人格形成の育成へという道筋を目指そうと考えるようになった。「私たちの学校は、国民大衆の努力とその問題と生活に結びつき、問題を解決する方法をつかみ、正しい方向づけを与えることのできる能力及び、それを遂行していく能力を子どもに育てあげていくにはどうしたらよいかという問題に当面する。それはどこまでも能力としてとらえられる必要がある」（勝田、一九五二、三〇一頁）。ここからは、教育の本質を「個々の知識、技術や知識の伝達」ととらえるのではなく、学校の役割は可能性を発達させる能力を形成させることであると考え方を発展させていったことが読み取れる。

勝田は「人間の能力をどうとらえるか」において、人間の能力を社会との関係で、①労働技術の能力、②社会的能力、③認識の能力、④感応・表現の能力の四つに整理し、「勝田モデル」という能力観

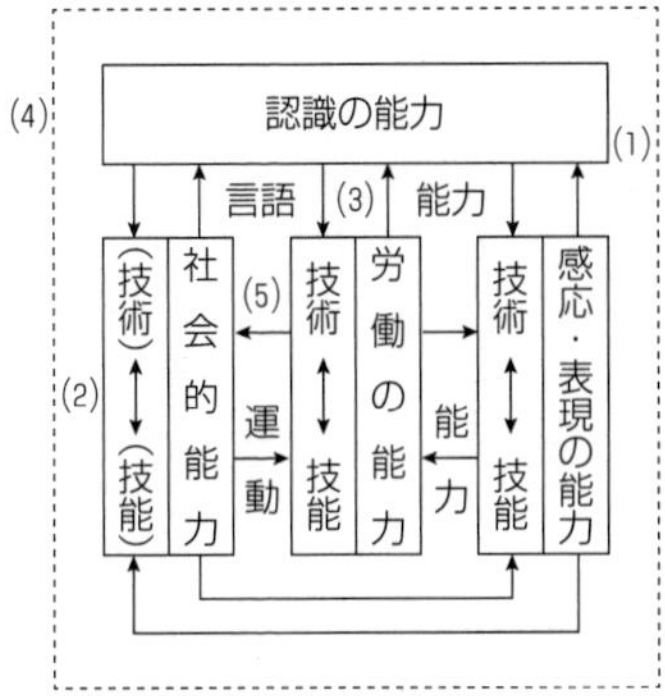

(1)認識の能力は他の３つに対して，特殊な位置に立つことを示したつもりである。
(2)社会的能力を技術・技能とするのは，多分に比喩的である。それでカッコに入れた。
(3)矢印は相互に影響しあい滲透しあっていることを示す。
(4)点線の囲みは，全体が体制化していることを示す。
(5)言語能力・運動能力は全体制を支える。

図３-２　勝田守一の「計測可能」モデル

出所：田中，2008，p. 103

を提案した。特に、認識の能力を重視した。勝田は科学の知識、法則などを正しく習得することによって発達する能力を、改めて「学力」として再検討した。そして、学力は「何よりも人間的能力の発達の基礎的な部分」であり、「私は『学力』というものをだからやっぱり学校で育てられる認識の能力を主軸としてとらえる」として、学力の「勝田モデル」を提案することになった。科学の知識、法則などを正しく習得することによって発達する能力を、「学力」として規定し直し、その能力を形成するのが学校の役割であるとしたのである。勝田は「学力」を人間の能力の中の認識の能力とし、学力の定義を「成果が計測可能なように組織された教育内容を学習して到達した能力」と規定し（勝田、一九六四、七二頁）、学力を「計測可能」なものとして位置付けた。勝田は学力を測定対象という条件に沿いながら、教育目標と計測結果を教育評価する関係で学力をとらえることを提案したのである。

これに対して、計測できるものには限界がありそれ以外の能力が重要であるという批判が起きた。勝田の学力論には、広岡の知識層と態度層との関係、学力（わかる力）と人格（生きる力）との両者の関係構造についての論究は見られないが、当時の広岡の態度主義的な学力論に対して、認識内容を教育目標として構造化、目的化するにあたっては、学力を学校における学習に限定して計測可能な対象とすることが必要であった。勝田の「計測可能」学力論は教育内容を組織化、系統化し、組織化された知識を学校という場で順次学習していくと考えることは学校独自の役割であり、当時の学校現場における学力に関する混乱した議論を整理する上で積極的な意味を持っていた。特に、計測可能であるということは到達状況を評価し、その結果を教育方法の改善や教育条件の改革に生かさなければならないという教育目標論と評価論を一体のものと考える発想であった。勝田のこの提案は、目標を示すだけの当時の学習指導要領や評価を選抜や評定だけに終わらせていた文部省の全国学力テストや学力観に問題提起することになったといえる。

それゆえ、一九七〇年代のわかる力が学力であり、科学と意欲とはどうかかわるかという坂元忠芳や藤岡信勝たちの学力論争にも影響を与えることになった。

(4) 学力モデルの重要性を指摘した中内敏夫

広岡の学力モデルは態度主義と批判されたが、一九六〇年代後半に「態度」の重要性を認め、学力モデルが教師の教育実践にとって見通しを与える重要なモデルであり、その必要性を提案したのが後の学力の到達度評価（京都モデル）に影響を与えた中内敏夫（一九三〇～二〇一六年　一橋大学教授を務め生活綴方、明治教育史、学力と教育評価を研究、元到達度評価研究会会長）である。中内は、学力を「学力はモノゴトに処する能力のうちだれにでも分かち伝えうる部分である」（中内、一九七六）と規定した上で、学力モデルの必要性を次のように述べている。

学力像は、それを意識していようがいまいが、教師たちが授業をまとまりのあるものとしてすすめていくうえで、欠くことのできないものである。……モデルとしての学力の研究は、この学力像を非実証的で主観的だから学問的価値はないとして研究の枠組の外側に追い出してしまうのではなく、教育の現場でいわれ、探られているその像の基本構造によって、これを教育的な実践と実践分析の論理的に堅固な典型につくりかえようとする（中内、一九八三）。

第4章　一九七〇年代「落ちこぼれ」問題と学力論争

1　「落ちこぼれ・落ちこぼし」問題の生起

一九七〇年代は高校進学率が九〇％に達し、保護者の教育熱が高まり、「一億あげての教育競争を繰り広げる特異な社会である大衆教育社会」（苅谷、一九九五）に変質した時期である。一九六〇年代後半には不評な全国学力テストは中止されたが、一九七〇年に入ると全国教育研究所連盟による「学校学習の理解」に関する調査結果が発表され、学力低下問題に関して問題提起し、そのアンケート結果は、広く国民やマスコミに注目される「学力問題」へと広がっていった。

一九六〇年代の高度経済成長期に、テスト主義の教育が展開された結果、人間的ゆがみが生じ、教育は全人的な人間の成長を求めるものでなければならないとして、文部省はその問題を是正するため、一九六八（昭和四三）年、学習指導要領を「調和と統一」をテーマとして教育内容の「精選と現代化」を掲げた。しかし、高度経済成長期のニーズは現代科学の方法を教育現場へ導入することが重視された。その結果、高校の数学（算数）や理科等の教科内容が中学校へ、中学校の内容が小学校へとおろされ、教育内容の「精選」よりも内容の「高度化」した「教育の現代化」の内容が教えられ、結果として学校では、高度な学習内容が理解できない「落ちこぼれ・落ちこぼし」の児童生徒の問題が発生した。

一九七〇年代、マスコミによって命名された「落ちこぼれ・落ちこぼし」の学力低下論争は、全国教育研究所連盟が一九七〇（昭和四五）年に教師・指導主事・教育研究所員等に対して実施した「義務教育改善に関する意見調査」結果（小学校教師一五九一人、中学校教師一八八一人、指導主事・教育研究所員等、N＝八三七〇人）を一九七一年六月二日に発表したことを発端として起こった。教師が児童生徒に現在の学習内容をどれくらい理解しているかを質問したアンケート結果は、授業がわかる子の割合、小学校七割、中学校五割、高校三割であるという学力分析結果が発表された。一九七二年九月七日付『読売新聞』は「置き去り算数教育　小学生の問題を正解できぬ中学生たち」という見出し記事、「小学校の問題を中学生にやらせてみたら、小学校三年生の内容を二割の生徒ができないという結果が生まれました。平均的な公立中学校、東京都町田市の町田二中一年生全員に行ったテスト。いまの小学校教育のある断面を示していると言えそうです」との記事を掲載した。新聞各紙上で「七・五・三教育」と批判され、「落ちこぼれ・落ちこぼし」問題として話題になった。全国的な学力調査は一九六〇年代中頃以来中止されていたが、一九七六年、日本教職員組合・国民教育研究所が「教育課程改善のための学力実態調査」という学力調査結果（日本教職員組合、一九七六、九九頁）を発表した。分析結果を国語の「読み」・「書き」の正答率で見ると、読み方では、小学校五年生の場合「改める」が二六・五％、「整える」が五四・四％。中学校一年生の場合、「勧める」「朗らか」は一〇％台と低かった。書き取りでは小学校五年生の場合「孫」「燈」「治」の正答率は一〇％台であり、平均点は五二点で、半分以下しか書けなかった子が四四・二％いた。国語の読み方・書き取りでは、小・中学校とも一〇点台から九〇点台と「得点のばらつきが大きく、これでは毎日学校で使用する教科書も読むことに極めて困難を感ずるであろうことを予想させる」と分析した。結果を一九七六年五月一二日付各紙において、『毎日新聞』は「小・中学生の学力低下深刻　割り算〇点三〇％（中一）、漢字の書きとり小五の四四％が『落第』、高学年ほど落ちこぼれ」、『朝日新聞』は「書き取り・短文に弱い　分数出来ぬ中一の二割、『詰め込み』の害を証明」、『読売新聞』は「基礎学力で『落ちこぼれ』、『清』かけるのは一割、割り算、小数が苦手」と報道した。日本教職員組合・国民教育研究所も、「子どもたちの読み、書き、計算の力といった基礎的な学力の低下、停滞と格差の拡大が、極めて深刻である」と報道した。

その後一九七六年一二月、国立教育研究所の「生涯学習の観点からみた学校教育課程の評価に関する基礎的総合的研究」の第一次報告書が出された。小学校六年生算数の場合、四則計算二〇問中、正答が一〇問に満たない児童が約二〇％いた。小学校高学年の算数の場合つまずきが大きくなり、中学校に進級するなど学年進行に比例して六〇〜七五％の生徒が「ついていけない」か「低下」する状況に落ち込んでいくなど、日本教職員組合・国民教育研究所の「教育課程改善のための学力実態調査」と同様の分析を行い、総じて学力低下と学力格差の実態を認めた。

それでは、一九七〇年代の学力問題は戦後の学力問題とどこが違うのだろうか。戦後の学力問題は、戦前の学力に対して戦後の経験主義の新カリキュラムによって学力（読み・書き・計算力）が低下したかどうかであり、戦後と戦前の平均学力点数の比較が問題であった。それに対して、一九七〇年代の学力問題は、一九六八年改訂の学習指導要領の学習内容を全員に学力保障できずに、理解できない児童生徒が生まれ「落ちこぼれ・落ちこぼし」問題となったことや、結果として「理解できる子」と

「理解できない子」との間に学力格差として出現したことである。

また、学力低下の理由をめぐって、民間教育研究団体内部でも坂元忠芳と藤岡信勝たちとの間で、学力形成に思考力や関心・意欲・態度を位置付けるか、人格形成とどう結び付けるかをめぐって学力論争が起こった。学力形成に思考力や意欲・態度を入れていこうと考える坂元と、科学や芸術等文化遺産を体系的に教え、坂元の考えを態度主義とする学力の「態度主義」論争が交わされた。

2　「落ちこぼれ・落ちこぼし」問題の原因の分析と解決方法

子どもの能力差が、学力差を生み、落ちこぼれを生むと考えていた森隆夫（一九三一〜二〇一四年お茶の水女子大学教育学部長を務めた教育行政学者）は、「落ちこぼれがあるのは日本だけではない。世界中に落ちこぼれはいると思われるのに、日本だけがなぜ騒ぐのだろうか。教育内容が多すぎるからだといって、原因を教育内容のせいにして、精選の名のもとに減らすことに努力している。落ちこぼれ対策は四つある。①ドイツ・スイスのように落第制度を採り入れる。②教育内容を少なくし、レベルを低くする。③教師の質を上げる。④学校を多様化して、学習を個別化する。これらを取り入れれば、『落ちこぼれ』問題は解決する」というような提言もあった。この提言に対して、「落ちこぼれ」問題を早くから研究してきた駒林邦男（一九二八〜二〇一一年　岩手大学教授を務めたソビエト教育学を研究した教育学者）は「落ちこぼれ」を「生きる力や学習意欲が不足し、授業についていけない子」とイメージし、森に対して、「学習の個別化が万能薬であるかのようにいい、一斉学習が、『落ちこぼれ』問題の元凶である」かのように語り、「坂元忠芳が問題提起する『すべての子どもに明日の社会を生きる教養の基礎を共通に保障する』ことを断念している」と語る。さらに、森と同様な考えを持つ研究者に対して、「彼らは今日存在する学力差、学校格差が実は、子どもの能力差そのものに起因するというより、『授業の落ちこぼし構造』によって、また今日の教育政策および社会の在り方の結果として、生み出されたものであることを見ようとしない」（駒林、一九七七、二九頁）と批判した。

その上で、落ちこぼれ対策として、「最近流行してきている適応性の高い授業をつくるブルームの形成的評価」とワンセットになっている「完全習得学習」（教育目標の分類学）に注目したいと論を展開する。まず、「子どもたちを点数と言うスケールの上に配分し、序列化するだけの」値踏み（ムチの役割）の評価を本来の目的に改めなければならないと、續有恒（一九一四〜一九七二年　名古屋大学教授を務めた教育心理学者）の評価論を紹介し、その発展としてブルームの「完全習得学習」理論に解決策を見出そうと提言した。評価について、續は評価を「評定」（ヴァリエーション）と「評価」（エヴァリエーション）に区別し、教育評価という場合はエヴァリエーションに限定する立場をとる。「評定」は結果の値打ちであって、値踏みされた結果に重点を置く。これに対して、「評価」は、値踏みされた結果それ自体を目的とするものではない。「目標追求―評価―調整という単位での目標追求活動における部分活動であり、追求活動の実績と目標との関係までチェックし、調整活動のために、フィードバック情報を提供するものである」（續、一九六九、二七頁）と規定した。駒林は、学力評価を「目標とする学力の形成にとってどんな教え方が満足すべきものであり、今までに比べて授業のどこを改編する必要があるかについての決定を下すための情報の収集とその使用のことである」と評価を、教育目標―中間調整―指導の改善という一連の学習過程の部分的機能であることを説明した。駒林は、子どもはみんな学習適性が違い、それぞれの適性に応じて十分な教授活動を行えば、すべての子どもが学習活動を達成できるというアメリカのＪ・Ｂ・キャロル（元ハーバード大学教授、学習成果は学習時間によって決まるとして学校学習モデル（一九六三年）を提案し、アメリカで流行した）の学習モデルを紹介し、その理論をベンジャミン・ブルーム（一九一三〜一九九九年　ラルフ・タイラーの教え子、シカゴ大学特別栄誉教授を務めた心理学者・教育学者、教育目標の分類学をまとめ形成的評価を活用したマスタリー・ラーニングを提唱しアメリカ教育協会会長を務めた、ＩＥＡ国際教育到達度評価学会創設メンバー）が完全習得理論として発展させたと説明する。「最近輸入されたブルームの形成的評価は、総括的評価と対置され、今何をしなければならないかの分析・診断・教材選択・教授方法の決定をするものなのである」「ブルームの完全習得学習は、ある学習単位を二週間程度で完全に習得する方法であり、序列主義的能力観との距離は遠隔である」（駒林、一九七七、一八〇頁）といち早く完全習得学習理論の必要性を説いた。そして、京都府教育委員会が五段階相対評価から到達度評価に改め、到達度評価にブルームの完全習得学習の考え方を取り入れ、どの子にも学習目標に到達させる改革に着手したことから学ぶべきであると紹介した。

また、落ちこぼれ問題を「学力遅滞」として調査していた教育社会学者の米川英樹（一九五一年〜元大阪教育大学教授、教育学・教育社会学を研究）は、「学力遅滞」の原因は、①「新幹線授業」と呼ばれるように知識を詰め込む学習指導要領などの「政策要因説」、②できる子がいれば必ずできない子が存在する正規分布曲線を描くという「生徒要因説」、③教師の教え方のまずさに起因する「教師要因説」、④家庭の経済的文化的水準がマイナスの影響を与えるという「家庭環境説」に区分されるが、調査結果から結論は、教師の多くが「政策要因説」と「生徒要因説」に立つ者が多く、これらの諸要因が積み重なって生じている「学力遅滞」（米川、一九八三、二七六頁）と結論付けた。

「落ちこぼれ」問題は文部省の能力別教育政策が原因だとする齋藤浩志（一九二六〜二〇〇二年　神戸大学教育学部長を務めた教育学者）は、「落ちこぼれ」問題が生起した一九七一年には中教審から戦後教育を総括する「今後における学校教育の総合的な拡充整備のための基本的施策について」（四六答申）が出ており、答申の方針が「子どもの能力差の拡大の実情に応じて『能力差別教育』を構想したことから発生した政策的な問題である」として戦後教育政策の歴史的転換による問題であると措定した。その上で、当時高校進学率が九〇％を超え、「受験競争が能力主義教育政策と結びついて、多くの国民に『学力問題』を社会的関心事として社会問題化させ」「以前は落ちこぼれがあるのは当然のこととして扱われてきたが、今日では『それ自体が大きな社会的意味を持ってきた』のであり、すべての子どもに基礎的学力の習得を保障するという思想に立脚した学校教育のあり方」が国民から求められるようになったのであると分析（齋藤、一九七八b、九〇頁）した。

3　坂元と鈴木・藤岡の学力論争（「七五論争」）

国民教育研究所で学力問題に取り組んでいた坂元忠芳（一九三一年〜　元東京都立大学教授、生活綴方研究者）に対して、民間教育研究団体である教育科学研究会の藤岡信勝（一九四三年〜　東京大学教授を務めた社会科教育学者、教育科学研究会会員、新しい歴史教科書をつくる会会長）や鈴木秀一（北海道大学教育学部長を務めた教育学者、教育科学研究会会員）が「民主教育理論と実践の発展を希う立場から疑問を提出する」として坂元批判から始まったのが、学力の「態度主義」論争（通称「七五論争」）である。民間教育団体は戦後の経験主義教育の非科学性や学力低下を批判して出発し、科学的教育内容の創造を目指してきただけに、同じ教育科学研究会の坂元の学力論を「隠された態度主義」として批判するところから論争は始まった。坂元はまず、学力を次のように規定した。

学力は何よりも結果として習得される知識・技能・習熟として現れる。しかし、学力の構造はもっと複雑である。それは、一般に能力そのものの中身とかかわっている。……認識能力、すなわち「わかる力」としての学力……結果として現れる学力は、なによりも「わかる」ことの内面的な活動の過程にかかわって、しかもその結果、子どもに習得される未来の可能性――未知のものを「わかろう」とする能力や意欲、さらに現実にそれを適用しようとする能力とかかわって形成される。……教師は観察やテストを繰り返しながら、このような知識・技能の子どもにおける定着度を点検し、できるかぎり、客観的にそれを評定しようとする。しかし、このことは、学力から、思考力など、それとしては、数量的・段階的に測定できない、またきわめて測定しがたい部分を排除することを意味しない。それは、結果としての課題解決にしか現れないものであるが、「わかる力」をささえる内面の力である。「わかる力」をささえる努力や意欲についても同様である（坂元、一九七六ａ）。

この坂元の学力論に対して、鈴木・藤岡の態度主義学力論への批判は、次のような内容であった。

坂元氏の考える学力の内容を図式化すれば次のようになる。

学力＝「結果として現れる学力（測定できる学力）
＋
「わかる力」「思考力」「努力」「意欲」（測定できない学力）

坂元氏が科学的知識や技術の習得を強調している点で、広岡氏や指導要領の立場とは異なることを認めておかなければならない。それにもかかわらず、学力の中に「わかる力」や「思考力」を導入しようとする坂元氏の構想は、結果的には「態度主義」として我々がすでに批判したものと同じようなものにならないだろうか。坂元氏が考える学力は、知識・技能・習熟だけでなく、「わかる力」という「思考力」や「意欲」や「努力」と結びついた「力」も含まれるというのである。これは、表現はやや微妙だが結局学力に基本的に二つの層を認める広岡氏の発想と極めて類似している（藤岡、一九七五）。

つまり、広岡の学力論が態度主義と批判されたように、坂元の学力論も「隠された態度主義」ということができるというのである。なぜなら、坂元の学力論には、学力の中に「わかる力」や「思考力」や「意欲」などが入っており、「態度」を学力に入れ込む態度主義の学力論として批判したのである。『学力論争とは何だったのか』（山内・原、二〇〇五）等を著してきた山内乾史や原清治（佛教大学教授、教育社会学研究）も、藤岡・鈴木批判は、坂元が「学力形成に意欲・態度を積極的に位置づけ学力向上に影響を及ぼす思考力や学習意欲を高めよう」と提言したのに対して、「坂元は科学や芸術が持つ教育力を過小評価し、単なる知識を羅列した教科書を用いることで文部省が意図する態度を子どもたちに植え付けようとする」ことを危険視し、批判（山内・原、二〇一〇、一〇頁）したのであると解釈している。

「態度主義」論争の経過を振り返ると、まず、鈴木・藤岡が「今日の学力論における二三の問題――坂元忠芳の学力論批判」（鈴木・藤岡、一九七五、九〇～一〇九頁）で、坂元が「学力とは何か」という問題を、「わかる力」やこれと結びついた「思考力」「努力」「意欲」などを含める学力論を提起したことに対して、坂元の立場を「態度主義」と批判したことに対する反批判から出発する。鈴木・藤岡たちの坂元に対する批判は、「私が『わかる力』として学力を問題にし、学力形成の課題を、一方で学校におけるわかる学習の展開、他方でわかる学習の基底にある子どもの諸活動とその諸能力を組織化することにむけられている。しかし、（鈴木・藤岡は）勝田守一の学力論（勝田が学力を『成果が計測可能なように組織された教育内容を学習して到達した能力』と規定した）に依拠して、『態度主義』に陥る危険性を持つと批判した。勝田の線に沿って学力を『学校でその結果が計測可能でだれでも分かち伝えることができるような意図的に組織された教育内容の結果、到達した能力である』」と厳格に狭く規定して批判したのである。つまり、藤岡がいうように「『成果が計測可能でだれでも分かち伝えることができるような組織された教育内容』でないものは、学力と見なされる資格を失う」として勝田の規定をさらに狭く規定したのである。

坂元に対して、鈴木・藤岡は「（坂元の学力論は）『態度』や『思考力』を学力の中心におこうとする文部省の学力論、広岡亮蔵や重松鷹泰の学力論と同じ態度主義である」（鈴木・藤岡、一九七五、八三～一〇五頁）と批判した。

そのように批判した上で、鈴木・藤岡は学力の定義について勝田の学力概念に依拠して次のように考えた。

一九六〇年代初期、全国学力テスト論争の際、勝田は学力とは、「成果が測定可能なように組織された教育内容を、学習して到達した能力」と規定したが、思考力など具体的に測定にかからない心理特性を学力のカテゴリーから排除し、対象的に客体化できる科学的概念や法則、技術によって学力の中身を作りあげていこうとする画期的な提案であった。そして、中内敏夫の学力規定＝「モノの世界に処する心の力のうち、だれにでもわかち伝えることのできる部分」（中内、一九七一）を勝田の規定の中に補強することによって、（我々は）学力を次のように規定する。「成果が測定可能なようにだれにでも分かち伝えることのできるよう組織された教育内容を、学習して到達した能力」（鈴木・藤岡、一九七五、九〇～一〇九頁）であると。

以上のように鈴木・藤岡が勝田の学力論を根拠に学力を規定したことに対して坂元は、彼らの学力規定は、「わかる力」としての学力構造とそれを支える思考力や意欲と発達との関係を見落としている点を指摘し、生活環境と学校教育の荒廃の中での生きる力と意欲と発達の関係を次のように整理し、提言した。「第一に『態度』や『思考力』を学力の概念から排除し、学力に科学や技術などによる内容的表現を与えること、第二に教育内容をだれにでも分かち伝えることができるように組織する課題を教育実践に課すこと、第三に学力を学校において、教師の働きかけのもとに子どもが学習して獲得する能力として限定すること」である。そして、「藤岡は勝田が学力形成を人格形成とむしろ結びつくよう努力した方向をほとんど問題にせず、あらゆる人格形成の要因をまったく切り離して学力をとらえる結果を導いている。……六〇年代以降の教育内容研究の発展が、学力形成を人格形成との関係で可能性を切り開いてきたこと」を見落としていると批判した。

その上で、「彼らは計測可能なものとそうでないものとの関連、計測可能なものと態度・意欲などの人格的なモメントとの関連への言及が脱落している（勝田が計測可能なという言葉に込めた内容を脱落させた）」と反批判（坂元、一九七五、八三～一〇五頁）した。

こうした論争の経過を見てみると、坂元は学力を、①結果として現れる学力（測定できる）と②「わかる力」――思考力・努力・意欲（測定できない）から構成されると考え、子どもがわからなくなっている原因は、現代の学力と子どもの生活を分析し、「学校における非系統的教科書による断片的な知識の詰込みだけでなく、子どもがその年齢にふさわしい能動的な活動をすることができなくなっていることであり、……わかるためには『わかる』ことが生活経験に支えられる必要があり、能動的な活動や生活を子どもの中に組織すべきだと言っているのである」（坂元、一九七六a、一八〇～二一四頁）と主張した。

（１）四本足のニワトリ論争

そこで、四本足のニワトリ論争が繰り広げられた。藤岡は態度主義の例として子どもたちが描く四本足のニワトリの絵を例に坂元を批判する。「今日多くの子どもたちが四本足のニワトリの絵を描くのは彼らが鳥の足の科学的な知識を『進化』の学習を通して習得していないから」である。それに対して坂元は、子どもたちが四本足のニワトリを描くのは、学力と人格の今日的問題への注目が欠けているからであるという。「四本足のニワトリ、地域と子どもの生活の破壊によって問題（外在的なものとして扱う）にされている経験的な事例の意味するものは、子どもの人間としての発達の基底が破壊され、知覚力、思考力、想像力などの認識能力、それを支える感情や意欲までもが危機にさらされつつあり、学力問題と生活の中の認識能力の相互関連の質的変化の問題である」（坂元、一九七六a、一八〇～二一四頁）と反論した。

この論争で、藤岡は一九六〇年代の勝田の学力論を引用し、「成果が計測が可能でだれにでもわかち伝えることができるような組織された教育内容」と定義し、それ以外は学力ではないという前述のような狭い解釈をした。それに対して、坂元は勝田の学力論を知識・技術など特殊な能力を計測可能の学力とし、関心・意欲・態度など人格的価値等、計測困難な能力との関連を認め、文化的価値体系に基づく教育内容の学習・習得との関連で学力をとらえようとしていたのである。坂元は学力を、知識・技術と関心・意欲・態度など人格的価値等、計測困難な能力との関連を認め、両者を統一する学力論であると広く定義した。坂元の学力論では、学校外で習得した能力も学力に含まれると考え、勝田の学力論の解釈をめぐって態度論争が繰り広げられたのである。論争から態度主義ではない学力モデルの可能性が生まれたといえる。

（2）「生活と教育の結合」か「科学と教育の結合」か

一九七〇年代の学力論争は、当初「落ちこぼれ」が社会問題になり、すべての子どもたちの学力低下に歯止めをかける議論から、いかに学力を獲得させせるかをめぐって一九六〇年代に勝田が学力を「成果が計測可能なように組織された教育内容を学習して到達した能力」の規定を土台に、能力の一部として学力をとらえる学力論争がなされた。坂元対藤岡の学力論争では、学力形成のために「関心・意欲・態度」を位置付けるかどうかという「態度主義」論争も行われた。

この論争では、坂元は学力を「成果が測定可能なように組織された教育内容を、学習して到達した能力」と規定した勝田の学力論から、学力と人格の発達・能力的なあり方を問題にしたが、藤岡は勝田の学力の「測定可能」概念に注目し、教育の科学的側面に注目した。一方は、学力の主体的側面に注目し、他方は教育の客体的側面に注目したのである。このことについて、カリキュラム研究者の石井英真（京都大学）は、「生活と教育の結合」原則をもって教育実践の生活規定性に注目した立場と、「科学と教育の結合」原則をもって教科内容教育研究を推進した立場の間の、「民間教育研究運動の方針をめぐる論争と言う側面を持っていた」（石井、二〇一〇）と総括している。

さらに、学力を学校で教えられる「知識・技能」だけではなく、子どもの主体性などの能力、人間的能力の一部として学力をとらえる、能力と人格の発達を重視する観点から、すべての子どもたちに「学力保障と成長保障」というテーマで学力形成の解決策が進められたように、子どもの人間的な能力形成の観点から学力論争が発展的になされたことが成果である。

その後、学力低下問題の解決策として、一九七七（昭和五二）年、文部省は「ゆとりと人間性重視」の教育を掲げ、学習指導要領を改訂し、学習は基礎・基本に精選し、「ゆとりと充実」をテーマとして学習時間を三五〇時間削減（「ゆとりの時間」の創設）する政策転換を図り、学力向上策を提言した。

4　学力問題解決を目指した民間教育研究団体の誕生

一九七〇年代、以上のような「落ちこぼれ」問題に対して教育委員会の研修会だけではなく、日教組の全国教研集会や「解放の学力」の立場から学力保障を目指す全国同和教育研究協議会に加えて、教育科学研究会、数学教育協議会、仮説実験授業研究会、児童言語研究会など教師に影響力がある多くの民間教育研究団体が、「わかる授業」「科学性」「主体性」を通して、学力向上や主体的な学習を目指し独自の研究開発を行い解決策を提案するという授業実践が全国に広がった。日教組は「総合学習の編成」等教育課程の自主編成運動を起こし、各地で教師の自主的な授業実践・教育研究活動が盛り上がった。各地の教育研究活動と連携して遠山啓（一九〇九〜一九七九年　東京工業大学教授を務めた数学者、量の概念を導入した水道方式と呼ばれる計算方法を開発し数学教育協議会を創設）を中心とした数学教育協議会の『わかる算数』、教育科学研究会の『人間の歴史』などの実践が積み重ねられ広がっていった。また、マスタリー・ラーニング（完全習得学習）の理論は国立教育研究所の梶田叡一らによって、全国各地の教育研究所や国立附属小中学校を通して教育評価研究協議会が設立され、また京都府教育研究所を中心に到達度評価運動が広がっていった。梶田はこれらを概説的に整理している（梶田、一九七八〜八九）ので、その論考を手掛かりに考えてみたい。

（1）極地方式研究会

極地方式研究会には学力論争への示唆に富む教育観が含まれるので触れておきたい。高橋金三郎は宮城教育大学で林竹二学長（一九六九〜一九七五年在職）のもとで、子どもの持っている可能性を引き出す教授学を開発するため、宮城教育大学が創設された一九六五年に着任した。高橋金三郎（元宮城教育大学教授、理科教育・教授学を研究）と細谷純（一九三二〜　東北大学教育学部長を務めた教育学者）が中心となって「すべての子どもに高いレベルの科学をやさしく教える」ことを目標に一九七〇年初頭に設立した研究会である。高橋と細谷は極地方式研究会発足（一九七四年）にあたって、「高いレベルの科学」と我々が言うときには、それは「私たち教師自身の自然観を変え、何が何でも子どもに教えたいと願わずにはいられないものでなくてはいけません」と決意を述べている。高橋と細谷が「テキストをつくろう」と言うとき、「それは、私たちの成果を不動のものとして定着させるということではありません。リフトのある山は山ではない。飛行場のある極地は極地ではない。更に新しいテキストをつくらなければなりません。それが実践と言うものではないでしょうか」と極地方式研究会の教育観を語っている。彼らは右肩上がりの直線的な成長ではなく、ジグザグだけではなく、ズデン、ズデンと大きく転ぶことを必須のことと考え、「ジグズデン、ザグズデン法」と命名した。極地方式は、①教師の学習する内容・学習形態は同時に子どもの学習内容・学習形態である。②教師は教師集団による研究によってテキストを作るという原理の下、「すべての子どもに高いレベルの科学をやさしく教える」ことを実現しようとした。教師が重要だと考える概念、教えたいと考える基本概念を取り上げ、その概念を教科書の適当な単元に適応させる点、子どものテキストに教師用の説明をプラスしたテキストを開発する点、テキストをもとにした実践から、検証、テキスト改訂を繰り返す点など、その方式の根拠は教師による実践より得られるものだとした（西森・姫野・古川、二〇二三）。

（2）マスタリー・ラーニングの実践（教育評価研究協議会）

ブルームの完全習得学習の考え方は、一九七三年に梶田らによって、「すべての子どもたちが、十分時間をかけ、授業途中に、その都度評価（形成的評価）をして、つまずいた子どもには補充学習を施してやれば、最終的にどの子も学習内容を習得できる」という「学力保障と成長保障」を目指して、その理論、学習方法や評価方法が日本に紹介された。このような流れの中で、日本の学校現場の教師たちが最初にブルームの理論に基づいてマスタリー・ラーニングに取り組んだのは、一九七三年、梶田とともにＩＥＡ（国際教育到達度評価学会）主催のグレナ・セミナー（スウェーデン）に参加した国立教育研究所の日俣周二と横浜市立元街小学校の共同研究（日俣・横浜市立元街小学校、一九七三、日俣周二は国立教育研究所所員、ティーム・ティーチングを研究する）である。日俣は元街小学校で一九六五年からティーム・ティーチング（協力教授指導）の研究指導をしてきたが、複数の先生に同一単元を指導するには、あらかじめ指導目標と到達目標を揃えておかなければ、ゴールがバラバラになる。そこで、「目標分類体系をもとにして、行動の要素を分類した。マスタリー・ラーニングの研究で強化する意味で有効だと判断した」（日俣・横浜市立元街小学校、一九七三、八頁）と述べている。しかし、日俣と元街小学校のねらいは、ティーム・ティーチングの研究だったので、マスタリー・ラーニングは、数年間の単発の研究で終了した。だが、グレナ・セミナー以降、日本においてもブルームの理論に対する関心が徐々に高まり、マスタリー・ラーニングの研究実践は広がった。

ここで、ブルームの完全習得学習理論を日本に紹介し、実践を広めた梶田たちの取り組みから、導入・定着の経過について「ブルーム理論」、特にマスタリー・ラーニングの概要を、ブルームたちの『教育評価法ハンドブック』（梶田・渋谷・藤田訳、一九七三、六一頁）、梶田の『ブルーム理論に学ぶ』（一九八六）からデッサンしておく。ブルームは、マスタリー・ラーニングを開発するにあたって基本的前提となる考え方を『教育評価法ハンドブック』（梶田・渋谷・藤田訳、一九七三、六一頁）の中で、次のように書き記している。

「教師なら誰でも、生徒の三分の一は自分の考えることを十分学習し得るだろうと期待をもって始める。教師は、生徒の三分の一は落伍するか、せいぜいどうにか問題にならずにすむものだと考えている。大抵の生徒は（おそらく九〇％以上の生徒は）我々の教えなければならないことがらの習得が可能である。」教育はどの子どもたちにとっても機会が平等であると同時に、結果も平等でなければならないという考え方である。この考え方は、キャロルが、子どもたちがそれぞれ学習習得に必要な学習時間はまちまちで違いがあり、学習成果の到達には学習時間差を大切にしなければならないと主張したのが前提になっている。マスタリー・ラーニングを紹介した朝日新聞（一九八〇年四月五日付、夕刊）は、「落ちこぼれは米国でも頭の痛い問題。一九六三年に、キャロル教授が、『勉強のできる子とできない子がいる』と言う常識に挑戦して打ち出した『勉強の進み具合の早い子と遅い子がいるだけで、時間さえかければできない生徒はいない』という説に基づいている。これを、ブルーム・シカゴ大学教授が実際の学習法として確立した」と紹介した。

キャロルは、個人の学習到達度を左記の「学校学習のモデル」で表した。

$$\text{学習到達度} = f\left[\frac{\text{実際にかけた学習時間}}{\text{必要な学習時間}}\right]$$

梶田はマスタリー・ラーニングのポイントについて、「教師の予期的な構えの変革（この子はこれぐらいだろう）、指導目標の明確化と焦点化、成績とは無関係な形成的評価の活用等という点を重視し、その実現を図ることによって教育実践の基本的な在り方を変え、『落ちこぼれ』のない教育を実現しようとするもの」（梶田「現代教育主張の総点検　10」『総合教育技術』一九七九年一月号、小学館、八七頁）であると語っている。そして、そもそも「カリキュラム改革だけで事態は解決するわけではない。一番重要なのは、現実の教育実践をどのように変革するか、と言うことである。この点での本質的な改革がない限り、カリキュラムをいくらいじってみても真の改革にはならないのである」（八六頁）と述べる。梶田は、学習指導要領を改訂するだけでなく、教師の実力を磨き、「現実の教育実践をどのように変革するか」という意識改革が求められていると考えた。

梶田は、早速一九七四年から神奈川県藤沢市教師グループとのマスタリー・ラーニングの開発研究に取り組んだ。しかし、ブルームや弟子のキムやブロック（James H. Block）が構想したマスタリー・ラーニングの問題点は、知識、理解、技能の習得を中心とするものが限界で、高次の知的能力、情意的能力や人間教育論までの広がりが見られなかったことであり、一九六〇年代末から批判を受けた。石井英真によると、アメリカにおいても「ブルーム・タキソノミーの背後にある行動目標論や、ブルーム・タキソノミーに対しては人間行動の三領域への分離が機械的である点や、階層構造が一方向的で直線的な学習と結びつく点などが指摘された」（石井、二〇一一、九頁）という。これらの批判を受けて、梶田は授業実践の中で、この行動主義に基づく行動目標論からの切り離しやブルームのタキソノミーの能力と授業での学習活動との結び付きなどの点で課題に直面し、その後「ブルーム理論」を日本の学校教育や文化的特色に合わせて発展させ、一九七五年頃から我が国の国立大学附属小・中学校を中心にその研究実践が広まり、全国的に広がった。本格的に取り組んだのが、日本におけるブルームの理論の先駆的な実践研究の推進グループになる神奈川県藤沢市立教育文化研究所の植田稔指導主事をリーダーに集まった藤沢市の教師グループである。その次には、全教科で目標分析表を作成した茨城県下館市立下館小学校、「形成的評価の研究推進四附属中学校」と呼ばれた岩手大学教育学部附属中学校、静岡大学教育学部附属浜松中学校、島根大学教育学部附属中学校、福岡教育大学附属福岡中学校などである。

次に、梶田は、一九七〇年代後半から、マスタリー・ラーニングの実践を推進するに際して、完全習得学習を目指した学力の保障だけではなく、「学力保障と成長保障の両全」の実現をというテーマを掲げだした。「学力保障」とは、いうまでもなく授業設計と目標分析をして、到達すべき目標をあらかじめ設定し、形成的評価によって指導と評価を一体化し、学習後つまずいた子どもには補充学習を施し、すべての子どもたちに基礎学力を確実に実現させようとする取り組みのことである。授業実践上の問題点として出てきたのが、認知的な学力への到達度だけをねらった「目標つぶし」的なプログラム学習のような平板な学習方法の克服であった。授業が平板でなく揺さぶりのある、ワクワク、ドキドキ、ハラハラして学習に取り組むためには、多様な内容を持った学習や子どもたちの意欲を掻き立てる体験に裏付けられた授業を準備しなければならない。つまり、「学力保障」をするとともに情意的側面を豊かにし、一人ひとりの成長・発達を育成することが同時に要求される。梶田は、ブルームの理論では認知的学力の達成に重点がかかり過ぎている点を改め、同時に意欲や体験など情意的側面を育成することが重要であると考え、「成長保障」という概念を発想した。それが、「学力保障と成長保障の両全」というテーマに実現した。梶田は、ブルームのマスタリー・ラーニング理論を情意面から補強することを通して、自らの「ブルーム理論」を構築していった。さらに、梶田は「人間」や「人格」を育てる「学力保障と成長保障の両全」を掲げ、梶田独自の人間形成論にも向かっていった。

（3）到達度評価研究グループの学力モデル

坂元対鈴木・藤岡の学力論争（「七五論争」）で残された課題が、教科内容の認識能力を高めると同時に、学ぶ意欲・態度などの情意的能力を排除することなくいかにバランスよく学力として両立させるかという問題であった。この学力モデル論に先駆的に取り組んだのが、中内敏夫と到達度評価研究運動を推進してきた稲葉宏雄（一九三一年～　元京都大学教育学部長、到達度評価研究会会長）たちであった。中内は、「態度」という言葉には主観的なニュアンスがあるのでその用語を用いずに、「習熟」という概念を導入し、知識や技能だけでなく思考や態度など教育内容の全体が子ども自身に十分理解され、それが「習得」から「習熟」の段階までもっていく学力モデルとして「段階説」を提案した。「習熟」の段階には態度や生き方など「人格的価値」も位置付けられた。認識を経て情意・人格へという筋道が「段階説」の特徴なのである。この「段階説」について、京都グループの「並行説」の立場に立つ稲葉の指導を受けた教育目標・評価学会の代表者である田中耕治は、次のように解説している。

広岡の学力モデルが開示した「知識」と「態度」の関係認識と言う課題、それを態度主義に陥ることなく、さりとて「態度」排除の論法によって「態度」を実体化する方向でもなく、勝田の問題意識の発展上に据え直すこと、このことが、到達目標・評価研究が直面した学力モデル論の課題となったのである。この課題に対して、認識価値と人格価値を一元的に把握しようとする「段階説」と認知領域と情意領域をひとまず区別して学力の相関関係図を描こうとする「並行説」と二つの学力モデルが提案されたのである。……この「段階説」は、中内が言うように、態度主義に陥ることなく、しかも生きて働く学力の姿を映しとろうとしたものである。……学校教育においては、学んだことを「繰り返し（反復）」たり、「学び直し、わかり直し」たりすることが意図的・組織的に保障されており、そのことを通して「わかった」（理解）から、「本当にそうだ」（応用・納得）という

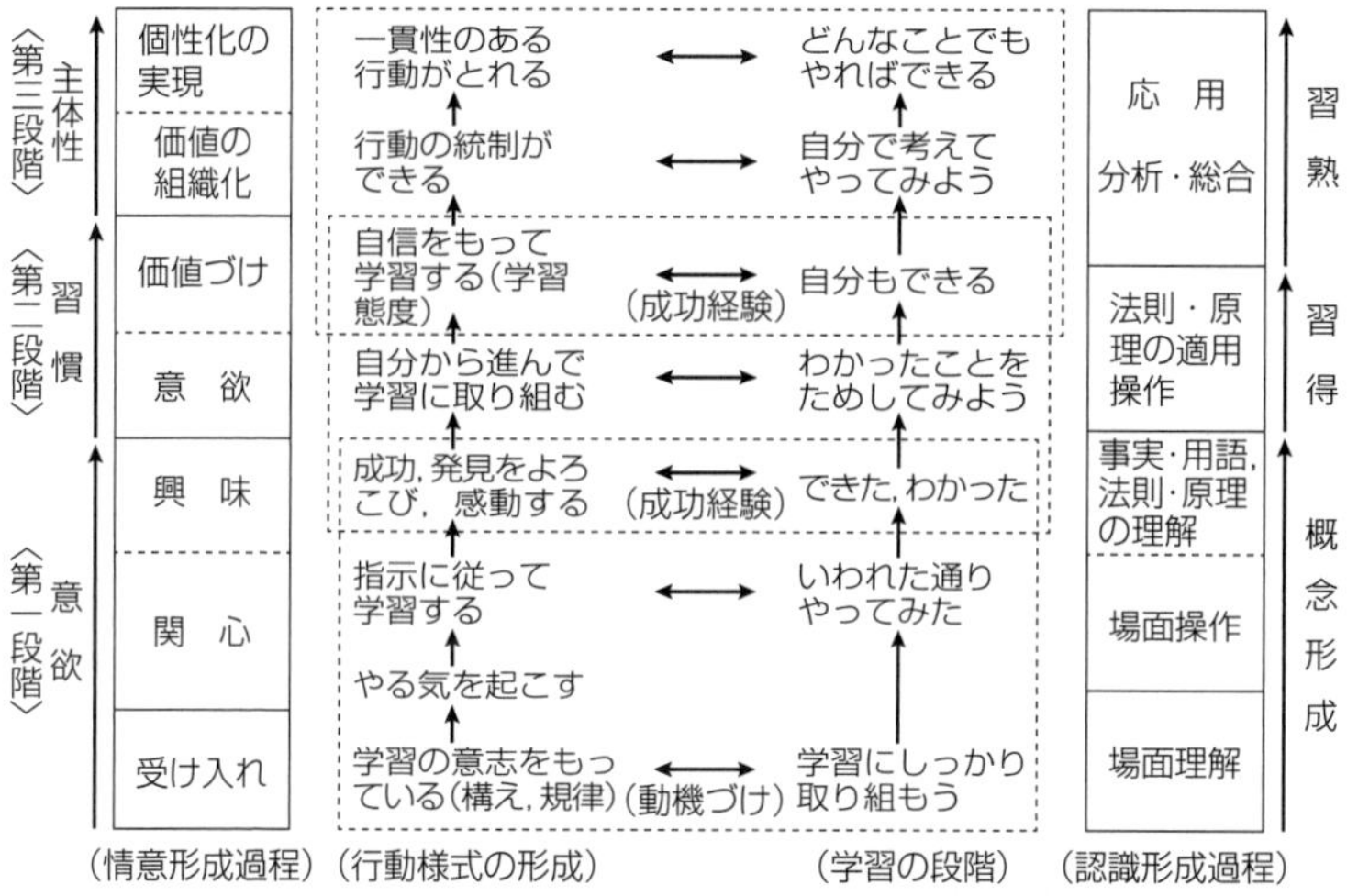

図4-1　京都モデル——並行説（行動様式の形式と学習の段階との相互関係）

資料：中原克巳「到達度評価の実践」『現代教育科学』1983年7月号，p. 21
出所：山内・原，2010，p. 17

人格形成に至る学力の形成・定着が図られるのである（田中、一九九三）。

「段階説」に対して、認知領域と情意領域をとりあえず区別して「並行説」に発展させたのが、稲葉たち京都グループの学力モデルである。京都グループは到達目標・評価研究の立場から「並行説」に発展させた。長く京都グループの研究にかかわってきた田中は、その考え方を「ブルーム学派の影響を受けつつ、認知領域と情意領域をひとまず区別して学力の相関関係図を描こうとしたもので」、これにより「認知」と「情意」の統一体としての学力モデルが確立されたとした。リーダーであった稲葉の提案を次のように紹介している。

　態度を含まぬ学力概念は平板で、内容のない不毛のものとならざるを得ない。学力は「認知的能力」と「情意的能力」の統一として追求されなければならぬ。学力が計測不可能な情意的要素のみで構成されるのではなく、その認知的なものを支持する計測不可能な情意的要素をも含むことによって、まさに学力は子どもの人格を形成し、その発達に作用する（田中、一九八〇）。

（4）「わかる授業」を追求した仮説実験授業

理科で自作の「授業書」を基に、すべての子どもに「わかる授業」を実現しようと、「仮説実験授業」を始めたのが、国立教育研究所の板倉聖宣（一九三〇～二〇一八年　国立教育研究所所員で理科教育を研究し仮説実験授業研究会を創設、雑誌『ひと』を創刊）である。「仮説実験授業」は一斉授業を基盤としながらも、学習者においてそれぞれの知的好奇心を高め、探究する姿勢を形成しようとする授業方法である。板倉は「授業には授業の法則性があり、冷静にじっくりと、その法則性を追求していって、はじめて『楽しい授業』が実現できるようになる」と主張した。板倉は「いかに教育結果の優れた授業でも、それが教師に過大な要求をするものであっては、授業研究の立場からは無意味と言わなければならない」（板倉、一九六九、二二三頁）とした。そのねらいを「仮説実験授業の授業書は、個々の教師の熟練とカンに頼っていた授業を標準化することによって技術化し、その技術的改善の道をひらき、教師の技能の限界をこえた授業の成果を技術的に保証しようとする意図で作成」（二二五頁）したものであると述べている。「クラス全員が科学上の基礎的な概念（法則・理論）を認識していくための最も適当な授業というものには、個々の教師やクラスを越えた一つの法則がある」という土台がある。「その法則性を客観的にとらえて、どの教師・クラスでもその法則性に基づいて授業をもっと能率的に展開しようとする技術的な処方箋と言うべきものが『授業書』である」（二二二頁）と述べている。

その上で「目指す概念と法則をすべての子どもたちが使いこなせるようにする。授業のプロセスの中で、最終的には子どもたちが一〇〇％新しい問題に正しく答えられる『授業書』を組織し、終末テスト平均は、九〇％以上になることを基準とする」（二二〇頁）ことであると子どもたちの成長と学力保障に責任を持つ姿勢が表れている。

（5）保護者も参加して盛り上がった民間教育研究運動

村上芳夫によると「主体的学習研究会」が初めからそれを目指して始まったものではなく、「学力を育てようとして、現代学習指導にメスを入れた際に浮かんだもの」で、「現代学習指導の欠陥は、教える―覚える形の教授中心型学習で、子どもたちに受け身を強いる授業である」（村上、一九六八、二〇頁）として「主体的学習研究会」を推進した。このほか、一九六六年に学び方だけではなく主体的成長を目指して成立した「学び方研究会」、「百科全書的な物知りを作るのではなく、典型的な例から類推的に把握させる」範例的学習（井上弘『範例的学習入門』一九七一年）や発見学習など幾多の学力モデルによる学習論が誕生し、学力問題に取り組んだ。

一九七〇年代の学力問題への対応の特徴は、教育界だけでなく保護者も学力論議に参加したことである。一九七三年には、数学教育協議会の遠山啓や仮説実験授業の板倉聖宣などいくつかの民間教育研究団体と保護者が詰め込み教育の解消や競争原理の教育の改革を目指して、教育改革雑誌『ひと』（一九七三～九八年）を発行して、子ども中心の教育運動の実現を目指した改革運動が展開されたことである。

第5章　「新学力観」をめぐる論争

1　「新学力観」誕生の経過

「新学力観」論争とは、校内暴力や不登校、いじめ問題などが頻発した一九八四（昭和五九）年に、中曽根首相が内閣に設置した「臨時教育審議会」（臨教審と称する）で「個性を尊重」して、「自己教育力」という学力を育成しなければならないという答申が出された。その考え方を教育課程審議会や中教審答申が受け、一九八九（平成元）年学習指導要領が「ゆとり教育」に加えて、自己学習能力の育成を目指して「新しい学力観」と称して改訂されたことに、賛成と反対とに分かれてこれまでの教育学者に加えて教育心理学者たちが議論した学力論争のことである。

「新しい学力観」に基づく学習指導要領の実現に大きな影響を与えたのが臨教審提言である。中曽根内閣に設置された臨教審は当時の教育荒廃をなくすためには「ゆとり」教育を通して人間性の回復を図り、子どもたちの能力・適性に応じた教育のためには個性化教育や競争による自由主義の教育を実現することが大切であると、新自由主義と新保守主義の政治的な立場からリードした。そして、中曽根首相は新保守主義の立場から、日本の伝統文化を大切にするナショナリズムとグローバル化を答申した。

一九八九年学習指導要領が一斉に改訂されたが、それに先立つ中教審答申では、①心豊かな人間の育成、②自己教育力の育成、③基礎・基本の重視と個性教育の推進、④文化と伝統の尊重と国際理解の推進が掲げられた。その中で重視されたのが「新しい学力観」と呼ばれる「自己教育力の育成」である。「新しい学力観」とは、従来の「知識・理解・技能」の習得と同様に、「思考力・判断力・表現力」「関心・意欲・態度」を通して自己教育力を育成するという学力観である。

一九八九年の学習指導要領小学校総則（第一章）で、「教育課程の編成にあたっては、自ら学ぶ意欲と社会の変化に主体的に対応できる能力の育成を図るとともに、基礎的・基本的な内容の指導を徹底し、個性を生かす教育の充実に努めなければならない」と、これまでの共通の知識や技能を育成する教育から自己教育力の育成へと転換する「新学力観」を示した。

一九九一（平成三）年には学習指導要領の改訂を受けて、指導要録で「知識・技能を中心にとらえるのではなく」「関心・意欲・態度」を先に置く新しい評価観が提案されるに及び、新しい学力観は、「新学力観」と称されるようになった。子どもたち一人ひとりの興味・関心や個性、自己教育力を尊重することを優先することに対して、戦後の教育の機会均等を守る教育学者を中心に、「新学力観」反対の声が上がった。

時代はユネスコの生涯学習論の影響を受け、変化の激しい国際化の社会を迎え、これからは生涯を通して自らが学習し、自己学習能力の育成が必須の学力であるという学習論が要請されたのである。これまで、学力といえば「知識・理解・技能」の習得を中心に認知的能力から考えられてきただけに、学校現場では「関心・意欲・態度」などの情意的能力も学力であるという考え方に反対や躊躇し、混乱する姿があった。

他方、教育心理学者など関係者はどのように受け止めたのであろうか。心理系学会である日本教育心理学会は一九九四年大会で「教育心理学からみた『新しい学力観』」をテーマにシンポジウムを開き、好意的に評価した。

2　「新学力観」への批判

教育学者や教育科学研究会など民間教育研究団体の多くは批判の側に回った。学習指導要領に加えて指導要録が出揃った一九九三年になると、「新学力観」に対して態度主義批判が出され、「新学力観」論争が起きた。まず、教育学の立場から「七五論争」で学習意欲や態度の重要性を主張した坂元忠芳は、文部省が「新学力観」を提案せざるを得なかった背景と特徴について次のように分析・批判（坂元、一九九二）した。

結論を言いますと、学ぼうとする「意欲」や「関心」がまずあって、その次に「思考」や「判断」が働き、その結果として「知識」や「理解」が獲得されるといういわば「新しい筋道」が、文部省の「新しい学力観」によって強調されるようになったわけです（そのことは小学校の生活科に現れている）。生活科では、このような活動が科学的認識に発展する部分はほとんど問題にされません。もっぱら周囲の状況に順応する「態度」や身近な動物や植物など自然との関わりに「関心」をもつことが強調されています。そして、学習意欲もこのような活動や体験がつくりだすものだとしています。これこそが、「関心」「意欲」「態度」が大事で、「知識」や「技術」などは、二の次だという「新しい学力」の考え方への転換へのバネとなっているものです。

次に、心理科学研究会の楠凡之（北九州大学教授、教育心理学・教育学を研究）は、「『個人の能力、個性は異なるものだから、共通の教育内容と言うことにそもそも無理がある。それぞれの個性に応じた教育を行うべきだ』という『個性重視』の論は、結果として全ての子どもたちに共通の『基礎学力』を保障する公教育の責任を放棄するものとなっている」「したがって、子どもたちの学力不振の問題も、子ども個人の能力や個性の問題に還元されてしまい……公教育の抱える矛盾によって生み出される『落ちこぼし』問題への公的責任は不問にされている」「しかも、『一人ひとりの個性に応じてそれぞれの異なるものを目指す教育』を主張しておきながら、子どもたちを相対的な序列の中に置き、耐えざる競争関係を強いていく相対評価を指導要録の中に存続させた点は新学力観の矛盾であろう」（楠、一九九五、二頁）と批判した。全国到達度評価研究会は、「主権者としての国民に求められる教育内容、基礎学力を公的に保障していく責任を放棄するもので、教科の科学的・系統的な筋道を重視しつつ、すべての子どもたちに共通する教育内容、基礎学力を公教育の責任において保障していくべき」と批判した。学力の基礎を鍛え落ちこぼれをなくす研究会（落ち研）も「読み書き計算の習熟」を「学力づくりの基礎・基本」とする立場から、「新学力観は今日の『低学力』問題をさらに深刻化させるもの」だと批判した。

また、全国生活指導研究協議会や日本生活教育連盟等も独自の活動方針に基づいて批判した。このように新学力観を批判する点では共通しているが、どのように教育実践を構築していくかという点では視点は異なる。この点について楠は、「①すべての子どもたちに共通の保障すべき『客観的な知識』（教育内容）の存在を肯定するかどうか、②教育課程を子ども自身の生活現実と自己選択、自己決定に基づいて構成していくのか、あくまで教科の科学性と系統性に基づいて構成するのかどうか、③学習活動において個人の個別的な学習を中心とするのか、集団活動や社会参加の過程を重視するのかなどがあげられる」と問題提起した。最終的に楠は、「多元的能力主義の立場に立つ新学力観においては、『思考・判断の能力』、『関心・意欲・態度』、『社会的活動』などを並列的にとらえ、それらを多元的に評価していくことで学力保障の公的責任を曖昧にしているが、……発達と切り離された人格の発達はあり得ないし、新学力観のように『個性尊重』の名のもとに基礎学力を保障する責任を放棄することは、今日の子どもたちの人格発達の危機をさらに深刻化させていくものでしかない」と批判した（楠、一九九五、一二二頁）。

さらに、教育雑誌『現代教育科学』一九九四年一月号では、「新学力観は『知識』否定の学力観か」というテーマを特集した。「水道方式」数学教育研究協議会の銀林浩は「関心・意欲といったものも、意味の理解を離れて単独であるわけではなかろう。文部省のいうように、知識・理解と対立する形で関心・意欲をとらえようとすると、へたをすると、知識・理解を欠いた意欲、つまり『やる気』だけがひとり歩きする〈頑張りズム〉になりかねない」（銀林、一九九四）と批判した。カリキュラム研究者の安彦忠彦（一九四二年～　元名古屋大学教授、カリキュラム研究と續有恒の評価論を受け継いで学力と評価の研究をする、日本カリキュラム学会を創設し代表理事を務める）は、「バランスを欠いたものになっていて、新しい学力観は一部の人から『知識の理解』が不十分では、『思考力・判断力・表現力』の育成は難しいと批判されてもしかたない面がある」と批判した。

3　「海面に浮かぶ氷山としての学力」モデル

以上のような批判に対して心理学者の梶田叡一は、「新学力観」の必要性を「海面に浮かぶ氷山としての学力」モデルとして示した（図5－1）。「学力の氷山」モデルを端的にいうと、「新学力観」とは海面に浮かぶ氷山のようなものであると次のようにいう。

氷山があるとすると水面の上に出ているのは「氷山の一角」であり、水面の上に出て見える部分が「知識・理解・技能」であり、水面から隠れて見えないところの氷山の上の見えるところを支えている部分であるのが、「関心・意欲・態度」、「思考力・判断力」である。氷山の上に出ている部分と出ていない部分の双方から氷山が成立しているように、学力も見えやすい部分と見えにくい部分の両方から成立している。水面下の部分がしっかりしていないと、水面上に現れる部分が不安定なものになる。自ら学ぶ意欲と社会の変化に主体的に対応できる能力と同じで、「見える学力」が「見えない学力」にしっかりと支えられるという構造になってなければならないと考えるべきである（梶田、一九九四b、八六頁）。

図5－2の「学力の四つの層」は見える学力と見えにくい学力の形成過程をさらに改良したものである。

ブルーム理論の研究をしてきた石井英真は、梶田の論は「『見えにくい学力』や内面世界が『見える学力』を支えている構造は明らかにする一方で、『見える学力』が『見えにくい学力』や内面世界の育ちをどのような形で規定しているのかについては明らかにしていない。『見えにくい学力』の関心・意欲・態度を重視した態度主義ではないか」（石井、二〇一九）と批判した。

この態度主義批判に対して、日本個性化教育学会の事務局長であり心理学者である奈須正裕（一九六一年〜　国立教育研究所室長を経て上智大学教授を務める教育心理学者であり教育学者、二〇二三年から

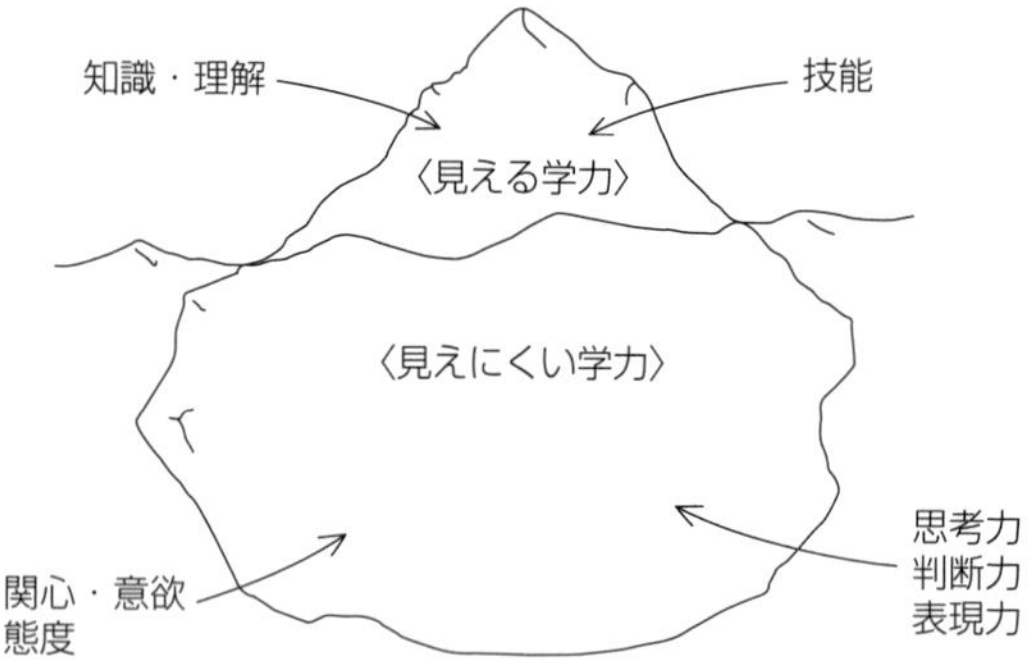

図５－１　梶田叡一の「海面に浮かぶ氷山としての学力」モデル

出所：梶田，1994b，p. 86

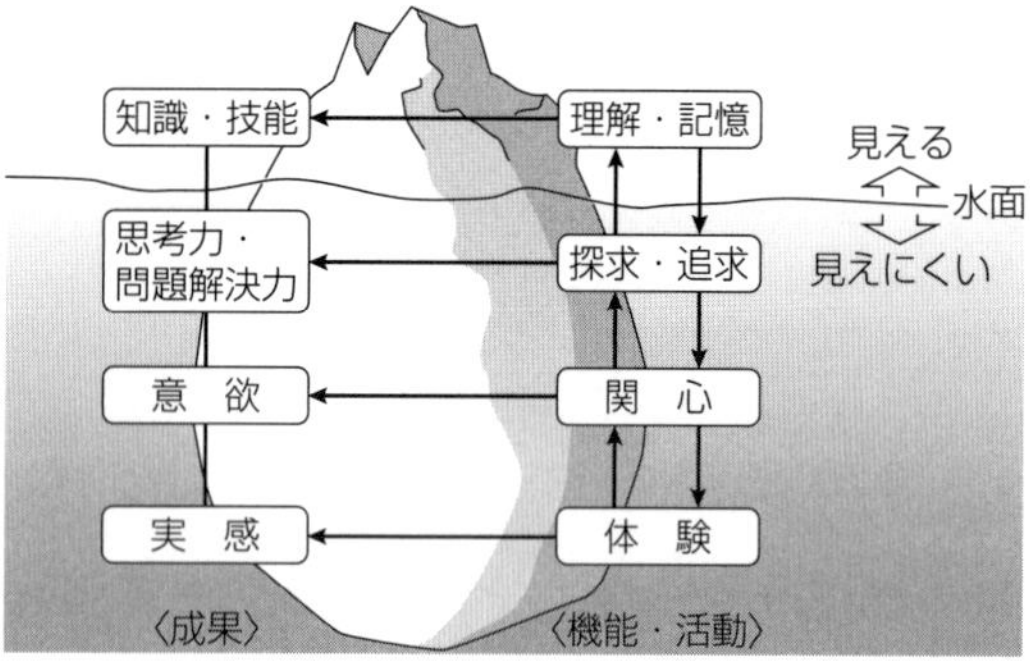

図５－２　「学力の４つの層」

出所：梶田・加藤，2010

の第一一期中教審教育課程部会長に就任）は、「そもそも、認知か情意かなんて二分法で考えるのが間違っていて、情意といわれてきたものの多くは認知的な制御に依存しているし、認知と区別されてきたものにも大いに情意的な色彩があることがわかってきた」（奈須、二〇二〇、一七八頁）と述べている。

批判論者たちの学力論は、もはや生涯学習時代の学校は、一九六〇年代に勝田が学校は子どもたちの認知的学力を丸抱えで、学力を系統的に形成していくと学力概念を規定した時代ではなく、学びの主体者を育てることが主題になってきたという「教え」から「学び」への変化を認識できなかったからではないだろうか。

認知心理学者の佐伯胖（一九三九年～　東京大学教育学部長を務めた認知心理学者、信濃教育研究所所長）は、社会的構成主義の学習観の立場から、「これまでのように学校でパッケージ化された知（知識）を身に付けることは知の営みとは言えず、学ぶ力にもならない。学ぶとは、人間が変わることで、それは学習を社会的・文化的実践への参加とみなすことである」（佐伯、一九九六、九三～九四頁）と学習観、学力観、知識観の変革を提案し、従来の教育学の学力論に批判を浴びせた。心理学者の滝澤武久（一九三一～二〇一五年　電気通信大学教授を務めた心理学者、ピアジェの発達心理学を研究した心理学者）も「能力は単に知的な働きだけではなく、感情や意欲がなければ働かない。自動車にたとえると、知的なものはエンジンで、感情や意欲はガソリンです。意欲的なものと認知的なものとを併せる考え方が出てきた。自己実現の可能性を学力だととらえたい。自己教育力と言ってもいい」（滝澤、一九九四、六～七頁）とし、これまでの主知主義的学力観から、情意と思考を重視するのが「新学力観」への転換の意味であり、探究的学習を通して知性を形成することが学力形成であると「新学力観」に親和性を表明する研究者が多く、反批判した。

遡るが、広岡亮蔵は一九八〇年指導要録改訂議論の「関心・態度」の論争に対して、広岡自身が一九六〇年代の学力論争を振り返り、「態度は戦後の経験教育では重視された。その後、六〇年代の科学教育では、態度は測定困難な能力であるとして、日陰へ追いやられた。ところが、近年は指導要領や指導要録で態度や関心の能力を再評価しようとする傾向が盛んである。理由は、今日の教育が人間づくりを、知識・技術だけでなくその奥にある情意能力をも育成することをねらっているからであろう」（広岡、一九八〇、五頁）と指摘している。このことは、「新学力観」にも該当することである。

したがって、梶田の「海面に浮かぶ氷山としての学力」モデルに対する「態度主義」という批判も沈静化した。学校現場では、「新学力観」の概念をどのように整理、実践し、評価していくかで困惑しただけに、梶田の「見える学力・見えない学力」という「海面に浮かぶ氷山としての学力」モデルは、教育現場の混乱を整理し、学校現場から認知され、学校で育てる学力論を説明する際、「見える学力・見えない学力」の用語として広がり、「新学力観」を説明する学力モデルとして一般化し、定着し、学力論争は新しい地平を開いた。

総括として、このように学力論争が心理主義へ変化してきた社会的背景について、石井英真は今井康雄の論「社会の消費化・情報化の進展の中で学力論のフィールドが移動してきた」という言説を引用して、次のように分析・説明した。

一九七〇年代までの学力論争は、教育課程論争における「科学」重視論者と「生活」重視論者との間の、子どもに橋渡しすべき現実構想の選択にかかわる論争であった。これに対して、ライフスタイルの多様化、社会の流動化が進み、現実の安定した構想が難しくなってきたポスト近代社会において、学力論争は、どうやって子どもを現実へと橋渡しするかという議論ではなく、それゆえに、伝達されるべき現実（教育内容）を新たに構想することなく、もっぱら子どもの側に目を向け、その心の座にどのような現実にも即応できる「力」を育てる方向に向かっている（石井、二〇一〇）。

第6章　一九九〇年代末期の高等教育からの学力低下論

1　多様な立場からの学力低下論

（1）高等教育から初等・中等教育への学力低下批判

文部省が学習指導要領を改訂し、「総合的な学習の時間」を創設し授業時間数を削減して「ゆとり」教育を実施しようとした矢先の一九九九年、西村和雄（京都大学）、戸瀬信之（慶應義塾大学）ら理数系教授の研究グループにより『分数ができない大学生』（岡部・戸瀬・西村、一九九九）等の書籍が刊行され、これまでの学力論争が初等・中等教育関係者から提起されていたのとは違い、高等教育関係者から「総合的な学習の時間」を実施し「ゆとり」教育を行えば、学力が低下するという文部省の教育行政を批判する学力批判が起きた。当初文部省は「学力は概ね良好」としていたが、学力低下批判から学力論争に発展し、その論争経過を経た結果「確かな学力」という学力充実策を提言し、二〇〇一年以降には方針転換して解決策を示すことになった。学習指導要領の一部改訂を行い、「学習指導要領は（最高）基準ではなく、（すべての子が習得しなければならない）最低基準である」と解釈を変更し、これまでの「歯止め規定」を解除し、学力重視の「学びのすすめ」へと方針転換し、「確かな学力」路線を提案した。

他方、二〇〇〇年には小渕首相が内閣に「教育改革国民会議」を設置し、「教育改革国民会議報告書」では、①わかる授業で学力の向上、②心豊かな日本人の育成、③教育振興基本計画の策定など一七の提案をした。続いて、二〇〇一年に「二一世紀教育新生プラン」を提示した。加えて、二〇〇四年には二〇〇三年のPISA（OECD主催）の国際学力調査結果が発表され、日本の読解力が八位から一四位に低下し、「PISAショック」を与え、文部省の「確かな学力」かPISA調査が提案するリテラシーに基づく「PISA型学力」の導入かという国際的学力論争に発展していった。

これまで学力とは近代国家においては、自国民に「読・書・算」を身に付けさせることだと考えられてきたが、二〇〇〇年に入りPISAが提案する二一世紀の国際的な社会を生きぬくための資質・能力として、自らの将来の生活を開拓していくため、知識・技能を活用・応用する「リテラシー」という「PISA型学力」が重視されるようになった。二〇〇八年には、「PISA型学力」を取り入れ、「ゆとり」か「学力」かという二項対立から脱し、「習得」・「活用」・「探究」を重視し、学校教育法に学力の三要素を規定し、学力重視の学習指導要領として改訂され、学力論争は決着した。こうして、学力論争は二〇〇七年開始の全国学力学習状況調査と「PISA型学力」の国際的資質・能力の両者を問題とする時代に移った。

（2）学力低下論争の特徴と三極構造

さて、今回の学力低下論争の特徴について学力低下批判の立場に立つ中井浩一（鶏鳴学園塾代表）（『中央公論』編集部・中井、二〇〇一、三頁）は次のように言う。「これまでは文部省の施策、学習指導

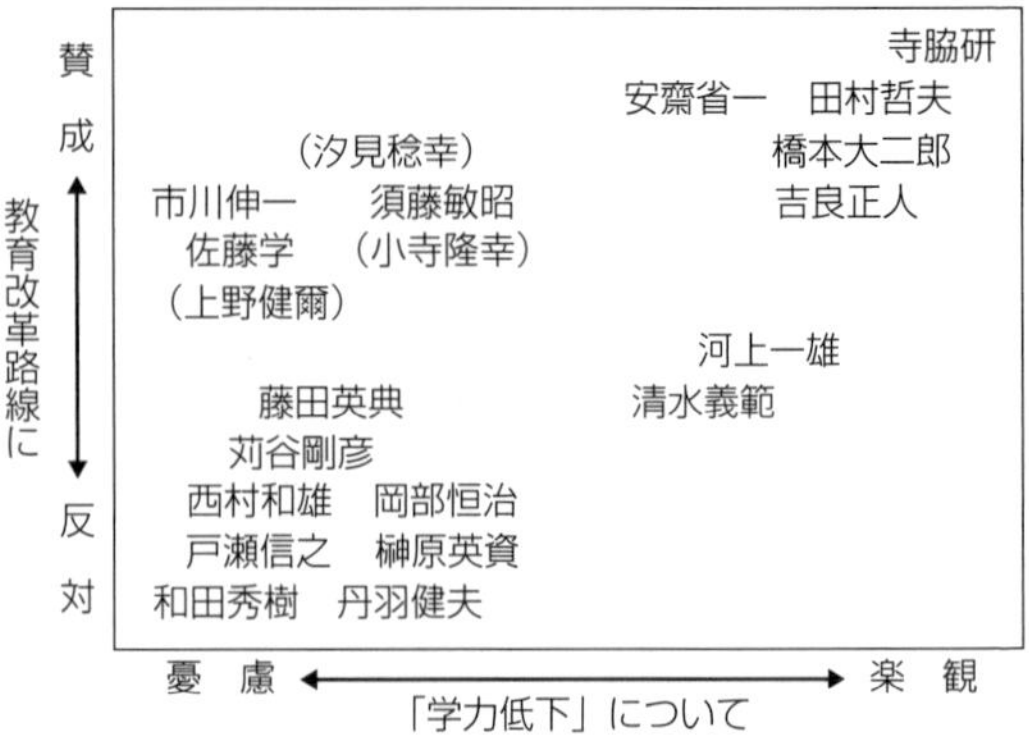

図6－1　『論争・学力崩壊』に登場する論者の立場

注：（　）内は執筆者ではないが，論文内で言及されている論者。
出所：市川，2002，p. 15

要領に反対するのは、日教組や『革新』系の学者や文化人であった。つまり、『文部省、自民党、保守、右』VS『日教組、社会党・共産党、革新、左』の対立の構図のなかで議論が展開されるのが常であった」が今回の学力低下論争は、「大学の理数系研究者や受験界から論争の火の手が上がり、イデオロギー色を離れて、広範に展開された」ことであるという。

今回の学力論争では東京大学という高等教育機関の心理学者でありながら「ゆとり」教育に賛成するが学力低下をも憂慮する立場から論争にかかわった心理学者の市川伸一（一九五三年～　東京大学教授を務めた認知心理学者、中教審委員として学習指導要領改訂に参加する、内閣府の人間力戦略会議主査を務める）は、関係者の立場を図6－1のように整理している。「論者たちを位置付けるには、少なくとも二つの軸が必要であると考えてきた。一つの軸は学力の低下を憂慮しているのか、それとも楽観的にとらえているのか。もう一つの軸は教科の内容や時間の削減、総合的学習と言った文部省の教育改革路線に賛成の立場か、反対の立場をとるのかと言うことで、論者たちを二次元的に布置してみた」として図式化し整理し、次のように述べている（市川、二〇〇二、一五頁）。

図の右上は「新しい学力観（一九八九年改訂の学習指導要領のキーワード）、『ゆとり』、『生きる力』（一九九八年改訂の学習指導要領のキーワード）を掲げて教育改革を進めようとする教育行政側の人たち。彼らにしてみるとこれからの教育は知識を詰め込むことではなく、『ゆとりの中で生きる力を育む』ことを目指さなくてはいけないということ」になる。

左下は「『学力低下論者たちである』『受験勉強は子どもを救う』等の著書を持つ和田秀樹氏がいる。今の子どもたちは昔と比べると勉強しない。有名大学の合格最低ラインは落ち込んでおり、日本の子どもの学力が高いというのは幻想である。……『ゆとり教育』の教育改革路線はこうした傾向をますます加速するもの」として、新学習指導要領の中止を求める署名運動まで行なっている。対して左上には「学力低下は深刻な問題であるが、それを打開するためにこそ、教育改革路線は重要であるという立場の論者」である。彼らが低下しているという「学力」は学力低下論者よりも深刻である。個々の知識や技能よりも、表現力や思考力と言った「測りにくい学力」や学習意欲、学習スキル、自己評価力といった「学ぶ力としての学力」に焦点を当てているからである。それは、受験圧力によって高められるものではなく、学ぶことの意義を伝えられるような社会全体的な取り組みが必要であるとする。「総合的な学習」といった試みはそうした取り組みの一環として肯定的に捉えられる。

2　一九九八年の学習指導要領の改訂と「学力低下」批判の背景

一九九八年、文部省は中教審答申を受けて知の総合化を目指した「総合的な学習の時間」を創設し、

「ゆとり」の中で「生きる力」を育てるため学習指導要領の改訂（授業時間の三割削減）が行われた。「総合的な学習の時間」はこれまでの教科の知識体系による縦割型の学力に対して、教科横断的に総合化して課題解決型の学力をつけるためのものである。この改革に対しては「ゆとり教育」批判の声が上がり、その後の学力低下論の源流となった。ここでは市川伸一の「学力低下論」を手掛かりに学力低下論争をその四つの背景から整理してみたい。

（1）「『学び』から逃走する子どもたち」という問題提起

第一の背景は、一九九〇年代後半に、「『学び』からの逃走」という批判から、「学びの共同体」を提案した佐藤学（一九五一年〜　東京大学教育学部長を務めた教育学者、「学びの共同体」による学校改革を提唱、元日本教育学会会長）である。佐藤は「新学力観」に対しても、「学力」という実態があるわけではなく、「学力」という概念は「学習の結果」というときにのみ使用すべきで、学校の授業における日常の授業では、社会的構成主義の立場に立ち、教育内容との対話、友人との対話、自己との対話を通して、授業を「勉強」ではなく、あくまで「学びの共同体」へと編み変えることが必要であるとの実践を広めた。

佐藤は、高等教育関係者からの学力低下批判と前後して、マスコミで「子どもの危機」として取り上げられている「いじめ」「不登校」「学級崩壊」以上に深刻な「子どもの危機」は、子どもたちの「『学び』からの逃走」であると問題提起した。佐藤は、一九九五年に実施されたＩＥＡ（国際教育到達度評価学会）の「ＴＩＭＳＳ」（国際数学・理科教育動向調査）一九九五年において、中学二年生の校外での国際調査の世界的学習時間の平均は三・〇時間であったのに対して、日本の中学生は二・三時間であり、三九か国中三〇番目（国立教育研究所、一九九七）であることを示した。その他都道府県、市町村教育委員会の調査結果では一時間以下が実態であると述べた。佐藤の実感では、「『学び』からの逃走」は「小学校高学年から始まり、小学校高学年で勉強熱心な三割の子どもと勉強嫌いの七割以上の子どもに分岐し、中学校三年生にかけて一層その傾向は年々高くなる」と分析する。そして、文部省は「関心・意欲・態度」を軸とする「新しい学力観」を提唱し、「旧来の詰め込み型の授業と学びの改革を推進してきたが、創造的な思考や個性的な表現力を追求してきたはずの改革は、それ以上の速度で変貌する子どもの実態を前に無力であったことを、調査結果は示している」と指摘した。そして、「『学び』からの逃走を克服するためには、『勉強』から『学び』への転換を図る必要があります。これまで『学び』からの逃走と呼んできましたが、『勉強』からの逃走と言った方が正確でしょう。勉強を拒絶し嫌になっている子どもは、学びには飢えており、授業の改革」（佐藤、二〇〇〇）が必要であると提言する。

その上で、東アジア型の教育の特徴である「圧縮された近代化」を推進する新自由主義、新保守主義などの競争教育を改め、公教育における公共性と民主主義を確認し、さらに「活動的な学び・協同的な学び・知識や技能を表現し共有する学び」を実現し、これまでの「勉強から学び」へと転換することで、学力低下論は低学力から創造的な学びを実現していくべきであると提案した。

（2）高等教育研究者からの大学生の理数能力低下の問題提起

第二の背景は、高等教育研究者たちの数学力低下批判である。一九九九年になるとマスコミが大学生の学力低下を取り上げだした。『週刊朝日』一九九九年三月二六日号は、「東大、京大生も『学力崩壊』」というテーマを取り上げ、東京大学工学部の学生の数学基礎学力テストの結果において、一九八一年から九八年にかけて長期低落傾向を示していることを紹介した。一九九九年三月に応用物理学会、日本物理教育学会、日本応用理数学会、日本化学会、日本数学会、日本数学教育学会等が、新学習指導要領に対する声明を発表した。声明の内容は、「算数・数学、理科の時間の削減は遺憾であること」「総合的な学習の時間には、科学的視点を取り入れること」「専門的知識をもった教員の要請や生徒の個性に応じた教育環境を充実させること」などであった。一九九九年五月二四日付『朝日新聞』朝刊も、「大学生の学力ダウン」を掲載し、浪川幸彦（日本数学学会前理事長、名古屋大学）の「大学以前の教育に問題があるのでは」と高校以下の授業時数の削減などが原因になり「理系大学教育の崩壊につながる」と大学入試科目で数学を除いてしまったことの影響について忠告した。このような経過の流れの中で、一九九九年六月に京都大学の西村和雄・戸瀬信之らの研究グループにより『分数ができない大学生』（岡部・戸瀬・西村、一九九九）が刊行され、結果として「ゆとり教育批判」のセンセーショナルな批判の書として影響を与えることになった。

（3）受験業界からの学力低下論

第三の背景は、受験業界からの学力低下批判である。その代表格は長年受験教育にかかわってきた医師でもある和田秀樹（一九六〇年〜　精神科・老年医学の医師であり大学受験塾の経営にもかかわる、東大受験専門塾鉄緑会の創設にも参加する）である。和田は『受験勉強は子どもを救う――最新の医学が解き明かす「勉強」の効用』（一九九六）を刊行して、「受験悪玉論」が大学受験の意欲を減退させ、受験圧力が低下した結果、勉強しなくなり学力低下を招いたと主張し、学力低下は受験界で話題になっていたという。和田は次のように言う。

受験批判は、もう必要がないくらい蔓延していて、むしろ親を含めて、何のために勉強したり子どもに勉強させるのか、本当に受験勉強はデメリットのほうがメリットよりも多いなどという問題をまじめに考え、それを伝えていくべき時期に来ている。二十年前のように受験競争が盛んだった時期であれば、私も『受験勉強は子どもを救う』などという本は書かなかったであろう。……各種の調査でも、日本の子どもの勉強時間は塾の学習時間を加えても、世界の平均を下回っている。十数年前には家庭学習の時間が世界で一位であったが、さまざまな「改革」とマスコミによる「ゆとり」キャンペーンによって、世界でも最も勉強しない国の一つに変貌したわけだ。これは受験産業の関係者に聞くかぎり、大学受験生の学力低下はかなりはっきりしてきたという。東大を含めて大学の受験者の合格最低点はこの二十年間ほどの間に年々低下している。かつてほど勉強しなくなっているのだ（和田、一九九六、六九～七〇頁）。

（4）教育社会学者からの階層格差論

第四の背景は、苅谷剛彦（一九五五年～　東京大学教授を経てオックスフォード大学教授を務める教育社会学者、ゆとり教育批判から学力低下・学力格差問題を提起した）など教育社会学者から、高校生の学習時間が年々減少しているという実証的なデータの提示である。苅谷らは二つの県の同一高校一一校の一九七九年と一九九七年の一日当たりの学習時間を調査（苅谷、一九九九）したところ、平均九七分から七二分へ減少しているという。かつてのように三時間以上という過度な勉強時間が少なくなった一

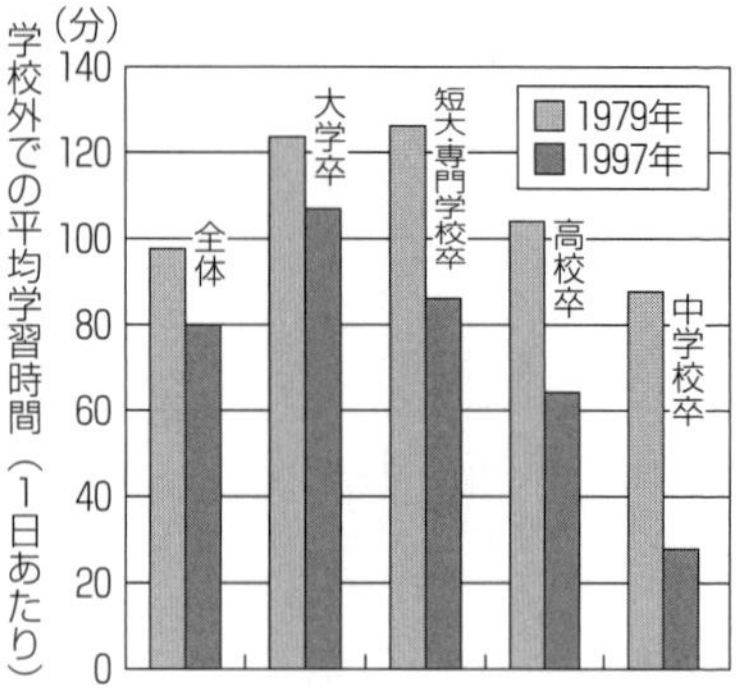

図6－2　母親の学歴別にみた，学校外での平均学習時間の変化（高校2年生）

出所：苅谷，1999

方、「全然勉強しない」という生徒が、一二％から三五％へ増加したという。しかし、このような変化が高校生全体に起きているのではなく、親の職業や社会的階層に依存して起きていると実証的に分析しているのが教育社会学からのアプローチであり、戦後の学力論争にはなかった新しい立場であり、注目すべき観点である。この調査では、母親の学歴を中卒、高卒、短大・専門学校卒、大卒に分けると、母親の学歴が高いほど学習時間は長いが、年々学習時間が減少していることがわかる。また、調査では父親についても専門・管理職の場合と他の職業の場合を比較し、専門・管理職の子どもほど学習時間は長く、減少幅も少ない。このことについて苅谷は一九九九年一月一一日付『朝日新聞』で次のように分析している。

> 画一化を嫌い、個人の選択を尊重することは、どの集団にとっても同じ結果をもたらすわけではない。異論の唱えにくい「個性重視」の名のもとで、教育の階層差が拡大する。その結果は、社会の不平等の拡大につながるかもしれない。勉強時間と言う単純な指標から、その兆しが見えてくる。平等を犠牲とすることをどれだけの覚悟の上で改革を進めるのか。日本社会の曲がり角は、教育の世界だけにとどまらないのかもしれない。

と「ゆとり」「個性化」「多様化」という教育改革が結果として、勉強軽視、知識軽視を生み出し、全体的な学力低下と階層間格差を再生産していると指摘した。

3 多様な立場からの学力低下論

(1) 学力低下論者の主張

二〇〇〇年になると、新聞、論壇誌、教育雑誌が「学力低下」を取り上げ、社会的な話題になり、「学力低下」の責任として文部省が集中批判を受けるようになった。まず、高等教育研究者、受験教育関係者、教育社会学者、教育心理学者たちの主張を整理したい。

①高等教育研究者の論

『分数ができない大学生』など学力低下を強く主張した西村和雄(一九四六年〜 京都大学教授を務めた経済学者、日本経済学会会長)は、学習指導要領の授業時間数が最低になっているのであるから、当然子どもの学力は低下するとした。国立教育研究所の長期追跡学習結果によると、同一問題(二〇問)に関して学習結果を長期追跡すると、正答率は一九八五年小学校五年生五八・六%→一九九二年に五六・七%へ、中学校二年生では一九九二年の五七・八%→一九九五年の五四%へと低下している。そして、東京理科大学の澤田利夫(元国立教育研究所所員で算数・数学教育を研究)は文部省が行った一九八二年と一九九四年の調査問題を、二〇〇〇年に再度実施してみると、小学校、中学校ともに学習指導要領の改訂によって学力低下したと考えられ、「小学校や中学校や塾などの教育現場からは年々学力が低下している」と学習指導要領を批判の対象にしている。その上で、高校や大学になると学力低下の傾向は一層明白になると、教育政策批判を下記のように述べている。

大学生の学力は入試試験の影響もあり、大学での補習授業も必要となりましたし、小学校や中学校のレベルの算数や数学ができない学生も多いのです。私たちの調査では、日本のトップの二つの私立大学の文系学部では、二〇％が小学校の分数や四則演算を間違えて七〇〜八〇％の学生が二次方程式を解くことができませんでした。さらなる学力低下をもたらす新学習指導要領の実施中止はそのためにも必要なのです。……ゆとり教育とは一九八〇年代以降の学習指導要領で定める小学校から高等学校までの授業で習う時間と中身に関する部分です。この間日本では「校内暴力」「いじめ」「大学院生の『学力低下』」が他国に見られないほど深刻化してきました。これまでの教育改革は、受験競争を緩和し、教育における学力の役割をより限定されたものにするものでした。一九六七年に東京都で行われた都立高校入試制度改革（学校群の導入）と受験者の評価における内申書の重視はその最初のものです。それまで日比谷高校など高い進学実績を挙げていたことを望ましくないと判断し、都立高校のレベルが平均化されることを目指したのです。東京都では公立離れが起き、私立高校が進学校となりました。教育改革で進学校がなくなることはなく、より良い大学を目指すために費用が高くなり、低所得者層が切り捨てられることになったのです。……大学入試は一九七九年に共通一次試験が導入され、これが国立離れと学力低下を生み、一九九〇年にカフェテリア方式のセンター試験に衣替えすることでさらなる学力の低下を起こしました。

日本の学生の基礎学力低下は企業でも大問題です。そのような現状をもたらした責任の一端は産業界自体にもあります。これまで、学校教育が基礎学力を持つ卒業生を供給してきたにもかかわらず、創造性や個性のある若者を輩出することを教育に求め、従来の教育や入試制度改革を否定してきたからです。創造性を求めるあまり、これまでの教育を否定することによって、結局単に学力のない世代を輩出することになったのです。

戸瀬信之（一九五九年～　慶應義塾大学教授を務める数学者、文部省のゆとり教育を批判）は文部科学省の学習指導要領の「歯止め」規定解除に関する解釈変更や少数科目入試では説明できない学力低下の理由を学習指導要領の改訂が原因として批判する。

文部科学省は学習指導要領の問題点を言い逃れるため弁解を始めました。「新学習指導要領は最低基準である」というものです。「～に留める」「～に限る」という表現の連続です。これでは最低基準ではなく上限であることは明らかです。「基礎・基本の徹底」という言葉もあります。……理科や社会科で数学的な発想を用いたりして、数学の深い定着が進んだりしたはずです。ゆとりの教育で切ったのは枝葉に過ぎないというかもしれません。しかし、枝葉が切られたら幹は死ぬこともあるのです。……「基礎・基本の徹底」は授業のあり方のことで、教科書を薄くすることと同じではないはずです。……数学・理科は中学校で学ぶ内容の半分が高校に上がります。高校でのレベルはさほど下がらないので、高校が詰め込みになります。中高間のギャップも大きくなります。学力低下の理由を少数科目入試だけでは説明できない。

大学生の学力低下をもたらした原因は三つあります。まず、大学入試の少数科目化があげられます。九八年度と九九年度に行った私立大学と国立大学の文系学生に関する数学力調査によると、入

表6－1　小学生学力低下のデータ

問題例	1982年	1994年	2000年
$\frac{5}{6}\times\frac{3}{8}$	80.8%	77.6	61.7
$\frac{5}{6}\times\frac{4}{9}$	94.0	91.3	65.8
$\frac{2}{7}\div\frac{3}{4}$	93.2	89.7	71.5
$\frac{4}{9}\div2\frac{1}{3}$	90.7	86.9	66.5
9.3×0.82	77.2	73.4	70.2
$\frac{3}{5}\times\frac{2}{5}\div8$	83.2	81.0	55.8
7−0.14÷0.7	38.3	36.1	32.8
平　均	68.9	64.5	57.5

注：ここで平均とは，すべての年度に共通する17題の平均正答率である。

試科目に数学を選択しなかった学生たちは、高校の数学力がついていないどころか、中学校、小学校の学力を維持していないことが明らかになりました。数学の能力が必要な経済学部に算数も危うい学生が現れました。以上の理由で説明できない現象もあります。それは、やはり、初等、中等教育の内容、すなわち学習指導要領の変化でしか説明できないでしょう。……「ゆとり教育」の中で小学校で算数、中学校で理科と数学が軽視され、生徒たちの理科離れが著しい状況です。高校の理科・数学の教育に耐えうる基礎学力が育成されないからです。……今後一八歳人口が減少していきます。二〇〇二年度から始まる新学習指導要領がさらに理数系の学力を低下させれば、日本は立ち行かなくなるでしょう。

②受験教育関係者の論

『受験勉強は子どもを救う』の著作等長年受験教育に携わってきた精神科医師でもある和田秀樹は、「受験＝悪玉論」が「大学受験生の学力低下を招いている」と反発し、過去に失敗してきた世界のゆとり教育や大正自由主義教育を例に、「総合的学習」の批判をした上で、詰め込み学習をすべきだと主張する。

確かに理屈の上では、子どもに自由にできる時間を持たせ、その個性に合わせて科目を自由に選択できたり、教科に縛られない総合的な学習を行って、表現力や創造力を重視した授業を行えば、個性や創造性が育つような気がします。……イギリスもアメリカと同時期に「子ども中心主義の教育」の「トピック」教育が進められましたがここでも学力は向上しませんでした。逆に個性を奪うはずの詰め込み教育が、かえって子どもを創造的でアクティブにする例もあります。兵庫県の山間部にある小さな山口小学校では、熱意ある教師が徹底して計算練習や漢字練習などを行うことで、子どもたちの基礎学力を鍛え上げました。学習に対する意欲が増進し、個性的な絵を描く子どもが増えたとのことです（和田、一九九六、二六頁）。

③教育社会学者の論

今回の学力論争の特徴は、教育社会学者たちが論争に積極的に参加したことである。その中でも苅谷剛彦は「学力低下」に関して、初期段階から高校生の学習時間が年々減少し学力格差が拡大しつつある側面から実証的なデータをもとに、文部省の教育政策批判と問題提起を行った。佐藤学、池上岳彦、苅谷剛彦は『世界』（岩波書店）二〇〇〇年一一月号に学力低下を踏まえて「本当の教育改革とは何か」を共同執筆した。これに関連して、苅谷剛彦は『科学』（岩波書店）二〇〇〇年一〇月号～一一月号に「日本の教育はどこへ向かおうとしているのか」という論文を寄せ、文部省の「ゆとり教育」「生きる力」という教育改革が実を結んでいないだけでなく、学力低下と階層格差を生み出しており、「成果の検証」もなしに教育改革が進められていることへの危機感を「インセンティブ・デバイド」（学習意欲格差）の拡大の危機として、「中流崩壊に手を貸す教育改革」という論文（『中央公論』二〇〇〇年七月号）で、学習意欲と階層とは関係し、低階層ほど階層格差の影響を受け平等ではないと論じ、階層格差化する日本の教育に次のような警鐘を鳴らした。

「教育心理学者は『子どもたちはどの子も学びたがっている』、『頑張れば、だれでも勉強ができるようになる』という学習意欲に関して、俗流心理学者と言う。『自己選択』『自己責任』と言う理念が強調されるが、そもそもスタートラインにおける不平等を考慮せずに、個人に責任を押し付けてしまうことになる」と批判する。また、この学習意欲格差について「インセンティブ・デバイド」と言う概念を紹介する。「インセンティブ・デバイド」は「個人の外側にあってやる気を引き起こす誘因」である。仕事であれば昇進、学習であれば入試、学歴などがこれに当たる。「全体傾向として勉強するインセンティブが見えにくくなり、学習意欲の平均的低下が進行している」と言う。さらに、「ゆとり」教育が浸透し、教育の場における競争を否定する考え方が広まった結果、下位の社会階層の子ども程学習意欲が低くなる。社会階層が上位の家庭で育った子どもたちは、インセンティブを見抜き、塾や私学で意欲、学力を保持できる。また、同じような学習経験をしても、上位の社会階層の子どもたちは、興味・関心をもって内発的に取り組む傾向があると考えられる。しかも、社会階層の低い子どもたちは、インセンティブが見えにくくなると、学業での成功から降りてしまう（苅谷、二〇〇一、四七頁）。

（2）学力低下を認めるが、教育改革も必要とする市川の論

高等教育関係者たちが、測定できる学力を中心に学力低下論を展開したのに比べて、認知心理学者の市川伸一は測定できる学力の低下は深刻な問題であると認めつつ、それを打開するためには「総合的な学習」の導入を進める教育改革路線は必要であるという「もう一つの学力低下論」の立場から発言した。市川は高等教育関係者たちが「学力低下」しているという学力は知識や技能の測定しやすい

学力であるが、「もう一つの学力低下論」の方が深刻であるという理由は、表現力や思考力といった「測りにくい学力」や学習意欲、学習スキル、自己評価といった「学ぶ力としての学力」に焦点を当てているからであると述べる。「これらは、授業時間数や受験圧力によって高められるものではなく、学ぶことの意義を伝えられるような社会全体の取り組みが必要なものである」という。新しく導入される「『総合的な学習の時間』や家庭・地域・学校の連携といった試みはそうした取り組みの一環として肯定的に捉えられる」と提案する。市川は「受験学力は『結果主義』『物量主義』『暗記主義』の学力観で、受験に対する『過剰最適化』であり、受験に出ることしかやらない形骸的な学習と結びついた脆弱な学力を生み出し」、それは「勉強しなくなった子どもたちを心配しているだけで……傾向と対策的な学習を援助するだけである」と言う。それに対して、市川が心配しているのは「勉強している子どもたちの勉強に対する危機意識である」。「学ぶ力としての学力の低下に着目し、もう一つの学力低下論」(『中央公論』編集部・中井、二〇〇一)と規定し、批判と提言を展開した。

(3) 小渕内閣に設置された教育改革国民会議

二〇〇〇年に小渕内閣に首相の私的諮問機関である「教育改革国民会議」が設置され、年末に最終報告書が発表された。参加した現場中学教師の川上亮一が『教育改革国民会議で何が論じられたか』(二〇〇一)で「上からおりてくる教育改革」というように、「個性尊重」「子どもの興味・関心」「ゆとり」などという教育用語が出てこない、これまでの子ども中心主義から「全員が奉仕活動を行う」「基礎知識を育てる」「教育基本法を改正する」等教育を転換する国家的レベルの一七の提案である。二〇〇一年にはさらに二一世紀教育新生プラン〈七つの重点戦略〉「わかる授業で基礎学力の向上」

「父母・地域から信頼される学校づくり」「世界水準の大学づくり」「教育振興基本計画策定」などが提案された。学力論争とはやや焦点を異にする、国家レベル主導の教育改革案として教育関係者には映ったのではないだろうか。

（4）学力は低下していないという立場

学力低下論に対して数少ない反論が出された。教育学の立場から「学力は低下していない」と反批判したのはこれまで日本の個性化教育を先導してきた加藤幸次、浅沼茂などの研究者たちである。加藤幸次（一九三七年～　国立教育研究所室長を経て上智大学教授を務めた教育学者、日本個性化教育学会会長）は「今学力と言われているのは受験に受かるということであり……総合的な学習の時間は主体性、創造性を育てる可能性がある」（加藤、二〇〇一、一三三～一三九頁）と批判を一蹴する。浅沼も「学力が下がっているのは真実か、過去の信頼性に足る成績、データと比べてみなければならないが、学力低下を証明する客観的証拠を持っていない。……学力低下問題がこれから導入され、現代的課題を追求する総合的な学習の時間バッシングの役割を果たしている。これまでと異なる学力尺度を開発して測らなければならない。これまでの先進校を見る限り基礎学力は下がっていない」（浅沼、二〇〇一）と論じ、学力低下論が体験重視、問題解決、自主的な活動を重視した総合的学習をバッシングする役割を担っていることを問題にし、これからの新しい能力を測定するには新しい学力尺度で測定しなければならないと反批判し、議論はすれ違いに終わった。

4 「良好」から「学びのすすめ」へ方針変更した文部省

(1) 学習指導要領は「最低基準」、「学びのすすめ」への転換

以上のような経過を経て、学力低下論争は、一九九九年から二〇〇二年頃まで、高等教育研究者、産業界、受験業界、教育社会学者・教育心理学者に加えて一部、教育学者、文部省官僚たちが、論壇誌、学会、マスコミを通して多様な立場から論争を行った。教育学者では東京大学教育学部等の学者たちの参加は見られたが、教育大学や学校現場、教職員組合等の論争への参加者は少数であった。

学力低下論争は一九九九年に始まったが、学力低下論者たちが多数派になる潮目になったのは二〇〇〇年を境にしてからである。当時の変化の渦中にいた苅谷剛彦は次のようにとらえている。「二〇〇〇年になると九対一だった力関係が逆転して文部省や『ゆとり』教育の旗色が急に悪くなった。いろいろな人が右も左もこの論争の中に入ってきて、とにかく全部が文部省をたたき出しました。初めは大学の教養教育や入試制度の問題も視野にあったはずなのに、それらはどこかに行ってしまい、『文部省』対『学力低下論者たち』という単純な図式だけが問題にされたのです」「文部省にも責任はあると思っていた。政策の問題点を一切認めない態度を貫いていましたから」「あの時点で、せっかくリアルな議論を志向していた論争が、また従来の平板な対立に陥ったと思いました」(苅谷、二〇〇三a)。

教育改革を進め批判対象となった文部省（二〇〇一年の省庁再編で「文部科学省」に名称変更）はどのような方針と態度を示したのか。文部省は、一九八〇年以降「ゆとり」教育路線をとり、二〇〇二年実施の学習指導要領を前にして、学力低下批判の鎮静化を願い、論争当初文部省のゆとり教育路線の

スポークスマン役を務める寺脇研政策課長（後、生涯学習振興課長）がマスコミに登場し「これまでの学力は低下するが、新しい学力は育つ」と発言する以外、特段の動きは見られなかった。一九六〇年代の全国学力テスト廃止以来、我が国の小・中学生の客観的で全国的な学力実態調査結果は有していなかった。有しているのは、ＩＥＡ（国際教育到達度評価学会）の「ＴＩＭＳＳ」（国際数学・理科教育動向調査）の一九九五年と一九九九年の調査結果である。一九九五年調査結果（小学四年生）では、日本は算数が二六か国中三位、理科は二六か国中二位と高い水準である。文部省は二〇〇〇年版『教育白書』で、「我が国の子どもの学力はおおむね良好」と発表した。しかし、理科は「大好き」「好き」と答えた割合は最下位であり、これらの解消のため「詰め込み教育」を改め、内容を削減し体験活動を増やすため「総合的な学習」を創設したのである。以上のように学力低下の客観的なデータがない状態であるから、当初学力低下を問題にする教育学者はほとんどなく、文部省は中教審答申、教育課程審議会答申に基づいて、教育改革を進めていった。

当時、文部省は『教育白書』で「わが国の初等中等教育での学力はおおむね良好」として「ゆとり」の教育改革を進めた。二〇〇〇年に新教育課程の指導要録を作成する「教育課程審議会」答申、「児童生徒の学習と教育課程の実施状況の評価の在り方」が出された。答申では、「学力は知識の量のみでとらえるのではなく、学習指導要領で示す基礎的基本的な内容を身に付けることはもとより、自ら学び考える力などの『生きる力』がはぐくまれているかどうかによってとらえる必要がある」と示し、学力低下論には直接触れなかったが配慮した表現がなされた。

以上のような経過を経て、二〇〇〇年後半から文部省の教育改革路線は後退し始めた。まず、大島文部大臣は、『文部広報』二〇〇〇年一一月号に、新しい学習指導要領には批判があるようで「ゆとり教育は誤解がある」として、「学ぶ内容は削減するが、基礎・基本は徹底する。ゆとりは心のゆとりであり、勉強にきちんと取り組み、確かな基礎学力を身に付けて欲しい」と新しい解釈を示し、懸念の払拭に努めている。二〇〇一年一月一三日付『読売新聞』は文部科学省小野元之事務次官の「『ゆとり』が『ゆるみ』にならないように……新学習指導要領は基礎学力の向上を目指す」「総合的な学習では教科の知識・技能をいかすものにする」というインタビューを掲載した。二〇〇一年四月には遠山文部科学大臣が就任し、早速「学力フロンティアプラン」が作成され、できる子を伸ばすため小・中学校では「学力向上フロンティアスクール」（八〇五校）、高校では「スーパーサイエンス・ハイスクール」（二六校）、「スーパーイングリッシュ・ランゲージハイスクール」（一八校）が指定され、学力向上路線が明確になった。二〇〇二年一月一七日、遠山文部科学大臣は新年度からの学習指導要領を学力重視の方針に転換していくため、緊急アピール「学びのすすめ」を発表した。方針は、①基礎・基本、自ら学び自ら考える、②発展的な学習で力を伸ばす、③学ぶことの楽しさの体験、④学びの機会と習慣、⑤確かな学力の向上のための学校づくりで、「確かな学力」と「学力の向上」策が具体的に仔細に例として示された。

（2）二〇〇二年以降の「確かな学力」という用語をめぐる変遷経過

「確かな学力」という概念は明確ではないが、だれも反対しようのない用語として二〇〇二年以降、文部科学省は用いるようになった。その経過は次の通りであるが、苅谷はなぜ文部科学省が「確かな学力」という方針転換をしたのかの説明が必要であるという。「今までの教育政策のどこに問題があったのかについて言わない。要するに、学習指導要領にはこれまでも基礎基本の徹底ということが書いてあったのだから、それをとらえて、『今までだって言ってきた。文部科学省は一切変わっていない』という図式を守った」から、学校現場から「ゆとり教育はどこへ行ったんだ。進めてきた文部科学省はなんだったのか」ととらえられた。そして、「国立教育研究所が公立中学校の管理職と教員を対象に行った調査によれば、九七％の教師が『もっと中学校の学校現場の現実を踏まえた教育改革にしてほしい。教育改革のペースが速すぎてじっくりと取り組む余裕をなくしている』と答えた」（苅谷、二〇〇三b）という紹介をしている。

「確かな学力の向上のための二〇〇二年アピール『学びのすすめ』」を受け、二〇〇三年一〇月、中教審答申「初等中等教育における当面の教育課程及び指導の充実・改善方策について」では、「生きる力」を支える「知の側面として『確かな学力』」を挙げた。二〇〇四年には小泉内閣の下で文部科学省は、「学力向上アクションプラン」を総合政策化した。二〇〇五年一〇月の中教審答申「新しい時代の義務教育を創造する」は「国際的に質の高い教育をめざす」という目標を掲げ、義務教育の質の向上を国家戦略として位置付け、ナショナルスタンダードの設定、全国学力調査等の実施を提言し、義務教育の質を保証するためには出口管理型の構造改革への転換を求めた。特に、「基礎的な知識・技能の育成（習得型）と自ら学び自ら考える力（探究型）は、対立的二者択一的にとらえるべきものでなく、両者を総合的に育成すること」が必要であると、「確かな学力」概念の整理を行った。

さらに、二〇〇八（平成二〇）年一月の中教審答申「学習指導要領の改善について」の5．学習指導要領改訂の基本的な考え方、（1）で「確かな学力の要素」は、①基礎的・基本的知識・技能の習得、②知識・技能を活用して課題を解決する思考力・判断力・表現力の育成、③学習意欲（確かな学力を確立するのに必要な授業時数の確保）であると規定した。これが、「確かな学力」が「三層構造モデル」で

表6-2　文部科学省による「確かな学力」という用語の規定に関する深化・変遷過程

2002（H14）年	「確かな学力の向上のための2002年アピール『学びのすすめ』」 教育改革のポイントは心の教育の充実と確かな学力の向上で，①「きめ細かな指導」，②「発展的な学習」，③「学ぶことの楽しさの体験」，④「学びの機会の充実」，⑤「特色ある学校づくり」
2003（H15）年	中教審答申「初等中等教育における当面の教育課程及び指導の充実・改善方策について」（学習指導要領の性格変化「最低基準」）「生きる力の知の側面としての確かな学力」 ①剝落しない知識・技能，②実生活で生きて働く力，③知識・技能と思考力・判断力・表現力の関連付け，④学ぶ意欲，⑤主体的に判断行動，⑥よりよく問題解決する資質・能力
2006（H18）年	中教審答申「新しい義務教育を創造する」 改正教育基本法（改正学校教育法）は「生きる力」を支える「確かな学力」「豊かな心」「健やかな体」の調和を重視，学力の要素は，①基礎的・基本的な知識・技能の習得，②知識・技能を活用して課題解決に必要な思考力・判断力・表現力等，③学習意欲と規定
2007（H19）年	学校教育法一部改正 「生涯にわたり学習する基盤が培われるよう」 ①基礎的・基本的な知識・技能を習得，②活用して課題を解決するために必要な思考力，判断力，表現力，③主体的に学習に取り組む態度を養う ※全国学力・学習状況調査開始
2008（H20）年	中教審答申「学習指導要領等の改善について」 21世紀は「知識基盤社会」「確かな学力」を基盤とした「生きる力」を重視 ①基礎的・基本的な知識・技能の習得，②思考力・判断力・表現力等の育成，③学習意欲の向上，学習習慣の確立，④豊かな心，健やかな体の指導，⑤授業時数の確保，社会の変化・科学技術の知識・技能，反復（スパイラル），言語能力の向上，教科の知識・技能を活用する学習活動（観察・実験やレポート作成，論述）。習得・活用・探究で相互に力を伸ばす

出所：古川，2012

あるといわれるゆえんである。再読してみると、二〇〇二年以来の「確かな学力」をめぐる過程は、二〇〇二年の『学びのすすめ』、二〇〇三年の「初等中等教育における当面の教育課程及び指導の充実・改善方策について」が確かな学力の「学力構造論」を提起し、二〇〇八年の中教審答申が確かな学力の「学力形成論」を提案し、学習指導要領が確かな学力を育てる授業「方法論」

を誘導し、学力重視路線に転換していったことが後付けられる。

二〇〇二年二月二二日付『読売新聞』は、「ゆとり教育から学力向上への転換」という見出しを掲げた。記事のように文部科学省はその後大きく教育政策を転換させた。学力低下論の西村和雄は文部科学省の『学びのすすめ』について「これまでは勉強するなと言っていたようだが、しっかり学びを身に付けようと言っている。……教育内容と授業時間を削減した指導要領は見直し、総合的な学習は任意化、態度や意欲を評価に組み込む観点別評価の見直し」（西村、二〇〇二）と評価した。

私立学校や塾関係者も文部科学省のゆとり教育批判の「敵失」を利用し学力充実路線へ積極的に動いた。二〇〇二年一月四日付『朝日新聞』は「公私の差拡大」として、「私立学校が『ゆとり』は行わない」「土曜日も授業、授業時間を確保する」とし、私立学校が教科重視で大学入試に有利に動いていることを報道した。

一九九八年の学力低下論の初期から、「ゆとりを失っているのではない」「勉強時間が減少し」「学習意欲が低下し」「単なる学力低下ではなく格差拡大と階層格差が結びついた学力低下である」と実証的データを基に問題提起してきた苅谷は、二〇〇二年一二月に発表された文部科学省の全国学力調査結果が学力低下を公式に認めた後、これまでの学力論争について、二〇〇三年に「論争の次に来るもの」として総括するとともに、学力論争後の課題を次のように提言している。

二〇〇二年一二月に文部科学省が学習指導要領の実施状況を調べるという目的で行われた全国学力調査結果の公式見解が出たわけです。結果を見て低下はないということはできなくなった。……過去と共通の問題のうち、低下した問題が半数近くに及んだことも事実。「学力低下が存在しない」

という文部科学省の見解は通用しなくなった。……問題はあの結果を踏まえた上で、今後どう対応するかと言うことです。……だから二〇〇二年二月二〇日夕刊、朝日新聞に「学力論をどう乗り越えるか」として、学力論争「から」、「学力」から論を論じなければいけないと書いた（苅谷、二〇〇三b）。

5　一九九〇年代末期からの学力低下論争のまとめ

(1) 学校現場と学力論争のズレ

今回の学力論争は以前の学力低下論争のように、義務教育の小・中学校の学校現場の教員には切羽詰まった学力低下を実感することはなかった。それは、学校現場が一九九〇年代初頭には、「新しい学力観」が提案した「関心・意欲・態度」など情意的学力とその評価への対応、一九九六～九八年は第一五期中教審答申、それを受けた学習指導要領が作成され、「生きる力」に基づいた教科内容の削減、自分の学校の「総合的な学習の時間」のカリキュラム内容をいかに創造するかということに追われていたからである。また二〇〇〇年一二月の教育課程審議会答申（文部省最後の教育課程審議会答申となる）では、一九九八年の学習指導要領で提案された「総合的な学習の時間」の評価をこれまでのペーパーテストに頼らず、いかにするかということが答申され、学校現場ではこれらの課題への関心と対応で精いっぱいであったというのが実態であったからである。事実、二〇〇〇年一二月の教育課程審議会答申が出されたときには、学力低下論争が起きていたにもかかわらず、教育課程審議会答申には学力低下の現状については触れられていないのであるから、なお一層教育委員会や小・中学校の学校現場の教員が身近に感じることはなかった。また、『分数ができない大学生』（岡部・戸瀬・西村、一九九九）等学力低下論争を提起した人々が、大学の高等教育の学者、理数系研究者や塾関係者、教育社会学者、経済界関係者等であり、このことが小・中学校と関係の強い教育系大学関係の教育学者やそれと連携する日教組関係者も、対岸の火事のように見え、実感を持てなかったのではないだろうか。

加えて、教員現場から雲の上の問題に見えたのは、二〇〇〇年に小渕首相が内閣に「教育改革国民会議」を設置したことが政治の問題として映ったこともあるであろう。これらの理由から、これまでの学力低下問題と比べて、日教組・国民教育総合研究所の動きは鈍かった。むしろ、淡々と論争を眺めているようであった。日教組の国民教育総合研究所の座談会で研究委員長を務めたカリキュラムポリティックスの観点からカリキュラム研究をする長尾彰夫は、「学力低下問題はかなり作られた論争ではないか。学校現場の実感として出てきたというより、大学の研究者を中心として政策的な背景、つまり新しい学習指導要領に対する批判ということを中心にしながらいわれている。作られた学力低下論ではないか」と消極的な評価しか与えていない。

これに対して、長年西日本の同和地区の子どもたちの低学力と学力向上問題に現場教員の息遣いを感じながら共同研究をしてきた教育社会学者の志水宏吉（一九五九年～　大阪大学教授を務める教育社会学者、人権教育と教育格差問題から学力問題を研究する、元日本教育社会学会会長）は、「はじめは確かに大学生の学力低下問題となったが、子どもの国際学力比較、学習離れ、勉強嫌いなど論点がひろがっていった。学力低下問題が実態のないつくられた議論であるとは言い切れないのではないか」と分析し、その後教育社会学の立場から精力的に学力保障、学力格差の問題に取り組むことになった（国民教育総合研究所報告書）。

また、同じく国民教育総合研究所の『教育と文化』二〇〇一年夏季号で、教育総研の嶺井正也副代表（一九四七年〜　専修大学教授を務めた教育学者、日教組の国民教育総合研究所のリーダー）は、義務教育の学校現場の教員の意識を反映して、「学力論争　そういえば昔もあった」の中で、「歴史の検討なくして、定義もあいまいで、一方的に学力が低下したというのは大いに問題がある。何よりも、子どもたちの姿や考え方が無視されている」「今の学力低下論争は小・中学校の先生たちがやっている努力をよく知らないで研究者や評論家や官僚が論争している。学力論争が起きたのは文部省が学力観を転換したからですが、それは文部省が日教組の言ってきたことを学ぶようになったともいえる」と第三者的な態度で評論している。

（2）学力論争の成果

これに対して、測定できる学力の低下は深刻な問題であると認めつつ、それを打開するためには「総合的な学習」の導入を進める教育改革路線は必要であるという「もう一つの学力低下論」の立場から論争に参加してきた市川伸一の立場は、「総合的な学習」の導入は必要であるが、学力の低下を心配する私の立場に近い。市川は次のように整理している。

「作られた学力低下論争」だとか「論点がはっきりせず、意味のない論争」であったと言われているが、「教科学習と受験勉強の再考」「社会階層による不平等」等様々な論点があり、多くの人たちが自由に発言し意義があったと評価する。これまでの論争にない成果は、「教育問題を語るときのタブーが破られた」という。（これまで学力低下論を批判するとき）受験競争、校内暴力、いじめ、不登校など教育のゆがみが「知識偏重」のせいにされ、「教え込み」「詰め込み」が殺し文句のようになってしまった。それに比べれば今回の学力低下論争は多くの人たちが自由に発言した。これまで圧殺されそうになっていた「教科学習と受験勉強の再考」「社会階層による不平等」が外に出たことに意義がある。

まず、「教科学習と受験勉強の再考」について、「これまで学校知批判はトレンディーな教育論になっていた。確かに受験競争は現在の教育をゆがめている。しかし、受験勉強を自己学習のための一つの機会とすることは十分可能である。この当たり前の議論が、児童中心主義や学校知批判の論者からは『反教育的』という『烙印』を押される風潮の中で、和田秀樹氏が教科学習と受験勉強の積極的意義を主張したのは、『きれいごと』に終始しがちな教育論に風穴を開けるものであった（和田秀樹氏の論に全面的に賛成ではない）意義は大きいと考えられる」（市川、二〇〇二）と述べる。

次に、論争において、「学力とは何か」をめぐって、低下学力が「測定学力」に収斂されそうになったが、心理学者の参加によって学力概念が豊かに議論された。市川は学力を、①知識・技能等の測定学力、②測定しにくい読解力、論述力、思考力、問題追求力等を「学んだ学力」とした。また、自発的な学習意欲、知的好奇心、学習を遂行する計画力、集中力、持続力、話し合い・教え合いのコミュニケーション力を「学ぶ力としての学力」とするなど、学力の構成要素を心理学的側面から分析し、これまでの平板になりがちな学力論争を豊かな内容にした。

さらに、苅谷ら教育社会学者の成果は、「社会的圧力（学校学習・宿題）が小さくなると全体的な学力低下を起こすだけではなく」「母親の学歴や父親の職業によって、子どもの学習意欲、学習時間、学業成績が違い、大きな差を生み出す」という階層格差の「再生産」「増大現象を引き起こすこと」（これまで心理学者・教育学者・教師もそのようなことに目をつぶる、口に出さないということでタブーだった）を問題提起したことであるという。

もっとも、これまでより関西を中心に西日本の同和地区では、子どもたちの低学力問題は、同和地区の親の低学力と経済的・文化的貧困とその原因である差別から再生産されているので、教師や大学関係者がかかわり、いかにその問題を克服するか熱心に研究し、低学力の克服と学力向上を「学力保障」として格差解消に取り組んできた実績がある。

学力低下論争は、学習意欲格差（インセンティブ・デバイド）による学習離れの実情、「ゆとり教育」の問題点、社会的圧力（学校学習）により学習することの意義、測定しやすい学力と測定しにくい学力など、学力とは何かなどを提起した。

時を同じくして、二〇〇〇年からはＯＥＣＤ主催による国際的なＰＩＳＡ学力調査も始まり、このＰＩＳＡ調査で測定されたリテラシーといわれる応用力である資質・能力と連動し、「ゆとり」か「学力」かという二項対立の論争は、二〇〇八年の学習指導要領の改訂、学校教育法での学力の三要素の規定により解決された。

第7章　PISAショックと全国学力調査の再開

1　PISAショックとPISA型学力論争

国際的なPISA調査の結果は、日本国内に「PISAショック」を通してPISA型学力論争を起こすとともに、後に全国学力テストを再開する契機にもなった。

まず、「PISAショック」を通したPISA型学力論争について見ておきたい。二〇〇〇年に入り、OECD（経済開発協力機構）はデセコ（DeSeCo）プロジェクト機関を創設し、グローバル化、高度情報化する現代社会をたくましく生きていく資質・能力を「コンピテンシー」（応用力）と概念化し、資質・能力（「読解力」「数学的応用力」「科学的応用力」）をOECD加盟国を中心にインターナショナルレベルで測定（アセスメント）するPISA調査を開始することにした。

資質・能力として提案した三つの「コンピテンシー」（応用力）とは、①自律的に活動する、②道具を相互作用的に使いこなす、③異質性の高い集団の中で役割を果たすことである。「自律的に活動する」とは、「人生設計や個人的プロジェクトを設計・実行する力」「大きな展望の中で活動する能力」である。「道具を相互作用的に使いこなす」とは、「言語・シンボルやICT技術を対象とのかかわりの中でうまく利用する能力」である。「異質性の高い集団の中で役割を果たす」とは、「他人とよい関係を作る能力」「チームで働く能力」「争いを処理し、解決する能力」のことである。このような資質・能力の考え方は、ＯＥＣＤが主導するグローバル経済を支える人材を育成するものであり、二一世紀の教育を切り開いていく上で必須の能力であると考えられた。

ＰＩＳＡの調査対象は、世界の一五歳の子どもたちで、義務教育終了段階で身に付けた知識や技能が実際の市民生活の場面で直面する課題にどの程度活用できるかという応用力（リテラシー）を測る調査である。

ＰＩＳＡ調査は二〇〇〇年にスタートし三年に一回実施され、日本は二〇〇〇年の第一回調査から二〇二二年第八回調査まですべてに参加してきた。日本の順位は、第一回の二〇〇〇年調査では、「数学的応用力」一位、「科学的応用力」二位、「読解力」八位と良好で、これまでの日本の学力を現したものと評価され問題にならなかった。しかし、二〇〇三年の第二回調査では「数学的応用力」六位、「科学的応用力」二位、「読解力」一四位、次の二〇〇六年の第三回調査では「数学的応用力」一〇位、「科学的応用力」六位、「読解力」一五位に低下した。特に、「読解力」は八位から一四位そして一五位に低下し、「ＰＩＳＡショック」と呼ばれ、これまでの主人公の気持ちを読み取る日本型読解力など学習指導要領を中心に育成してきた日本型学力に批判の声が起こった。

また、二〇〇三年には学校週五日制が導入され、学習する内容を削減した「ゆとり」の学習指導要領に批判が強まり、「ＰＩＳＡ型学力論争」を受けて、学力低下批判を受けた文部科学省は「ゆとり教育」から「脱ゆとり教育」へ舵を転換する契機になった年である。日本以上に「ＰＩＳＡショック」を受けたのはドイツであり、それまでの州ごとのカリキュラムをナショナルカリキュラムとして創設し授業時間数を増加させ、国家を挙げて学力向上に取り組んだように、ＰＩＳＡ調査で成績が低下した国々には「ＰＩＳＡショック」は学力論争を引き起こし、大きな影響を与えた。

二〇〇八年学習指導要領が改訂されＰＩＳＡ読解力に焦点を当てた言語力育成が強調された結果、ＰＩＳＡ調査の「読解力」は二〇〇九年には八位、二〇一二年には四位へと回復した。

以上のように、これまで学力論争は文部科学省作成のナショナルカリキュラムの提案とその批判として国内で議論されていたが、この資質・能力の測定は国際的な学力の比較と改革を要求し、結果として国際的学力比較競争の時代に入った。

二〇二三年一二月に二〇〇〇年の第一回調査から数えて八回目のPISA2022調査結果（世界八一か国・地域が参加）が公表（国立教育政策研究所資料）された。八回目のＰＩＳＡ調査は世界的なパンデミックの中で行われたものであり、二〇〇〇年以来曲がり角に当たる調査であり、これまでの「読解力」「数学的応用力」「科学的応用力」の概要、課題について概観しておくと次のような結果であった。

二〇二二年調査結果発表後、新聞各紙（二〇二三年一二月）は、「日本読解力急伸3位――思考力重視結実、苦手克服なお課題」（『読売新聞』）、「数学5位、科学2位上位維持、ＰＩＳＡ向け学習力奏功、コロナ禍影響最小限」（『毎日新聞』）、「端末操作の慣れ――日本の数学　日常から遠い」「自ら学ぶ意欲課題なお」（『朝日新聞』）と特徴を評した。「読解力」は今回三位（五一六点）で国際平均（四七六点）よりも四〇点上回った。二〇〇三年には一四位（四九八点）、二〇〇六年は一五位（四九八点）でＰＩＳＡショックと呼ばれたが、今回は前々回の二〇一五年調査の五一六点の六位と同水準で、ＰＩＳＡ型読解力が向上した。二〇一八年調査では、スマートフォンの普及や読書量の減少で再度一五位に低下したが、二〇二二年調査では過去最高の三位に向上した。ＰＩＳＡ型読解力は、日本の従来の国語とも考えられる。

教育の読み取りの読解力と異なり、文章に加えて図表などの資料から情報を読み取る論理的思考力を問うもので、日本の子どもたちが苦手とする力である。今回の成果は文部科学省がいうように、思考力や判断力を高める学校現場の教員がデータに基づいた学習指導要領の取り組みにより効果を上げたとも考えられる。

「PISAショック」を受けて以来、PISA型学力とは何か、これまでの日本の学力観とどう違うのかという「PISA型学力論争」があったが、定着したPISA調査の効果について、耳塚寛明（お茶の水女子大学教授を務めた教育社会学者、元日本教育社会学会会長、全国学力・学習状況調査で学力格差問題を分析）は、「読解力、思考力を重視するPISA型問題が定着し、学校現場の『学力観』を変えたこと」や「PISAの登場で学力の推移を把握し、教育政策を検証できるようになった」（『読売新聞』二〇一九年一〇月一二日付）とその意義を認めている。OECDは二〇一九年に二〇三〇年を目標とした「学びの羅針盤」として、「新たな価値を創造する力」「対立や葛藤を調整する力」など人工知能が取って代われない資質・能力が求められると発表した。この提言に参加した鈴木寛（東京大学・慶應義塾大学）も、PISAの意義を「各国の政策や世論への影響が拡大しすぎたとの批判が一部にあるが、国際比較やエビデンス（根拠）に基づく教育政策を定着させたPISAの意義は大きい」（『読売新聞』二〇一九年一〇月一二日付）と評価している。PISAショックを受けたPISA型学力論争は、国際的順位だけではなく、現場教員が国際的な資質・能力の主流である思考力・表現力を重視する学力観の転換とエビデンスに基づく教育政策作りを進める上で確実な転機になった。

パンデミック下で実施された二〇二二年PISA調査の特徴

二〇二二年PISA調査で休校期間と今回の重点教科である「数学的応用力」の得点の関連を分析したところ、「三か月以上休校した」と回答した割合が少ない国は、得点が高い。休校期間の割合が一五・五％と低い日本は、高順位につながった。また文部科学省は、日本が「読解力」が向上した理由について「学習指導要領で思考力の育成を重視した」ことを挙げる。二〇二〇年から順次実施の学習指導要領では、思考力・表現力を高める授業が推進され、「主体的、対話的で深い学び」（アクティブ・ラーニング）の成果が出たと考えられる。重点対象になった数学的リテラシーは五位と高位であり、成績を六段階に分けた習熟度でレベル五・六以上の高得点者層が二三％、前回調査の一八％から五％増加した。しかし、数学的リテラシーに関する質問調査では、「数学の問題を解くことにどのくらい自信がありますか」に関して「自信がある」は国際平均五二・五％に対し、日本は三〇・〇％と自己効力感が低い。アンケートの「再び学校が休校になり、自力で勉強をこなすことに自信があるか」では、OECD加盟国の中で最下位である。自ら学ぶことに自信を持つ非認知的能力を高めることが課題であることを示している。OECDは二十年余りを長期的に見れば日本の成績を変化の少ない「平坦型」と総括しているが、よく見ればこれまでよりの課題である「自ら学ぶ意欲・自ら考える力の低さ」等自己学習能力は依然として克服されていない。PISAショックを受け、二〇〇八年以来PISA型学力を目指して膨らんできたカリキュラム内容や働き方改革をどのように進めるべきか、「主体的、対話的で深い学び」をどのように総括するべきか等、二〇二三年PISA調査結果はコロナ禍における日本の学力問題に論争の材料を提供した。

2　PISAショックの影響を受けた全国学力・学習状況調査の開始

国際的なPISA調査は、二〇〇七年四月全国の小学校六年生、中学校三年生全員を対象に四三年ぶりに再開することになった全国学力・学習状況調査にも大きな影響を与えた。前述したように、二〇〇四年にPISA2003調査結果（OECD）と国際教育到達度評価学会（IEA）のTIMSS2003調査（数学、理科）の結果が発表され、いずれの結果も前回より順位が低下しており、これらを根拠として「学力低下」として指摘され、全国学力テストを実施する追い風となった。二〇〇四年一二月七日、八日付『朝日新聞』は、「読解力と数学的応用力、日本下がる　15歳対象のOECD調査」「トップ集団からの陥落OECD調査、読解力14位」と報じ、中山文部科学大臣は、学力低下を認め、政策の見直しと競争の中で学力向上のために全国的な学力調査が必要であるというコメントを発表した。こうして、二〇〇七年四月、全国学力・学習状況調査が四三年前のような大きな反対もなく全国の小・中学校を対象に悉皆調査として実施されることになった。しかし、全国学力・学習状況調査の再開に至る経過は「ゆとり教育批判」「学力低下論」だけではなく、小泉内閣の新自由主義による政治改革が影響しており、その背景を整理しておきたい。

本来、全国的な学力調査の必要性を最初に提言した源流は、二〇〇〇年の教育課程審議会答申「児童生徒の学習と教育課程の実施状況の評価の在り方について」である。答申では、「児童生徒の学力の実態を経年的に把握し、指導や教育課程の改善に活かすために、全国的・総合的な学力調査を継続的に行うことが必要」とした。しかし、この答申は、「ゆとり教育批判」と学力低下論争を追い風に実施されることになった全国学力テストの追い風とはならなかった。追い風となったのは次の経過による。

まず、中山文部科学大臣のコメントを受けて二〇〇四年一二月に文部科学省は、「PISA2003調査結果を受けた今後の取り組み」を発表した。この中で、世界トップレベルの学力を目指すために「全国的な学力調査」の実施・方法について中教審で取りまとめることを発表した。

次に、二〇〇五年六月になると経済財政諮問会議を経て、「経済財政運営と構造改革に関する基本方針二〇〇五」が決定され、「全国的な学力調査の実施など適切な方策について速やかに検討を進め、実施する」となった。この方針を受け、小泉内閣の中教審答申「新しい時代の義務教育を創造する」（二〇〇五年一〇月二六日）は、子どもたちの学習到達度を把握し、指導方法の改善に資するために国の責任で全国的な学力調査を実施すると提言した。小泉内閣は、義務教育国庫負担制度の一部を一般財源化し（教員給与の国庫負担率を1/2→1/3に削減）補助金を地方公共団体に配布したことにより教育の国家管理が緩むことを恐れ、それでも従来通り国家管理を維持する必要があり、「国家による過程の管理から結果の統制」を行うための一環として、国家による学力テストは「尺度」として統制が必要であり、その理由として「学力低下」問題という根拠が必要であった。このことについては、中嶋哲彦（名古屋大学）も同様の見解（中嶋、二〇〇八）を示している。つまり、新自由主義による構造改革で、国家が地方教育行政を直接管理しなくなっても、出口である結果を統制するためには、「学力テスト」という「尺度」で管理する必要があったということなのである。

3　全国学力・学習状況調査は悉皆か抽出かという議論

このような経過を経て、二〇〇六年四月に「全国的な学力調査の実施方法等に関する専門家検討会議」（座長は中教審教育課程部会長の梶田叡一）が設けられ、「全国的な学力調査の具体的な実施方法等について」として示され、その後「全国学力・学習状況調査に関する実施要項」として方針化され、二〇〇七年四月、学力テストが実施された。ここに至る前段で議論になったのが、調査対象を悉皆調査にするのか、抽出調査にするのかという問題である。その理由は一九六一年からの文部省の学力テストが悉皆調査で行われ、各地で行き過ぎた競争や日教組をはじめ学校現場の反対などの問題が発生し、中止に追い込まれた過去があるからである。

教育社会学者の藤田英典（一九四四年〜　東京大学教育学部長、都留文科大学学長を務めた教育社会学者）は、文部科学省の学力調査を認めながら、抽出調査には反対した。藤田は、中教審義務教育特別部会（二〇〇五年六月五日開催の一六回、一七回合同会議）に参加し、「文部科学省の学力調査等については、教育の方法やカリキュラム等を改善するために必要なことだと考えています。また、子どもの学習到達度を把握し、指導に役立てるために行う評価・調査についても必要なことだと考えています。しかし、共通学力テストを悉皆でやるというのは、必ず別の問題（学校の序列化）を引き起こします」と主張した。また、藤田は、二〇〇五年八月二四日の第三〇回中教審義務教育特別部会において、悉皆調査を必要としない理由を、全国共通の悉皆テストでなくてもよいと下記のように述べている。

児童生徒の学力の実態を正確に把握し、次の指導に活かすために……全国学力調査を支持する意見がしばしばいわれますが、……子どもたちの学習実態の把握というのであれば、学校で日常的に行われている期末テストでありますとか、普段の教室でのテストなどそういったものの結果や、それを採点していくプロセスの中でできることだと思います。

藤田の立場に対して、後に「全国的な学力調査の実施方法等に関する専門家検討会議」の座長を務めることになる梶田は、「要は、そういうものが大事だという話と、それから副作用をどういうふうに少なくするかという話は分けなきゃいけない。これを分けないとひょっとしたら副作用が出るかもしれない。あるいは部分でこういう副作用がある。だから本体そのものをやめてしまおうというのは、やはり話が逆だろう」「悉皆調査でなければわからないこともいっぱいある」ので、「副作用を起こさないようにするにはどうしたらいいかということを考えなければならない」、また藤田の「日常的に行われている期末テスト等」で調査できるという意見に対しても「期末試験やそういうことで、ほんとうにいろんなレベルの学力実態がとらえられるかどうかということを本気で考えないといけない。現場でまずなかなかやれていないという実態があるということを認めなければならない」（第三〇回中教審義務教育特別部会、二〇〇五年八月二四日）と、学校現場の実態を踏まえて学力テストが、悉皆テストでなければならない根拠を述べた。

この悉皆か抽出かという議論に対して梶田が悉皆調査を主張したのは、もともと梶田が全国各地のすべての子どもたち一人ひとりに「学力保障と成長保障の両全の育成」をする教育にこだわり、評価結果を通して指導の改善を図る教育評価を研究してきた心理学者であるからである。その前提には、ともすれば日本の教育界において「学力とは何か」が共通理解できない現状において、「期末テストや普段の教室でのテストなどそういったものの結果」の集約ではなく、教育評価として全国学力テストの調査結果の内容を専門家が分析をして、政府、財界、学校現場、保護者等、百家争鳴で共通理解が得られない教育の現状を踏まえて、共通の学力とその保障を構築していく土台になるのが、エビデンスに基づく悉皆調査の役割になるとその意義を考えたためである。

ＰＩＳＡ型読解力を議論するため中教審に「言語力育成協力者会議」を特設

日本の読解力は、PISA2003調査では八位から一四位に急落し、PISA2006調査でも一五位と低位にあり、「ＰＩＳＡ」ショックと批判され、「脱ゆとり」教育の契機になるとともに、従来の日本型読解力からＰＩＳＡ型読解力への転換と向上が課題になった。しかし、ＰＩＳＡ型読解力への転換については、関係者の間で議論されたがなかなか共通理解が得られず、課題解決は二〇〇八年改訂の中央教育審議会教育課程部会に持ち込まれた。国語学者や国語教育学者の間でも、ＰＩＳＡ型読解力への転換については、従来の日本型読解力への執着や向上策が見つけられず、「自らの目標を達成し、自らの知識と可能性を発達させ、効果的に社会に参加するために、書かれたテキストを理解し、利用し、熟考する能力」と規定されたＰＩＳＡ型読解力を育てる言語力の必要性は理解できても、関係者の間で問題解決が進まなかった。

そこで、ＰＩＳＡ型読解力への転換の議論は、前述の中央教育審議会教育課程部会の中に、二〇〇六年に「言語力育成協力者会議」が設けられそこでなされた。梶田が座長（梶田、二〇二三）を務め、国語学・心理学・教育学・教科教育学の分野から甲斐睦朗、三森ゆりか、内田伸子、秋田喜代美、そして各教科教育研究者が加わり、難産の末二〇〇七年にＰＩＳＡ型読解力を踏まえ、自らの考え方を深め、解釈や説明、評価や論述の力を伸ばす言語力の育成が重要であるということが共通理解され、各教科教育の土台となる言語力の育成の重要性を謳った報告書が作成された。その成果は、二〇〇八年告示の小・中学校学習指導要領、二〇〇九年告示の高等学校学習指導要領に生かされ、言語教育としてのＰＩＳＡ型読解力の考え方は、二〇一七年告示の小・中学校学習指導要領にも生かされ、情報を探し出す「主体的・対話的で深い学び」の取り組みも影響して、PISA2022調査では三位に向上したと考えられる。

4　学力と家庭との関係から学力格差の問題を分析する

以上のような経過を経て、全国学力・学習状況調査は二〇〇七（平成一九）年度以降、毎年、悉皆調査により実施され今日に至っている。毎年夏になるとマスコミを通して結果が発表され話題になる。調査分析結果は多岐にわたるが、わけても都道府県別順位が話題になってきた。当初、文部科学省は「過度な競争につながらないように」ということで、都道府県別の正答率（マスコミが順序付けをするが）しか公表しなかった。全国学力・学習状況調査は、教育界にさまざまな影響を与えたので、この話題は別の機会に譲りたいが趣旨だけ押えておきたい。全国学力・学習状況調査のねらいは、一つ目は「公教育の質の保証」であり、二つ目は結果を行政・学校が指導の改善に生かすということである。「公教育の質の保証」を示すためＥＢＰＭ（Evidence-Based-Policy-Making，証拠に基づく政策立案）の指標としてデータが求められたのである。また、結果を役立てることについては、調査専門家委員会の座長である梶田が「データ解析がおたく的なものになってはいけないし、りっぱなレポートが出て終わりというわけにはいかない。これが各学校で使える、各教育委員会で使えるものにならなければいけない。使えるというのは、子どもの次の学びと育ちに有効適切な形でフィードバックされるということになるかと思う。こういう意味での分析・活用だと思っている」（全国的な学力調査の在り方検討専門家会議　第二回）と目的を確認した。全国学力・学習状況調査の専門家会議委員を務めてきた川口俊明（福岡教育大学）は、学校ごとの就学援助率と学力との間に関連があるという点は、学校間に差が存在するという点で大きな発見であったと、次のように整理している。

・都市部か農村部かといった地域の違いによる学力差は見られない。
・都道府県間の成績のばらつきも小さい。
・知識を問うA問題では、学習内容を理解し正答している子どもが多い。
・活用を問うB問題では、十分に理解しておらず正答できない子どもがいる。
・宿題をする／読書が好きなど、好ましい学習環境にある子の方が成績が高い。
・学校ごとの就学援助率と学力の間に関連がある。

川口は、その上で専門家会議でも学力の定義で批判が出たという。「テストの点数を学力と呼ぶ人もいるでしょうが、『学ぶ力』や『意欲』といった測ることの難しいものを学力と呼ぶ人もいるでしょう。一口にテストで測れる学力と言っても、記号を選択するマークシート方式のテストと、自身の考え方を記述するテストの点数を同列に並べてよいのかと考える人もいます。このように、『学力』という言葉一つ取り上げても、問題は複雑であり、学力とは何なのか、測ることができるのか、について激しい論争を繰り返してきた。論争は現在も続いている」（川口、二〇二〇）という。

さらに、二〇一三年から全国学力・学習状況調査は一歩踏み込んで、学力と家庭との関係から学力格差の問題を分析することになった。専門家会議委員である耳塚寛明（お茶の水女子大学）を中心に「家庭の社会経済的背景」（SES）調査分析が行われた。指標として、家庭所得、父親学歴、母親学歴を合成したものが用いられ、指標としてLowest、Lower middle、Upper middle、Highestの四つの区分に分けられた。「家庭の社会経済的背景」と子どもの点数には相関関係が表れた。例えば、小学校六年生算数の場合、A問題ではLowest ―六八・六、Lower middle ―七五・二、Upper middle ―七九・二、Highest ―八五・四、B問題ではLowest ―四七・七、Lower middle ―五五・一、Upper middle ―六〇・三、Highest ―七〇・三という具合で、国語も同様であり、中学校になるとさらに一〇～二〇点程度の差が明確に表れている。マスコミは最近の学力調査における学力格差問題について取り上げ、『朝日新聞』二〇二三年八月二日付社説は、次のように課題を提起した。

文部科学省は「主体的・対話的で深い学び」の有効性を確認できたと自信を見せている。一方、子どもや学校間の格差が浮き彫りになった。……調査と同時に実施したアンケートから見えてくるものがある。「課題の解決に向けて自分で考え、まとめる」授業を受けたと答えた子は、国語、算数・数学、英語の全てで、平均正答率が高い傾向が見られた。一方、家にある本の数が少なく「家庭の社会経済的背景」が低いとされる子は、全教科で正答率が低かった。だが、そうした子でも主体性を育む授業を受けていれば、本がたくさんある子と遜色ない成績だった。四三億円を投じ全国の小中学生（一九〇万人）から集めたデータをどう生かすか。文部科学省の手腕が問われる。

文部科学省は、改善策として「学習時間は不利な環境を克服する手段の一つと考えられる」と示したが、志水宏吉が「家庭背景に恵まれない子が十分な学習時間を確保すること自体が極めて困難なのである」というように、全国学力・学習状況調査学力問題において、学力と家庭背景との関係を重要だとして位置付け、対策を講ずることが学力問題の必須の観点になった。

5　近代の学力の二項対立からの脱皮を

(1) 学力とは何か

戦後初期の学力論争は、学校教育における教授の結果獲得された知識や技術を中心に、「測定学力」のあり方を基に行われていたが、一九九〇年代以降、情報化・国際化社会へと進展し、生涯学習社会を迎えたポスト近代社会においては、学力の定義も変化した。

学力には「学（ぼうとする）力」である関心・意欲・態度、知的好奇心、集中力、持続力、自己調整力などの情意的学力がある。次に、「学（ぶ）力」は読解力、批判的思考力、問題追求力、判断力、表現力等の認知的学力がある。さらに、「学（んだ）力」には知識・理解・技能などの測定学力に分けられる。認知と情意の両者の関係は二分法的なものではなく、相互がお互いに依存的な関係であることが明らかになった。一九九九年からの学力低下論争に認知心理学者として参加した市川伸一は、測定しやすい学力に加えて、測定しにくい学力（非認知的な能力）をも問題にすべきであると提案した。市川は「学力」を次のように説明した。

学力は「学んだ結果としての学力」と「学ぶ力としての学力」の両方があり、前者にはテストで測定しやすい「知識・技能」と測定はしにくい読解力、論述力、討論力、批判的思考力、問題追求力のような力が含まれ、後者には学習意欲、知的好奇心、計画力、集中力、持続力などが含まれる。したがって、「基礎学力派」が測定しやすい知識・技能だけを問題にするのはおかしい。測定しにくい部分の学力も低下しているのだ。このように戦後の学力論争においても、近年注目されるようになった意欲、態度、持続力、調整力、集中力、やり抜く力、自信等の非認知的な能力も学力論争にかかわって議論されてきたのである（「一九九九年日本行動計量学会シンポジュウム　講演抄録」）。

このように、基礎知識を土台にしながら思考力、問題解決力、学習意欲をもとに組み込み、新しい知識を作り出す認知心理学的なアプローチによる「学力」という考え方に発展してきた。近年、認知的能力（学力）と同様に学力の構成要素として注目されているのが、ノーベル賞を受賞したアメリカのヘックマン（二〇一五年）の教育経済学的研究で明らかになった、目標に向かって頑張る力、他の人とうまくかかわる力、感情をコントロールする力等の「非認知的能力」である。学力テストで測定されない心理的特性を総称して非認知的能力（ＯＥＣＤでは社会情動的スキルと称する）と呼ばれている。これまでは、社会的に価値付けられてきた情報や知識を頭の中に詰め込み、必要なときに活用することが重要であったが、Society5.0の社会を迎え、予測困難な社会の状況に柔軟に対応し、そのつど自分の頭で考え・判断し、目標設定する力、目標に合わせて主体的に選択し、組み立てる力が求められる。学力を構成する能力としてこれら非認知的能力を、学力テストで測定する認知能力と同様にいかに育成していくかも学力形成において課題になってきた。

(2)「学力」概念の膨張過程批判

ところで、二〇〇〇年頃からの「コンピテンシー」や「二一世紀型スキル」として変化の激しい社会を生き抜く力、資質・能力が非認知的能力として求められるようになったことを、教育社会学の立場から分析・批判したのが本田由紀（東京大学）である。本田は「ポスト近代社会」に入った近年は、メリトクラシーな社会を飛び越して「ハイパー・メリトクラシーな社会」になり、学力概念は膨張過程をたどったと分析し、批判した。従来の「近代社会」は身分社会に代わって、誰でもが基礎学力の獲得など努力して業績を挙げれば評価されるメリトクラシーな社会であったが、近年の「ハイパー・メリトクラシーな社会」では生きる力、多様性、意欲、創造性など情動的な能力（EQ）である「ポスト近代的能力」が求められる社会に変化したという。その上で、「ハイパー・メリトクラシーな社会」で要求される資質・能力は、「主として経済界の要請に教育を従属させるものである、そういった能力は従来の学力以上に社会的な格差を反映してしまう、さらに人格特性まで目標として位置づければ子どもたちの全体的な能力が絶えず評価にさらされることになりかねない」（本田、二〇〇五）と警鐘をならす。

しかし、これまでの学力論争は「ゆとり」か「学力」かという二項対立式の論争であり、一方はペーパーテストで測定できる認知的学力を、他方は認知的学力に関心・意欲・態度など測定しにくい情意的な学力を加えた統一体であると論争してきた。このように戦後の「学力」が当初は測定可能な範囲に限定して議論されていたものが、学力と人格が一体化した「人間力」となり、さらに「生きる力」として拡大し、概念化されてきた。本田はこの変化していった過程を分析・批判した。本田は、戦後日本国憲法下では、国民は「その能力に応じて」教育を受ける権利、すなわち個人の能力に応じて受けることができる教育には差異があることを前提とすることが明文化された。序列化を意味する「能力」という表現が日本国憲法で正当化されたという。つまり「能力」以外の部分で、教育機会の平等と国民の学習権を保障するという考え方に解釈された。そのことは同時に、「能力」によって「教育機会が異なることについての正当化の根拠」となったのではないかとする。一九六〇年代の能力による子どもの選別による垂直的序列化は、能力主義批判という言説として定着したという。その上で、「学力」概念の膨張過程を次のように分析している（本田、二〇二〇）。

（「学力が何故問題にされたか」というと）、一九五〇年代の議論が「学力」低下は国力の低下をもたらすということにのみ収斂していたのに対して、一九七〇～一九八〇年代においては「落ちこぼれ」等の学力問題が「子どもの人格形成のゆがみ」をもたらすと強調されるように変化した。つまり、学力が低い子どもは、「人格」的にも劣っており、非行などの逸脱行動に走る確率が高いということが、主張されるようになる。「学力」が高い子どもであっても「知識の記憶力」に終始し、「人格のゆがみ」がもたらされているという議論が展開されている。対策についても、一九五〇年代の対策の議論においては、「基礎学力」や「系統学習」の重視が中心であり、教育制度や学校内でのテクニカルな改善が大半であった。一九七〇～一九八〇年代になるとテクニカルな議論に加えて、「人格のゆがみ」と言う問題への対処として「人格と学力の統一」という対策論が全面化する（本田、二〇二〇、一二〇頁）。

そして、一九九〇年代になると「生きる力」と「人間力」が加わり深化したという。

「関心・意欲・態度」や「自己教育力」、あるいは「個性」までを含みこむような「学力」の意味の更新・拡張は続く。一九九〇年代以降において、「人間力」といった新たな言葉が生み出される母胎となっていった。学校で身に付ける知的な「能力」を意味していたはずの「学力」が知的な側面以外をも含むものとして膨張し、そこに「学力」とは別の名称がつけられることによって分離し、「学力」はその一部として生き残るという、言葉の意味上の変容のプロセスが生じた知的な「学力」以外の主体性・意欲・個性等々の情動的な「能力」が、もう一つの垂直的序列化として立ち上がる結果となった。すなわち、日本型メリトクラシー（業績主義・学力）とハイパー（超）メリトクラシー（「生きる力」「人間力」）という二本立ての垂直的序列化が確立されてゆくことになる（本田、二〇二〇、一二二頁）。

以上のように「学力」概念の膨張過程分析に基づく批判も提起されている。松下佳代（京都大学教授、日本カリキュラム学会代表理事）は、本田のような批判は、「新しい能力概念のすべてに妥当するとはいえない。……（PISAの）DeSeCoのアプローチでは能力リスト一つひとつを直接、教育・評価の対象としては措定しないことによって、『人間の深く柔らかな部分』を直接、操作の対象とすることが回避されている。また、それは労働力として動員・活用されるだけでなく、経済的・社会的・文化的な側面から自分の人生と社会の両面を豊かにしていくために、どの子どもも学校教育を通じて身に付けるべき力としてとらえられている」として、「PISAのDeSeCoの能力概念はハイパー・メリトクラシー（ポスト近代型能力）批判に対してひとまずは耐えられるものになっている」（松下、二〇一〇）との見解を示している。

以上のように、「学力」は人間が「経済的・社会的・文化的な側面から自分の人生と社会の両面を豊かにしていくために、どの子どもも学校教育を通じて身に付け」、たくましく生きていくことを支える上での人間の持つ知的能力であると考えられる。したがって、学力を変化の激しい時代を個人としてたくましく生き抜ける力としての「生きる力」を支える人間的能力の知的側面として、教育心理学・発達心理学側からの研究成果を生かし概念が深まることは妥当なことであり、今後もその統合発展に期待したい。

(3)「ゆとり」対「学力」という対立はどちらも子ども中心主義

戦後の学力論争は「ゆとり」か「学力」か、「ゆとり」か「詰め込み」か、「経験重視」か「系統重視」かという二項対立で行われてきた。例えば、一九九〇年代末期からの学力低下論争は、一九五〇年代初期の学力低下論争と類似している。戦後の経験主義カリキュラムは「はいまわる経験主義」と批判され、その結果一九五八年に文部省は系統主義の学力重視に方向転換した。今回は二〇〇二年から「総合的な学習の時間」が創設され「ゆとり教育」が方針化されたが、総合的な学習が学力低下を招くと批判を受け、文部科学省は「確かな学力」に転換し、二〇〇八年には学力重視の学習指導要領路線に戻った。二つの論争は酷似しているように見える。

しかし、これは一見二項対立しているように見えるが、どちらも学習者である子ども中心にとらえるという点では同一の視点に立っている。つまり、「ゆとり」と「学力」は「子ども中心主義というシーソー」の右側の「学力」側に揺れたり、逆に左側の「ゆとり」側に揺れるが、どちらにしても「子ども中心主義というシーソー」上の両者の間を揺れ動くことによって、子ども中心主義という近代教育の自明性を強化してきたということなのである。小玉重夫は「この対立は、近代教育の自明性を強化してきたが、二一世紀の教育の変革期にあっては、それを阻害する足かせになる」という。その例として、一八世紀フランス革命の時代に子どもたちを発達させようとした啓蒙主義者とルソーの対立から、実はどちらも未来社会の担い手である子どもたちの教育を発想している点では共通の前提に立っていたという。小玉は「未来社会の担い手を育てるため、啓蒙主義者は子どもたちに外在的価値を積極的に注入すべきであると説く、ルソーは既成の社会からの影響を排するために子どもを隔離すべきであるという消極教育を説き、激しく対立したが、子どもの側から教育を発想しているという点では共通の前提に立っていた」と述べ、次のように総括する。

一九世紀から二〇世紀にかけてヘルバルトは教育内容を子どもの認識段階に即して段階的に教える教授法を考案したが、これに対してデューイは子どもの経験を重視するカリキュラムを提唱した。ここでもヘルバルト派とデューイとは一見教育内容を重視するか、子どもの経験を重視するかで対立しているように見えながら、学習者である子どもたちの側から教授法やカリキュラムを考えているという点では同一の見方に立っているということができる。したがって、ゆとりか詰め込みかと言う議論の立て方は、一八世紀以降の近代教育で繰り返し争われてきたお決まりの言説パターンであり、振り子のように両者の間を揺れ動くことによって、結果的に子ども中心主義という近代教育の自明性を強化してきた。このような子ども中心主義は、近代の教育制度や教育実践を正当化するためには役立ったかもしれないが、今日のような近代教育の変革期にあっては、それを阻害する足かせになりかねない。アメリカの進歩主義教育の歴史研究をしている田中智志の研究（田中　二〇〇九年）によれば、デューイは決して子ども中心主義を唱えたわけではなく、子ども中心主義と言うのは、もっと限定的であるという。したがって、一九五八年前後の学力論争も子ども中心主義かどうかという視点から見ないで、もっと別の視点で総括すべきだったのかもしれない。よって、子ども中心主義だと批判した側も子どもにとって何が必要かという議論をしているという意味では、広い意味での子ども中心主義の見方から抜け出せていないのではないかということである。典型的な例が教育科学研究会の勝田守一と言う教育学者である。この人は科学主義の側へ教育を引っ張っていった東京大学の理論家で、日教組にも大きな影響を持った教育学者である。勝田はあくまでも子どもの発達ということを強調する。その意味では子ども中心主義者である。しかし、議論の中身としては、科学主義で、経験主義批判という色彩が強い。つまり、経験主義批判、科学主義の立場に立ちながら、言っている立論の仕方は子ども中心主義的である。子どもの発達を基軸に据え、教育の価値を考えなければならないという立場から、政治や社会の論理は教育的な価値とは対立するという主張を、早い段階からしていた。このように、子ども中心主義を批判した側も、広い意味での子ども中心主義的な視点に立っていたことは、この例からも証明されるのではないかと思う（小玉、二〇一三、四八頁）。

我々は二一世紀のポスト近代の教育の変革期を迎え、小玉重夫が言うようにもはやこれまでの近代教育の二項対立式の論争から脱皮しなければならない時代を迎えたのである。

（4）学力論争の役割

戦後の学力論争は、学校教育を通して獲得される知識・技能、思考力、学習意欲等に関して「学力低下」「学力構造」「関心・意欲・態度」「学力保障」「学力格差」「学力評価」等、多様な学力の概念・視点や構成要素を争点にして、「学力とは何か」「学力の何が問題か」「学力の構成要素とは」「学力の形成過程とは」等を学力の争点として議論してきた。一九八〇年代の高度経済化・国際化・社会構造の変化の時代に、中曽根内閣に設置された臨時教育審議会答申を契機として生涯学習社会を迎え、自己学習能力を育成する「新学力観」が生まれたように、学力論争は、常に時の政治的・経済的・社会的構造の変化を背景に、その影響を受け求められる人間像の形成の一環として行われてきた。

戦後の学力論争が積み残した課題について、かつて木下繁弥は、「学力問題は、一九五〇年以降、諸状況の変化のもとで、実践の発展・蓄積のうえに、一貫して教育の根本問題として議論されている」（木下、一九七二）と総括した通りであり、論争は現在も続いている。

ある時代の学力観に対して新しい学力観が出現し、経験と科学性、知識と主体性、学習意欲・態度、学力格差などいくつかの論点を争点として、古い学力観と新しい学力観との間で論争が起きる。そして、旧学力観に揺れ戻すこともあるが、おおむね旧学力観は見直され、時代や社会の新しい要請を背景に、旧学力観の問題点を批判し、そのときどきに教育にかかわる利害関係者を巻き込んで、幾多の論争を経て新しい学力観（その裏返しとしての評価観も同じ）が難産の末、市民権を得ていくという過程が、学力論争の役割ではないだろうか。

さらに、このような論争を促進したのは、文部省・文部科学省が国家的教育カリキュラムを一〇年に一度定期的にモデルチェンジするという日本型学力観システムの影響である。これは政治の「五五年体制」といわれる保守党が安定的に政権につき、教育行政もそれに支えられ、教育の「五八年体制」として文部省を中心に教育政策展開が可能であったからである。新カリキュラムの出現で、前カリキュラムは批判され消え、異質のカリキュラムが同時並行的に存在する環境に置かれることがなかったため、学力観も同様に変化していった。

ポスト近代社会に入り変化の激しい社会を迎えたが、「学力」・「資質・能力」（非認知的能力を含め）とは何かをめぐって、二一世紀の令和の時代においても、学校教育論の重要課題として学力論争は続けられる。学校教育は知識基盤社会を迎え、コンピテンシー・モデルへ転換した。これまでは学習指導要領の「何を知っているか」という知識・技能を重視した（コンテンツ・ベース）で行われてきたが、これからは習得した知識や技能を活用して、実生活の場面で諸問題の解決を図るため、「何ができるのか」という資質・能力（コンピテンシー・ベース）への転換が期待される。

しかし、これまでの学力論争と異なっている点は、データの定点観測を根拠（エビデンス・ベース）に国内的、国際的な両面から議論が行われるようになったことである。国内的には二〇〇七年度から文部科学省主催で、全国学力・学習状況調査が開始され、毎年全国の児童生徒を対象にした学力の悉皆調査が継続的に実施され、学力テストで測定される調査分析の結果が学習指導の改善、学力向上に活用されている。また、国際的にはＰＩＳＡ調査（ＯＥＣＤ主催）も三年周期で行われ、各国が応用的学力の国際比較を行いながら自国の学力の長所と短所について明らかにすることで、議論し課題解決を次の学習指導要領の内容でもって目指す学力として活用されている。令和の時代においても、ＡＩ化する社会の変化を背景に教育論の重要課題として学力論争はかつての水かけ論的論争ではなく、あくまで各種学力テストのエビデンスに基づいて議論が続けられるようになった。

ところで、二〇二〇年以来の新型コロナウイルス感染症による世界的なパンデミックは、学校を閉鎖し子どもたちを孤立させ、学習する子としない子に分断し、学習意欲の低下・学力の低下と学力格差の拡大をはじめ、不登校の児童生徒が約二五万人に増加するなど、これまでの社会の仕組みや教育のあり方を一変させた。コロナ禍の教育は、一方で一気に一人一台の端末を持ち学習するＧＩＧＡスクール構想を前倒し的に実現した。しかし、他方で二〇一六年の学習指導要領が提案した「主体的・対話的で深い学び」の立場に立ち、自己学習能力を育てる「学びに向かう力・人間性の涵養」を目的としたアクティブ・ラーニングが不十分であることや、「学びに向かう力」の育成が不十分であることなど、学力問題が存在することを露呈した。改めて、各教科を通して「知識・技能」の習得と「思考力、判断力、表現力」の育成、そして「学びに向かう力、人間性の涵養」という学校教育法が求める学力の三要素を育成することが求められている。特に軽視されがちである二〇一九年改訂の指導要録が目標とする「学びに向かう力、人間性の涵養」においては、「主体的に学習に取り組む態度」や「自己の感情を統制する力」「よりよい生活や人間関係を形成する態度」の実現に注意を払いたい。

コロナ明けの二〇二三年、教育の世界の景色は大きく変化した。生成ＡＩが出現し、人間の学習活動に進出し急激に社会が変化するにつれて、学校で子どもたちが獲得すべき学力とは何かを根本的に問いかけられることになった。

生成ＡＩの時代の学びについて認知心理学者の今井むつみは、「（ＡＩは）囲碁や将棋のようにゴールまでのステップの探索の範囲がはっきりしていれば（オープンエンドの反対ならば）人間を超えるパフォーマンスを見せる。確率計算で行うからである。人間はＡＩのように膨大な記憶も、大量の情報をブルドーザーのように高速で処理する能力を持つこともできない。しかし、世界を身体に接地させ、推論しながら自分で知識を拡張させていくことができる。外から与えられるのではなく、自分でその経験を探索し、自分の身体を通じて経験し、自分でその経験を抽象化して知識を創造することができる」（今井、二〇二四、二九三頁）とその違いを述べている。その上で、「学校は入学すると乳幼児までのように探索しなくなる現状を変え、知識を覚えることではなく、使える知識にして、学校で学ぶ力を喪失してしまった子どもたちを再度自走した学び手に育てること」だとＡＩ時代の学校教育においては、子どもたちに探究する意欲を育て自分の頭で学び、学力形成を図ることの重要性を指摘している。

これからは、未知の課題を追求・探究し、挑戦し、人とかかわりながら新しいものを生み出し、社会の変化に役立つ非認知的能力が学力の中身として位置付けられ、求められるようになる。近年人生一〇〇年を学び続ける生涯学習社会を迎え、学びにおける学校教育の役割は低下しつつあるが、それだけに学力形成をする学校の役割は一層大きくなってきた。学力観の転換期を迎えた現在、ＡＩ化する社会の変化を背景に育てるべき「学力とは何か」について、一層議論していくことが必要になってきた。

第Ⅲ部　戦後の評価改革と評価論争

戦後の教育評価は、アメリカから指導の改善に役立てる「教育評価」（エヴァリエーション）が紹介され、教師の主観を排し集団に準拠した評価として相対評価が導入された。相対評価を、橋本重治たちが推進し評価の主座を占めた。一九七〇年代に入ると、配分比率を決める相対評価への批判が起こる。矛盾の解決に向け学習目標へ到達したら、到達した者すべてが「A」と評価される到達度評価運動へと発展していく。一九八〇年改訂指導要録では、ブルームの評価理論を背景に、評価対象が知識・技能、理解の認知的学力面に加えて関心・態度の情意的学力面も評価対象とすべきであるとする梶田叡一と相対評価の立場を守る金井達蔵との評価論争の末、観点別評価論へ転換する。一九九〇年代には、知識・理解、思考力・判断力・表現力に加え、関心・意欲・態度を通して自己教育力を育てる学力観が提案されるが、「それは学力」かという批判と「関心・意欲・態度をどのように評価するのか」という学力と評価の一体的論争が起こった。二〇〇一年、指導要録の様式が、観点別評価「関心・意欲・態度」「思考・判断」「技能・表現」「知識・理解」の順に観点が設定され、目標に準拠した評価が確立した。一九九〇年代半ば、「総合的な学習の時間」の創設が答申され、評価方法は文章記述となった。ペーパーテストによらないポートフォリオ評価など真正の評価方法が日本に紹介されたが、「詳細なルーブリック作りに追われるパフォーマンス評価は教育的なのか」という批判も起きた。全国学力・学習状況調査が復活し、改めて学力と指導と評価の一体化の議論が再燃している。また、現行のアクティブ・ラーニングをいかに評価するかを示した二〇一九年指導要録の改訂では、「主体的に学習に取り組む態度」という評価観点が誕生し、観点別評価を取り入れた高校も含め、どのように評価するかというテーマが議論されている。

第8章　戦後教育評価論のあゆみ

1　教育評価の歴史は指導要録の歴史

第Ⅲ部では、日本の戦後教育における教育評価の改革の過程、評価論争の内容や展開過程を叙述し、学習指導要領改訂に伴って改められた評価改革の内容や幾度かなされた評価論争の歴史的な意義について考察することにする。

ところで、教育評価というと、テストや試験や通知表などネブミ的な行為で明るいイメージはあまりない。しかし、「テスト」のラテン語の語源である「テスツム」（testum）とは「土製の壺」という意味である。中世の錬金術師たちが、鉱物を壺に入れて熱して、溶かすことによって不純物を取り除き、密度の高い鉱物を取り出すことであった。ここから、能力を客観的に調べる試験の意味としてとらえられるようになったのである。つまり、何事かに挑戦するとき、神様は挑戦者に壺を与え、挑戦者は努力し、壺を満たしたときが目標や挑戦が達成されるということになるのである。

このように意図的な教育活動と努力の結果や成果を判断する概念が戦後導入された「教育評価」（エヴァリエーション）なのである。戦後の教育評価は戦前の教育測定（メジャーメント）運動からそれを批判して、一九三〇年代のアメリカのタイラー（R. W. Tyler, 1902-1994　シカゴ大学教授を務めたカリキュラム研究者、カリキュラムや授業改善には教育目標を明確にし、それに基づく教育評価が重要であるというタイラーの原理を提言する）が目標と評価は表裏一体の関係であると提案した「タイラーの原理」に基づくエヴァリエーションの概念を導入して、「教育のための評価」として、測定から評価へと変化した。戦前の戸籍簿としての学籍簿も指導に役立てるため新しく指導要録と改訂された。その意味で戦後の教育評価の歴史は、指導要録改訂の歴史でもある。戦後の教育評価は戦前の教育測定や教師の主観的な絶対評価（認定評価）法に代わり、連合国軍最高司令官総司令部（ＧＨＱ）により日本の教育改革のために派遣された戦後アメリカ教育使節団やＧＨＱ傘下の民間情報教育局（ＣＩＥ）の指導で導入された相対評価を、科学的評価法として期待して積極的に受け入れた。

戦後の我が国の学校教育における教育評価は、戦前行われていたような教育測定や教師の経験と勘に基づく主観的絶対評価（認定評価）に変わって、学習の評価方法では教師の主観性を排して科学的に行うため、小・中学校の指導要録において集団に準拠した評価として相対評価が用いられるようになった。相対評価は正規分布曲線を前提にして、生徒集団を機械的に五段階に割り振る評価方法である。相対評価は戦前の教師の主観的で恣意的な絶対評価と違い、集団を準拠にして行う評価であり、ある集団における個人の能力の位置付けが明らかにできる（学力等の個人の差を弁別）ので、客観的な選択資料としても用いやすいという点などから、科学的で客観的な評価方法として成績評価、通知表、内申書、指導要録等の評価方法として戦後長く定着し主座を占めることになった。

しかし、相対評価は高度経済成長の学歴獲得競争の一九六〇年代になると、「相対評価はその露払いの役割を演じるようになり」「何よりも子どもたちのネズミ行為であるというとらえ方を蔓延させることになった」と田中耕治（二〇〇五）は述べ、相対評価の問題点を次のように指摘した。①五段階相対評価では5と評価する子がいる一方、他方では1と評価しなければならない子が出てくる。できる子はできない子を前提にする非教育的な評価論であるということである。②五段階相対評価ではあらかじめ五段階に評価の配分比率が定められているので、よい成績をとるためには誰かが悪い成績に落ちなくてはならないという排他的な競争が生み出されることになる。③相対評価は集団での位置を表すが、習得を目指した学習内容のどこが、どの程度マスターできたかを示すことができないので、教育の評価にならないことである。このような相対評価論の矛盾は、一九六〇年代後半以降の通知表論争、七〇年代に入り絶対評価、形成的評価、完全習得理論（マスタリー・ラーニング）を提唱するブルーム理論の日本への紹介、相対評価と絶対評価の評価論争の経過を経て、一九八〇（昭和五五）年文部省の指導要録の改訂において観点別学習状況という記録欄を新設し、学習状況をみる到達度評価法によって評価することで大きく解決されることになった。その後も到達度評価の広がりの結果、相対評価の矛盾は一九九〇年代に目標に準拠した評価に転換されていった。

そこで、第Ⅲ部の前半では戦後初期の指導要録の変遷に沿いながら、新しい相対評価の理論的基礎を築いた中心的人物であった青木誠四郎、小見山栄一、橋本重治たちの相対評価の導入、矛盾の止揚について述べる。後半では相対評価を批判し、到達度評価の源流となる評価の改革を進めた續有恒、中内敏夫、板倉聖宣、東井義雄、目標に準拠した評価論を日本に定着させた梶田叡一の評価論、その後ポートフォリオ評価法など真正の評価論を広めた田中耕治らを中心に目標に準拠した評価論の定着から発展までを述べたい。

さて、「戦後の教育評価の歴史は指導要録のあゆみ」であるといわれるほど、文部省が参考様式として示す指導要録は学力や学習評価のあり方に影響を及ぼしてきた。戦後の指導要録のあゆみを、田中（二〇一三）による指導要録の時代区分を参考に、第一期から第五期まで、次のように分ける。

第一期　一九四八年版指導要録
——戦前の「考査」への反省と「指導機能」重視
第二期　一九五五年版、一九六一年版、一九七一年版指導要録
——「相対評価」の強化と矛盾の激化
第三期　一九八〇年版、一九九一年版指導要録
——矛盾の「解消」としての「観点別学習状況」の登場
第四期　二〇〇一年版、二〇一〇年版指導要録
——「目標に準拠した評価」の全面採用、「目標に準拠した評価」と「個人内評価」の結合
※第五期　二〇一九年版指導要録　（※第五期は古川の補足）
——「知識・技能」「思考・判断・表現」「主体的に学習に取り組む態度」の三観点の整理と高等学校への「観点別評価」の導入

それぞれのポイントを簡潔に整理しておくと、第一期は戦後初めて登場した指導要録であり、戦前の学籍簿を反省し、指導のための原簿という戦後教育理念を反映させ、「指導機能」を充実させた。第二期は外部への「証明機能」が追加され、指導要録へも教科を総括する評価として「評定」が復活し、通知表、指導要録、内申書等が相対評価に基づき作成され、輪切り・選別の役割を果たし、相対評価への批判が噴出し、到達度評価改革が高まった時期である。第三期は、相対評価批判に耐えきれなく

なった指導要録が、「絶対評価を加味した相対評価」として、相対評価に絶対評価の観点として「関心・態度」を導入し改革が進んだ時期である。第四期は、相対評価から絶対評価（目標に準拠した評価）に全面的に変化し、目標に準拠した評価や評価規準づくりとしてポートフォリオ評価やパフォーマンス評価など真正の評価が推進された時期である。なお、二〇一九年版指導要録は指導要領が目指す資質・能力に応じて、学力観と対応するように従来の四観点から三観点へ整理され、「関心・意欲・態度」が、アクティブ・ラーニングの学習を評価する「主体的に学習に取り組む態度」という観点に変更された。

この評価論争では、一九六〇年代末期に「相対評価」の矛盾が激化した第二期末期から、二〇一九年版の第五期までの期間を中心に分析する。

2　学習指導の効果を上げるための考査へ

一九四七（昭和二二）年、文部省から試案として発行された学習指導要領（一般編、アメリカのヴァージニア・プランを参考に「コース・オブ・スタディ」を作成）、序論「なぜこの書はつくられたか」の書き出しは、戦後教育について「これまで上の方から与えられたことを実行する画一的な傾きがあったのが、下の方からみんなの力で、作り上げていくようになってきた」と述べている。新しい学習指導要領は（試案）と断った上で、第一章　教育の一般目標、第二章　児童の生活、第三章　教科過程、第四章　学習指導法の一般、第五章　学習結果の考察と五二頁で構成され、特に学習評価にかかわっては、第五章　学習結果の考察として三五～五二頁までの一八頁を当て重視している。第五章　学習結果の考察では、①なぜ学習結果の考察が必要か、②いかにして考査するか、③熟練の度の考査で構成され、評価は教師の側からは「かれらがどう変ったかつきとめてみなければならない」、そのため「教材が適切であったか」「指導法が適切であったか」を反省することができるし、児童の側からは「自分の学習がそのめざすところにどれだけ近づいているかをみる機会となり、次の学習を如何にすべきかをつかむことができる」など、教師側、児童生徒側の両面からの手掛かりになるし、考査は「学習指導の効果を上げていくため、欠く事のできないものである」と科学性と新教育の精神が感じられる内容である。新しい学習指導要領の評価ではまだ文部省は「評価」という用語を用いずに「考査」を用いているが、その評価観は「教師にとって」「児童生徒にとって」と学習評価の意義を踏まえた内容になっており、文部省が戦後初めて教育評価についての考え方を表した記念すべき学習指導要領であった。このように変化する際、戦前の教育測定の問題点として、アメリカで発展した一九三〇年代のタイラーの評価理論に基づいて教育心理学者らから概ね次の諸点が批判され、それを土台として「考査」が誕生した。

①筆記試験に依拠して、知識の記憶力の測定に偏した「試験」を「考査」という名称に変えても、国民学校下の学籍簿の例のように、記憶力の測定という点で変化していない。②近代の教育論が人間の全体的発達を目指しているのに、日本の従来の学校教育は知識を中心とした知的発達に偏っていたため、評価も知的面に偏っている。③伝統的な甲乙丙丁、優良可、一〇〇点法等の採点、評点の基準が曖昧で、客観的基準に乏しい。④国語が「優」、算術が「良」という評価は評定であるため、指導の改善に役立てることができなかった。⑤教育目標や教科の授業目標が抽象的で、具体的ではないので指導を導く目標となりにくく、指導結果を測定する目安とならない。⑥成績や席次により、児童生徒

の上下関係、優劣関係が決まり、教科の成績がそのまま児童生徒の人間的な評価になる。以上のような批判を受け、問題点を改革するためアメリカからの相対評価法が科学的で客観的だとして導入された。

3　「考査」にこだわった文部省の青木誠四郎の評価論

この『学習指導要領一般編』（文部省、一九四七）の総責任者であり、新しい評価の作成にかかわった中心人物が、文部省教科書局の教材研究課長を務めた青木誠四郎（一八九四〜一九五六年、戦後文部省で新しい学習指導要領の編集にかかわった教育心理学者、その後東京家政大学長）である。青木は一九四七（昭和二二）年の学習指導要領であえて「考査」概念を用いた理由を、一九四八（昭和二三）年の『学習指導の基本問題』（青木、一九四八）の第四章で次のように述べている。

わたし達は学習の指導において、その過去をふりかえって将来を企て、教師の責任を果たすようにしなければならないし、学習指導の問題を解決するように努めなければならない。ここに、指導結果の考査の意味がある。エヴァリエーションといわれているものを評価とか、判定とかいう言葉で考えている人が多いが、評価というと、ただその結果を評価するという語意が強く……効果判定という言葉もそうである。これは考査という語が従来の試験のような内容をもつにおいがあるので、新しい言葉として工夫されたのであろうし、エヴァリエーションという語の直訳としては適当であるともいわれているが、いま上に言ったような意味でのエヴァリエーションという全体の働きを示す点でどうか。わたしは、しらべ考えるという意味の考査という語を新しい意味において用いていいきたいと思う。

青木は、その上でこの学習結果の考査の意義として、①考査は学習指導の改善を目指すもの、②学習の到達点を明らかにできるもの、③考査は多面的にする、④変化を見るものであるので、指導前の考査と照合が必要、⑤継続的にすることが必要で、そのため到達点を知識、態度、理解、技能の多面的な面から考査を行わなければならないと述べている。青木は、考査という用語を使いつつも、評価は教師にとっては指導の改善のため、生徒にとっては高い学力の獲得のためという、「進歩のための評価」という言葉を用いてエヴァリエーションという戦後の新しい評価観を提案した。

しかし、戦前の教育測定時代から活躍していた青木は、考査の客観性を重視するゆえに、学力の個人差は知能と関連し知能検査に基づき、知能の分配は正規分布曲線によるという立場をとり、そのため教育測定にも知能検査にも肯定的であり、戦前からの岡部彌太郎、田中寛一などの教育測定学の考え方に依拠して知能検査を用いる立場をとった。青木は、他方で教育測定のようにすべての点数を正規分布曲線で表すことが妥当かと疑問を持っており、子どもたちの学習結果が良ければJ曲線（どの子も4や5の成績に傾く曲線）になってもよいと考えた。しかし、実際に子どもたちの成績を科学的に評価するには測定に基づく正規分布曲線にすることは主観性をなくすためにはよいことであるという理解を示し、理念と方法が矛盾した評価論だったことが青木の評価論の限界点であった。

4　「評価」へ転換した小見山栄一による一九五一年版学習指導要領

文部省が一九五一（昭和二六）年に発行した一九四七（昭和二二）年版の改訂版である一九五一年版学習指導要領は、Ⅰ．教育の目標、Ⅱ．教育課程、Ⅲ．学校における教育課程の構成、Ⅳ．教育課程の評価、Ⅴ．学習指導法と学習成果の評価の一〇七頁から構成された。評価に関する内容は、Ⅳ．教育課程の評価、Ⅴ．学習指導法と学習成果の評価の二章にわたって詳細に論述された。注目すべき点は文部省の評価に関する用語が「考査」から「評価」に変わると同時に、一九五一年版学習指導要領は一九四七年版に比べて、「人格の全体的発達の観点から」総合的に評価することが重要であると追加されたことである。しかし、一九四七年版の考査の考え方である、①教師には学習指導計画を改善する契機にすること、②子どもには学習の進め方を反省する契機にすることという新しい時代の教育評価の考え方の二点は、一九五一年版学習指導要領にも引き継がれた。

一九五一年版学習指導要領並びに一九四八（昭和二三）年版児童指導要録の改訂委員の中心人物として「評価」という用語を導入し、戦後の評価論を拓いたのが、文部省教科書局事務官に就任し、一九五一年版学習指導要領の責任者を務めた小見山栄一（一九一三～一九六三年　戦後文部省で指導要録の作成にかかわり、五段階相対評価を取り入れる）である。小見山の評価論は初出版の『教育評価の理論と方法』（一九四八）のまえがきに著れている。「新しく叫ばれつつある評価（エヴァリエーション）ということばは新しく、理論的、方法論的展開は今後の研究に俟たなければならないが、本書が多少なりとも寄与することができれば」と前置きし、戦後最も早く「考査」に代わる評価論（エヴァリエーション）を述べている。

小見山は戦前の評価の反省として、「（これまでの評価が）個人差を正しく認識し得なかったことは、成績の制定にもそのまま反映して、学期末あるいは学年末において児童がどれだけ進歩したかを測定するのではなくして、他の児童との比較によって、学級の平均とか一定の標準に照らして、優劣を制定することが多く、指導上どのような役に立つか反省が加えられることはまれであった」という。

第九章「結果の解釈と処理」で具体的に（テストの）素点に意味が与えられるためには、絶対的な規準と比較するか、他の生徒の成績と比較しなければならない。例えば、「この児童はよく本を読むことができると言えるのは、他の児童と比較することによってそういえる。考査や測定から得られた素点を解釈したり利用したりするための技術が教育的統計法と呼ばれるものである」。測定の結果を分配表あるいは分配曲線をもって現すと、全体の傾向を知ることができる。「正規分配曲線は理論的思考に基づいた数学的概念であるが、それが統計法の上に重要性を持っているのは、ある種の事実の実際的分布状況ときわめて一致の度が高いためである」。「この曲線の特徴として、中央に山があってそれから左右に進むにつれて低くなり、全体は鐘を伏せたような形で左右対称」であるとして、相対評価法を推奨している。

小見山は教育測定と教育評価の違いについて、「教育測定が児童生徒がある教材をどれだけ学習したかという観点から行われていたのに対して、教育評価はその教材をどのように学習しているか、いかに児童生徒の人格をつくりつつあるかということを学習者側から中心に問題にするものであり、教育評価は学習成果を判定するだけのものではなく、学習指導への改善へとつなげるものである」という考えを述べている。小見山は評価を判定する教育測定は、評価という概念に含まれると考えていたのであろう。したがって、教育方法としては、これまでの測定に加えて標準テストの使用と相対評価法等を総合的に使用する評価方法を提案した。小見山は文部省が一九四九年に旧来の学籍簿を新しく「指導要録」と命名する前の学籍簿改訂委員会にも参加し、全国の教師に五段階相対評価法を推奨している。

しかし、留意すべき点として同時にこの評価法には欠点があり最小限にする必要があるとも指摘している（小見山、一九四九）。それは五段階相対評価法は統計法に従った方法であり、教師はすべての児童生徒に立てた目標に到達するように指導しなければならないのであるから、すべてのものが到達すれば学力は正規分布しなくなる。わずか五〇〜六〇人の学級を基準にしてこの方法を適用するには無理があるとも述べている。小見山に代表されるように、アメリカから導入された評価論を基に評価について提案した研究者たちの共通点は概ね、①教育目的・目標が評価の基準である。②教育は発達の支援であり、知識の評価だけではなく、「ガイダンス」の導入にあるように適性・興味、社会的適応性、体力の評価も大切である。③評価は学習活動の一環であり、学習のまとめだけではなく、どこまで到達しているかを見るための診断的活動である。④評価は児童生徒が自分で長所を伸ばし短所を改善していくため、自己評価も大切にしなければならない。⑤相対評価を用いることによって主観性が克服され、正規分布曲線を用いることによって客観性が保たれることになるという論説であった。

以上のように戦後初期に誕生した「評価」（エヴァリエーション）は、それまでの測定や評定の役割から、評価結果を学習指導の改善の機能として提案することになった。特に、小見山は「評価の総合性・全体性」を重視し、テスト以外にも面接法や質問法など多様な方法を用いて、評価を学習活動の改善に利用するよう提案した。戦後の教育評価改革において、小見山が果たした役割は大きいものがあった。

こうして、文部省の小見山たちが推進した学籍簿改訂委員会、その後の「指導要録」の五段階相対評価法は全国の講習会を通して学校現場に広がり、小見山たちの評価論は、戦後の新しい相対評価導入の基礎作りの役割を果たした。

5　学籍簿は指導の原簿としての指導要録へ改訂

(1) 指導要録への改訂と五段階相対評価の誕生

一九四七（昭和二二）年七月に文部省教科書局長・学校教育局長の連名で、「学習指導要領の解釈及び適用について」の通知が出され、「学習結果の考察と記録について」に関して、「学期末の機会に、学習結果の考察を整理するにあたり、従来のならわしのように、単位に各教科ごとに学科試験を行って、点数又は標語を与え、児童生徒の序列をつけたりするのは好ましいことではない。むしろ、児童生徒の発達や学習過程上の特徴をとらえ、それを客観的に記録し、指導の基礎資料とすることが望ましい」とした。

このように評価の通知や講習会を通して新しい評価理念が広がることに合わせて、一九四八年九月から、評価の記録簿である旧学籍簿の改訂作業のため文部省内に学籍簿作成委員会が設けられた。GHQの教育担当官の助言を受けながら改訂作業が行われ、慌ただしい期間の末、一九四八年一一月に小学校学籍簿が公表された。戦後評価論の土台になったのが、教育の新しい理念を表す「ガイダンス論」である。一九四八年にはGHQ傘下のCIEの指導で『指導——新しい教育のための指導過程』

が刊行された。ガイダンスという新しい教育は、「各人がそれぞれ差異を持ちながらも、その能力と可能性の最大限を発揮させるような配慮を、一人も洩れのないように与えようとするものである」「新しい教育においては、教育を個人に適応させる上で必要なもの……それは指導（ガイダンス）の機能に他ならない」と重要性を述べている。公表された小学校学籍簿は戦後評価論を反映して、「個々の児童について全体的に、継続的にその発達の経過を記録し、指導の原簿になるもの」として、次のような特徴の内容となった。①戦前の学校での児童の戸籍簿管理的性格から、アメリカの「指導上の原簿」（累積記録）を模して、人格全般に関して発達と指導過程を累積的に記録し、教育活動に役立てようとする機能を持たせる。②性行概評に比べ、民主社会において望ましい行動を育てるため、生活上の態度や行動を評価項目として設定する。③「学習の記録」欄は、例えば国語は「聞く」「話す」「読む」「書く」「作る」、社会科は「理解」「態度」「技能」など細分化した評価観点を設け分析的評価とする。④学習の記録欄、行動の記録欄は五段階相対評価法を採用し、戦後教育に正規分布曲線に基づく相対評価法に市民権を与えた。⑤客観的評価にするため、「標準検査の記録」欄が設けられ、知能検査が定期的に行われるようになった（一九九〇年の指導要録改訂まで続いた）。

これを受け、一九四九（昭和二四）年九月に文部省初等中等教育局長通知として、旧学籍簿が小学校は「児童指導要録」、中学校は「中学校累加記録摘要」から「生徒指導要録」となり、指導のための累積記録を目的として改訂された。新しい指導要録の様式は、①在籍状況、②出欠状況、③身体の記録、④標準検査の記録、⑤行動の記録、⑥学習の記録、⑦全体についての指導経過等である。標準検査の記録では知能検査が位置付けられた。行動の記録、学習の記録は、「普通程度を『0』、それよりすぐれた程度のものを『+2』、それより劣る程度のものを『−2』とする。『+1』、『−1』はそれぞれの中間程度を示す。一般に『0』が多数、『+2』『−2』は極めて少数」というものであった。「行動の記録」は「人と親しむ」以下二三項目が設定され、五段階相対評価法で行われ、「所見」は個人内評価が用いられた。学校現場への講習会が行われ、「+2」「−2」は各七%、「+1」「−1」は各二四%、「0」は三八%の割合とする正規分布曲線によると通知され、五段階相対評価の講習が各地で開催され、全国の学校現場へ定着した。

次の一九五五（昭和三〇）年の指導要録の改訂では、学習の記録は「評定」欄と「所見」欄とに分けられたが、「評定」は5、4、3、2、1の五段階相対評価の記入になり、「行動の記録」も自主性等九項目に整理され、A「特に優れたもの」、B「普通」、C「特に指導を要するもの」の三段階絶対評価に変更された。他には大きな変化はなかったが、「優秀な児童・生徒を有する学校では、相対評価では優秀な成績にもかかわらず正しく評価されない」など相対評価の問題点が指摘された。その後、指導要録の改訂は一九六一（昭和三六）年、一九七一（昭和四六）年と続き、一九八〇（昭和五五）年の改訂では、評価論争の末に絶対評価に基づく観点別評価が導入されるなど絶対評価へ転換されていくことになった。「児童指導要録」「生徒指導要録」への改訂の目的は、学習指導を改善し、記録し、教育課程を改善するためのフィードバックの資料を提供するために作成されたのであったが、学校現場ではフィードバック機能を持たず、結果として記録・保存する以上には機能しなかった。

（2）指導要録が指導と証明という二つの機能を持つ矛盾

指導要録の前史は戦前の学籍簿である。『教育評価事典』（辰野千寿・石田恒・北尾倫彦監修、図書文化、二〇〇六年）の「指導要録の変遷」（山根俊喜）の項目によると、「一八八一（明治一四）年『学事表簿

学習の記録							
教科	学年 / 評価	一年	二年	三年	四年	五年	六年
		+2+1 0-1-2	+2+1 0-1-2	+2+1 0-1-2	+2+1 0-1-2	+2+1 0-1-2	+2+1 0-1-2
国語	聞く						
	話す						
	読む						
	書く						
	作る						
社会	理解						
	態度						
	技能						
算数	理解						
	態度						
	技能						
理科	理解						
	態度						
	能力						
音楽	鑑賞						
	表現						
	理解						
図画工作	鑑賞						
	表現						
	理解						
家庭	理解						
	態度						
	技能						
体育	理解						
	態度						
	技能						
	習慣						
自由研究							
学習指導上とくに必要と思われる事項							
全体についての指導の経過							
担任者職氏名							

図8－1　1948年改訂小学校学籍簿（学習の記録欄）

出所：古川，2017，p. 246

取調心得』で『生徒学籍簿』の記入項目が規定された（学業成績を含まない）学校戸籍であった。一九〇〇（明治三三）年に、学籍簿の様式が定められ、操行を含む学業成績の記載が始まった。次いで、一九四一（昭和一六）年国民学校学籍簿では、学業成績において習得、考察、処理等の評価観点を示し、優・良・可の『良』を『学年相応に習得したもの』と初めて評価基準を示した。戦前の学籍簿は教育原簿を標榜するに至ったが、目標、教材が絶対化されているものでは子どもの能力の分類と選別の域を出なかった」。戦後の指導要録は「戦前の学籍簿の戸籍的性格を批判し、子どもの発達を全体的・継続的に記録して、指導に生かすための原簿とその性格が規定された。一九四八年の小学校学籍簿（翌年指導要録と変更）では、学習、行動、身体、の全面にわたって精細な分析的評価項目を設定し五段階評価を行った。このとき、教師の主観的な評価を排除するため相対評価が導入され、指導要録が一九五五（昭和三〇）年改革の際、対外的な証明の原簿という性格が付加され、指導機能と証明機能という二つの機能を担わされることになった」とある。項目を担当した山根は、「指導要領がこの対外的な証明機能という側面から、指導要録の『客観性』『簡潔性』『統一性』が強調され、この『客観性』の要求が相対評価を温存させることになり、『簡潔性』の要求は戦後初期にはなかった教科別総合評定の復活をもたらし、各教科の評価の中心に相対評価が据えられ」強固な存在になったと分析している。

戦後の学力論争に親たちが関心を持ったように、親たちは法律に基づかない通知表のあり方を通して評価問題に関しても関心が高まった。新しい学籍簿が公表された一九四八年末期から、通知表（通知簿・通信簿）は子どもたちの生活改善のためのものであらねばならないという観点から、各地の学校で通知表の形式や内容、評価方法の工夫をするところが現れてきた。中には、学校と家庭の間で日々連絡がなされているなら、あえて通知表はいらないという「通知表不要論」も出たが、改善すべき内容として概ね次のような観点が出された。①受け取った親や子どもが見てわかるもの。②子どもの成長・発達した点がわかる内容のもの。③教育目標に照らして、子どもの客観的位置がわかるもの。④学習内容や努力の過程がわかるもの。⑤子どもの人間的成長の姿が全体的に理解できるもの等である。このように、五段階相対評価論に対しては、その後の問題提起への萌芽的意見が現れ出していたのである。

第9章　相対評価を定着させた橋本重治の評価論

1　「指導のための評価」を出発点にした初期の評価論

(1) 指導要録への相対評価の定着

橋本重治（一九〇八〜一九九二年　東京教育大学教授を務めた教育心理学者、障害児教育の研究者、相対評価法を中心に戦後の教育評価行政・実践に影響を与える、応用教育研究所所長を務める）は、青木誠四郎や小見山栄一に続いて戦後の「指導要録」に相対評価による理論的な基礎を提供し、指導要録の評価枠の構成と定着に大きな影響を与えた教育心理学者である。橋本の評価研究は、一九五〇（昭和二五）年の『教育評価法』から始まり、文部省の一九六〇（昭和三五）年版「指導要録」作成にも加わり、それ以降絶対評価が一部導入されることになった一九八〇（昭和五五）年版「指導要録」までの間、相対評価による教育や教育行政などに大きな影響を及ぼし、戦後相対評価による評価論定着をリードした研究者である。

橋本の評価研究の処女作は、一九五〇年の『教育評価法』であるが、橋本はこの著作の序で「社会の進歩や科学の発展とともに、教育哲学やカリキュラムや方法論が新しく変わってゆくのは当然であり……必ず有効的に規準で凡ての教育計画を検証する何等の工夫が入用であり、評価は将にそのための工夫である」。「今日の教育に新しいカリキュラムと学習指導法とを導入したのと同時に、新しい評価法を導入したのは正しいことであった。評価も亦、単にアチィーヴメントだけではなく、態度・興味・鑑賞・人格性・適応性・精神能力・健康等々人格の全位相の発達変化を取り扱うことになった」と述べ、第一部「現代教育評価の性格」、第二部「現代教育評価の用具」、第三部「評価目標の分析とその評価の実際」、第四部「結果の処理解釈と評価計画」の四部構成で、「近代評価の精神と実際を明らかにする」と提言した。内容を見ると橋本は評価方法の技術・技法を中心に著しているように見えるが、第一部「現代教育評価の性格」で述べた社会の進歩や科学の発展とともに、教育哲学やカリキュラムや方法論が新しく変わってゆくのに合わせて近代教育評価も変わってゆかなければならないとして、戦前の教育測定とは一線を画し、「指導のための評価」という戦後の教育論、学力論を背景に大きな視点から評価論を展開した。

橋本は、現代教育評価の機能として次の五点を挙げた。それは、①児童生徒に有効なガイダンスの技術を準備するため、②カリキュラム・指導学習法並びに教材の有効性の吟味と修正のため、③生徒に自分の進歩と欠陥とを評価させ、激励と動機を与えるため、④父兄や一般社会の批判に応え、その協力を得るため、⑤学校の業績に一定の水準を維持するためであると。

次に、そのような現代教育評価の機能を持った評価の特質として、①教育の目的、指導の目標と不離の緊密関係を持つ（測定やテストが特別視されるゆえんであると強調）、②包括的・継続的でありかつ融通性に富む（カリキュラムや指導法の改善に奉仕するためにも包括的であることが要求される、ガイダンスや生徒の学習指導の一部とするためにはなるべく継続して行わなければならない）、③現代評価は診断的である（そこから治療手段が生まれるものでなければならない）、④現代評価は評価を生徒のものとする（自己評価を通して自己の向上を）、⑤現代評価は叡知的な結果の解釈を要求する（単に点を出す優劣のためだけではなく、生徒の要求・興味・態度・才能・環境との関係で吟味し、目標の進歩と関連させ、その人格の図絵を描くところまで進むのが好ましい）という。その上で、彼の後年の主著である『教育評価法総説』（一九五九）、『新教育評価法総説』（一九七六b）に発展する教育心理学的な評価方法の技術・技法の膨大な内容につながる基本的な評価方法の技術・技法を述べている。

さらに、第四部「結果の処理解釈と評価計画」では、「評価の目的は、個々の生徒のガイダンスやカリキュラム・教授法の改善等にあるということ、従って最終手段は結果の解釈利用にある」として、具体的にその手法を提言している。①その個人自体の立場からの処理解釈、②他との比較での処理解釈（個人についての単一テストの結果を学級その他の集団内において他の生徒の成績との比較によって相対的に処理解釈することは他の一つの方法であり、理論的には問題もあるが依然試みられてよい方法である）。橋本は、「一学級五〇人のクラスでは、五段階法による区割りが小・中学校では適当である」として、柔軟に正常分配曲線を利用することを勧めている。ここに橋本のその後の相対評価論の考えが提出されていると見ることができる。

橋本は、「相対評価」の弱点を補う評価方法として、「相対評価」と「個人内評価」の組み合わせが望ましいとした。個人内評価とは、成績の結果を他の生徒と比較し解釈するのではなく、その個人の中で、個人内差異を見ることによって解釈する方法である。その個人の特定教科内における諸観点、諸領域の成績間の比較、また個人の成績を縦断的に過去の成績と比較する。この方法によって、進歩の概念による評価が可能になる。そこで、橋本は「相対評価」と「個人内評価」の組み合わせが望ましいとした。橋本は、絶対評価へ転換した指導要録改訂後に『到達度評価の研究』（一九八一）を著した。「到達度評価は、相対評価が準拠している集団基準を捨てるというのであるから、教育目標それ自体の到達度にこれを求めるしかない。到達度評価の現状を見ると、こうした方法的、技術的側面があまりにも軽視されているように見受けられる」として研究したと述べている。到達度評価の役割にも理解を示したが、その評価観は基本的には相対評価が中心であり、終生評価観が変わることはなかった。相対評価は、集団における個人の能力の位置付けが明らかにできる（学力等の個人の差を弁別）ので、客観的な選択資料としても用いやすい点から、科学的で客観的な評価方法として成績評価、通知表、内申書、指導要録等の評価で長く主座を占めた。具体的に見ると、一九六一年指導要録改訂では、まず教科の「評定」欄は相対評価、「所見」欄は横断的個人内評価、「評定」欄は縦断的個人内評価の三者併用論を基に構成されている。

しかし、田中耕治は橋本の三者併用論を「橋本パラダイム」と批判した。田中の趣旨は、橋本は「相対評価」は教育学的に見た場合、多くの問題点があることを認め、そこで教育学的に優れているって、到達度評価の採用が望ましいが、到達度評価は教育測定学的に見て主観的で信頼性に乏しい。したがって、「外部証明の機能を持つ指導要録には不適格な評価論である。この目的のためには教育測定学的に『客観性』『信頼性』を持つ『相対評価』が有効である」。田中が批判したように橋本は相対評価の延命を図るために、「橋本パラダイム」の活用で相対評価の矛盾を合理化しようとした。一九六〇年代の評価論の課題は、相対評価の非教育性と絶対評価の主観性の問題をどのように克服していくかという一九七〇年代の到達度評価改革を準備していくことになった。

(2)「個人内評価」と「絶対評価」の組み合わせを考えた橋本

次に、戦後の指導要録の評価法の構成を主として「相対評価」方法が優れ、補う評価方法として「個人内評価」と「絶対評価」の組み合わせが望ましいと提言した「橋本パラダイム」の理論について見てみたい。

橋本は、一九五九(昭和三四)年に二四章構成の大著『教育評価法総説』を著し、その後の一九八一(昭和五六)年には『到達度評価の研究』を著し到達度評価の役割にも理解を示したが、その評価観は基本的には相対評価論が中心であり、これは終生変わることはなかった。

まず、『教育評価法総説』の第一部「教育評価の概念と原理」では、アメリカで教育測定論を推進したソーンダイク(E. L. Thorndike　二〇世紀初頭に世界的に流行した教育測定運動のリーダー、客観的評価として集団準拠基準による相対評価法を導入した)以来の日米における教育測定批判と評価への発展、次に教育評価の機能と特質について、現代教育評価の機能と特質を改めて述べ、「教育評価は、教育計画全体の必須の一面であり、有機的一断面であり、教育の全体制を理解しなければ評価ということが理解されないし、近代評価法の研究はそのまま教育全体の理解に導いてくれる」と教育と評価の関係を教育技術の問題に矮小化することなく、教育における評価の意義を新しい戦後教育という大きな枠に位置付けてとらえている。

そして、相対評価の重要性については、第五部第二三章で求めた資料の処理解釈が評価の仕事の最終段階であるとし、「評価の本義が、価値判断と解釈ということにあるのであるから、この段階の仕事は評価のあらゆる過程中最も本質的な仕事である」「小学校や中学校の指導要録や通信簿の五段階評点を……いかに評価し、解釈し、評点や標語に表すかという問題であって、評価の利用の見地からみてもまた生徒や父兄に及ぼす影響からみても重要な問題である」と重く位置付けた。

(3) 相対評価、個人内評価、絶対評価の併用

橋本は相対評価、個人内評価、絶対評価の三者について次のように概念規定している。「相対評価とは学級の他の生徒や、全国の同年齢の成績を規準に、それと比べて相対的に見る評価法である。この方法をとれば、知能その他の点から見て成功であると解釈できる場合でも、他の生徒と比べて劣っておれば2とか1とか、可とか不可とかで評価されることになる。小学校、中学校の指導要録の学習記録の中の『評定』がこの相対評価による。相対評価法は、生徒の人数の比率を予め定めておいて、その比率に従って評定する」方法であると規定している。

次に、個人内評価については、「成績の結果を他の生徒と比較し解釈するのではなく、その個人の中で、個人内差異をみることによって解釈する方法である。その個人の一定教科内における諸観点、諸領域の成績間の比較」、また「個人の成績を縦断的に過去の成績と比較する。これで進歩の概念による評価が可能になる」として、個人内評価を横断的個人内評価と縦断的個人内評価に分類している。

さらに、絶対評価については「学校のカリキュラム要求を規準としてそれに照らしての評価、予め定められた学年相応程度を規準としてそれに比較しての評価であり、一〇〇点満点法で六〇点以上を合格とか四〇点以下は不合格とか決めるのはこの立場である。たとえば、およそ八〇点以上をとった生徒は、仮にそれがクラスの大半を占めていたとしても、全部成功したと解釈しても差し支えないことになる。現行指導要録では、高等学校の『評定』がこの立場をとっている」とそれぞれについて概念規定と説明を行っている。

（4）信頼性・客観性を備えた相対評価

その上で、橋本は各評価法の長所、短所について述べている。相対評価、個人内評価、絶対評価法には一長一短があり、どれか一つの方法で十分というようなものは存在しないと前置きしつつ、相対評価の長所として、①学校・学級ではきわめて客観的に評価することができる。②5を取った子は学級や学年で上位の七～八％（五〇人中上から四～五人）に入っていることを意味し、各評点の示す価値の度合いが明確である。③他の方法が持っている教師の主観が入る余地を排除し、他者と比べてみてこそ、はじめて事態がはっきりするし、生徒や父兄も最後の合点がゆくと評価している。

次に、個人内評価の長所としては、「今日の個性教育の見地にそのまま即した評価の仕方である。個人の横断的なデコボコを診断的に評価でき、縦断的な時間的変化をみることができるので、発達の評価も可能とされる」。しかし、「客観的な比較を可能にする根拠が欠如している」としている。また、絶対評価の長所としては、①「この方法が信頼できるようになれば、個人や集団の学習の成功・失敗をみきわめることができ、進歩発展を見ることができ、②「正しく行われるなら、……無用の競争をなくすことができよう」が、短所として「主観性と非信頼性にあり、程度を規定するというけれども、結局教師の主観に左右される致命的弱点」があると言い切る。

その上で、橋本は「評価では信頼性とか客観性ということが重要で、欠点があるにもかかわらず相対評価法は大きな長所をもっている。他の方法も併用することにより短所を補うこと」ができると結論付けている。一九六一（昭和三六）年には文部省の指導要録改訂協力者会議には橋本も委員として参加し、彼の三者併用論を基に、「評定」欄は相対評価、「所見」欄は横断的個人内評価、「進歩の状況」欄は縦断的個人内評価によって構成されることになった。

2　相対評価の根拠となる正規分布曲線

正規分布曲線の性質

その上で、『教育評価法総説』（橋本、一九五九）二四章「正規分布曲線の利用」で相対評価の統計的根拠で、評価のための統計法として、正規分布曲線は数学の理論に基づいているから、「知能・学力・身体その他心理的、教育的事象を、この曲線並びにその場合の標準偏差（SD）の持ついろいろな重要な数学的性質を応用し解釈することは有益である」としている。

橋本は、指導要録の五段階評価法の根拠として、「旧来、学籍簿や通信簿などの評価法に関しては、百点満点法とか、十点法とか、甲・乙・丙とか、上・中・下とか優・良・可などの標語が用いられてきたが、どの方法もそれを統制する規準らしい規準もなく設定されているので客観性がなかった。指導要録の評定法を客観的にするには、正規分布曲線の性質を援用するほかない」「一学級五〇人程度の集団にこれを応用して5・4・3・2・1の評点がそれぞれ、七、二四、三八、二四、七パーセントとなる。最も多くの人から受け入れられている五段階評価法である」と、正規分布曲線を相対評価の理論的根拠としている。

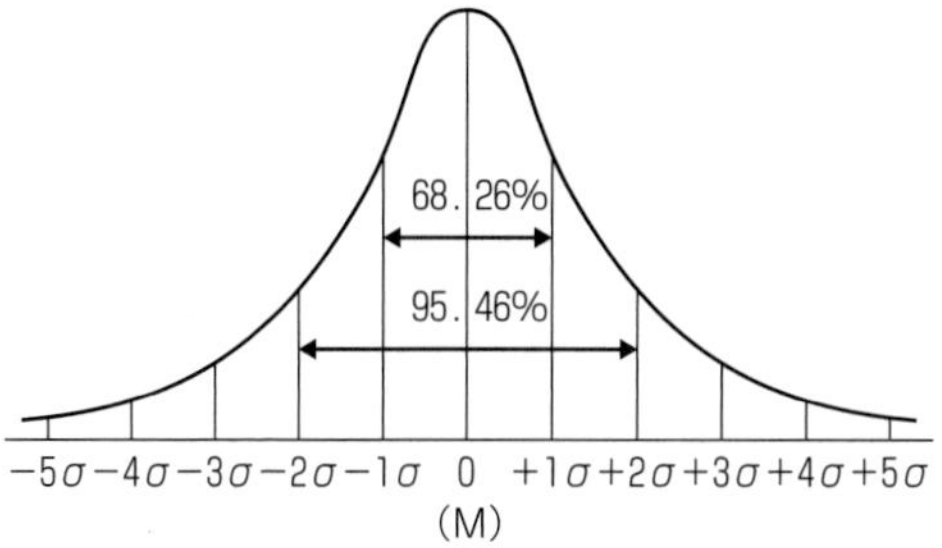

図９-１　正規分布曲線とその SD との関係

出所：橋本，1959，p. 612

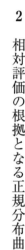

第10章　相対評価の矛盾と到達度評価論の誕生

1　「落ちこぼれ」、通知表等評価問題の噴出

一九六一（昭和三六）年に指導要録が改訂されて以降、相対評価の矛盾が噴出し、到達度評価論が誕生するまでの間の時代的議論はいかなるものであったのか。一九六〇年代から一九七〇年代にかけては、受験競争による序列化教育の激化、現代化による「落ちこぼれ」問題、相対評価批判等、学力と評価に関する教育問題が次々に生起し、絶対評価（到達度評価）を誕生させるきっかけになった時代である。

まず、一九六一年版指導要録批判が提起された。代表的な意見や研究者、実践家を紹介すると、一九六一年には民間教育運動として算数・数学教育の「水道方式」を開発した遠山啓が、『現代教育科学』（三月号）誌上で、相対評価は「教育はすべての子どもが5を取ることであるが、五段階評価は成績を上げるためには誰かが落ちなくてはならない排他的な競争を煽る評価である」と批判した。さらに、遠山は一九七六年に子どもたちの成績で選別し、序列化する「能力主義」について、「広い意味で教育が人間の能力をのばすことは正しい。だから、問題はそこにはなく、もっと別のところにある。

その能力を直線的に序列づける点が問題なのである。……人間はひとりひとりがみな質的に異なった存在であり、したがって、比較不可能・序列化不可能だと私は考えている。その不可能なこと、つまり序列化をむりやりに行おうとするやり方を私は『序列主義』と名づけ、それに反対しているのである」（遠山、一九七六）と批判した。

次に、戦前から兵庫県の郡部で生活綴り方教育を実践する立場から東井義雄が『現代教育科学』誌上の一九六一年三月号、一九六二（昭和三七）年五月号で相対評価では、子どもの「伸び」が表現できない、人間全体を評価できない、現行の所見欄では子どもの態度が評価できない非教育的なものであると批判した。

また、遠山同様、民間教育運動として理科教育を中心に仮説実験授業を創設した板倉聖宣（国立教育研究所）も一九六六（昭和四一）年に相対評価批判を「正しい学力評価」（『教育心理学年報』）や学校での講演で行っている。早くから理科の仮説実験授業の「授業書」作りを通して、日本で最も早く教育内容を到達目標とする到達度評価の考え方を問題提起しただけに、板倉は科学の授業を仮説実験授業の方法ですることを創設する中で教育評価についても先進的に研究し、後年雑誌「ひと」（一九七四年六月号）で「私の評価論」としてそれまでの相対教育批判をとりまとめ著している。なお、一九七三（昭和四八）年、いち早くブルーム理論を日本に紹介し、形成的評価を通した完全習得学習の先導役を果たし、教育評価改革に大きな影響を与えた梶田叡一は到達すべき教育目標を、「達成目標」「向上目標」「体験目標」に分類する際、板倉が提案していた「方向目標」をヒントに「向上目標」を設定したと述べている（梶田、一九八三a）。

2　相対評価に対する教育心理学者たちの姿勢

その後、教育心理学者たちは戦後定着した相対評価法をどのように考え、評価の改善に取り組もうとしたのか。一九八〇（昭和五五）年の文部省の指導要録改善協力者会議委員を務めた肥田野直（一九二〇～二〇二〇年　東京大学教授を務めた教育心理学者、元日本行動計量学会会長）は一九六六年発行の『教育学全集』第四巻（肥田野・細谷・末吉・吉田、一九六六）で、「相対評価は学級全体が進歩すれば、個人の努力や進歩は評点では変わらない。この欠陥を補う絶対評価―縦の評価（個人の進歩の評価）に適した尺度が必要で」、次に「標準検査の記録であるが、標準学力検査や知能検査が学習指導やガイダンスへの利用は不十分である」。「相対評価は教師にはそれなりに意味を持つが、我が子を育て導くかが関心事な保護者には、現行の相対評価は知能検査が父母の競争心をかきたてる以外の作用を持たない」と知能検査にまで問題提起をしている。教育心理学者たちが参加する日本教育心理学会の関係者たちが相対評価法の矛盾を補うために動き出す源流となる研究者が續有恒であり、續の理論を基礎に発展させたのがカリキュラム研究者の安彦忠彦の提言である。また、中内敏夫は一九七〇年代から八〇年代の到達度評価の研究に影響を与える提案を行った。そして、学校現場からいち早く通知表改革に先鞭をつける取り組みをしたのが、学校現場で長年生活綴り方教育を実践してきた東井義雄である。

（1）續有恒の「教育評定」と「教育評価」の区別の提案

續有恒は心理学者である。續は心理学者として人間行動の法則を抽出し、行動の予想を可能にすることを通して、人間行動を追求することを心理学の目的とした。これまで人間の理論的理解は測定的であったが、実践的理解は評価的であると考え、教育心理学は人間の教育実践をとらえる学問であるから、評価的であらねばならないとした。續は教育実践を見取るためには、日頃の人間関係に埋め込まれている価値付けである評価という活動を窓口として、教育活動を教育評価という観点から分析する立場をとった。續はその上で『現代の教育心理学』（一九五六）において、「教育評定」と「教育評価」に関して概念を整理している。「教育評定は生々しい実践の水準からは一歩離れたところに」ある客観的な記録であるが、それに対して「教育評価は目標追求の活動であるから、常にその追求の結果をチェックし、調整を要すれば調整しつつ行わなければならない」ものであり、「指導なり教育なり訓練なり、要するに実践活動を展開していく場合に必然的に行われる価値判断であって、実践の水準以外のところでは成立しないもの」であると規定した。この考え方を受けて、續は教育実践において「目標設定―指導―調整―評価」という評価的サイクルによって、初めて学習内容が身に付く「習得主義」が成立すると概念化し、『教育評価』（一九六九）で著した。「履修主義」「習得主義」という用語を初めて使用し、カリキュラム用語として普及した考え方である。当時の高等学校学習指導要領第三款「単位の修得の認定」において、「学校は生徒が学校の定める指導計画に従って教科・科目を履修し、……満足できると認められる場合は、履修した単位を修得したことを認定しなければならない」ということを根拠に、「履修と習得を区別し、履修は習得を意味しない」（續、二〇〇二）と主張した。こうして、教育評価と教育目標をつないでいく教育課程における「習得主義」の考え方が、学校現場へ普及していくことになった歴史的意義は大きい。その後一九八〇年に名古屋大学に着任した安彦忠彦は、續の評価論である「第三者による客観的な価値決定であり……相対的な比較判断」であるが、「評価は目標設定―指導―調整のサイクルの中に位置づけられるフィードバック的な教育活動の部分活動である」という考え方を土台として、「評価は本来すべて自己評価である」（安彦、一九八七）という評価論を展開し、八〇年代の自己評価論を発展させた。

（2）到達度評価運動に影響を与えた中内敏夫の学力・評価論

中内敏夫は生活綴り方教育を中心に研究する日本教育史の研究者（一橋大学）であったが、同時に一九六〇年代から八〇年代にかけては、相対評価批判の立場から学力論や評価論に問題提起をし、後の「京都モデル」と呼ばれる到達度評価に基づく学力形成や評価論に影響を与えた。民間教育団体「教育科学研究会」の委員や後年は到達度評価運動に参加し、八〇年代には全国到達度評価研究会会長を務め、到達度評価における学力形成モデルや評価論の形成に影響を与えた。到達度評価における学力形成モデルでは、一九八〇年代に稲葉宏雄たち京都グループが認知領域と情意領域を区別する「並行説」を提案したことに対して、中内は認知的能力と態度など人格的価値を一元的に把握しようとする「習熟」という学力モデル（「段階説」と呼ばれる）を提案した人物である。第3章の到達度評価論に基づく学力形成に戻るが、中内は戦前の生活綴り方教育を中心に日本教育史から研究を始め、その後学校現場教師であるならば自覚するとしないとにかかわらず持っている目指す学力モデルを「あらためて意識に上らせ、検討してみることは、必要なことであり、かつ科学的な態度でもある」（中内、一九七一）として、学力モデルと評価の研究に向かった。第3章の広岡亮蔵の三層構造の学力モデル論争に戻るが、当時これに対して態度主義批判が起こる中で、中内は広岡モデルに対して好意的な評価をしている。中内は、「学力の層化という着想は……現場の教育実践にとって有効な着想であり、リアリティーを持っている」（中内、一九七一）との立場に立った。その上で、「習熟モデル」と呼ばれる知識・範疇・習熟の三要素から成立する学力モデルを提案した。知識は、認知としての知識であり、範疇は科学的概念・芸術的形象・方法・テーマである。そして身に付いた知識や方法が自在に使えるようになった段階を、広岡の学力モデルでいうところの「態度」と三層に区分けせずに、「習熟」として知識・範疇・習熟の三要素を一連のものとして学力モデル化した。戦前の態度主義を「習熟モデル」の学力論によって克服しようとしたのである。

　第5章の到達度評価の学力モデルで、学力形成論には中内の「段階説」と稲葉の「並行説」があることに触れた。「段階説」は学力に情意的な「関心・意欲・態度」などの人格的な価値を位置付け、認知としての「知識・理解」と「思考・判断」の総合された姿と見るが、これに対して「並行説」の場合はブルームの教育目標の分類学（タキソノミー）を参考にし、情意としての「関心・意欲・態度」（情意形成過程）は、認知としての「知識・理解」と「思考・判断」（認知形成過程）と並行して発展すると考えるのかに分かれる。中内は情意的な内容や態度を、認知的な内容の延長線上の発展として一元的に考え、到達度目標とした。このように、到達度目標は習熟論を土台に据えることによって、態度主義を克服できると考え、「段階説」と称されたのである。

知　識 （認識精度）	概念・形象・ 方法・テーマ など
習　熟	

図10-1　中内敏夫の学力モデル

出所：田中，2008，p. 105

　その後、到達度評価グループにおいては、中内による習熟論に基づく「段階説」により態度主義批判を克服したことによって、指導要録の三観点である「関心・意欲・態度」の情意的目標も「知識・技能」「思考・判断・表現」の認知的目標も学力モデルを土台にして、評価することが可能になったととらえる。また、「並行説」を提案した稲葉は、「学力は認知的能力と情意的性向の統一として追求されなければならない」というのであるから、評価観点としてもブルームの教育目標の分類学（タキソノミー）を参考に情意的能力としての「関心・意欲・態度」を評価対象に位置付けることになったのであろう。このように、中内の「段階説」は態度主義を乗り越えるための理論を提供した。

(3) 評価の混乱・論争と東井の到達度評価による通知表改革

東井義雄は戦前から戦後にかけて兵庫県の但馬地方の山村で綴り方教育やいのちの教育を推進した浄土真宗の僧侶でもある教育者であり、「東の斎藤喜博、西の東井義雄」と称された優れた教育実践家である。高度経済成長が始まり人々が都市へ出ていく一九五七（昭和三二）年には、『村を育てる学力』を出版した。貧しく低学力である山村の子どもたちに「生きる力」をつけ、本物の学力を育てるには、「生活の論理と教科の論理を統一」して、自分たちの地域をよくしていくためにそれを作文に綴っていくことによって、「村を捨てない、村を育てる学力」が身に付くと実践を紹介した。そのように子どもたちに本物の学力をつけたいと考えていた東井であるから、当然、一人ひとりの子どもたちを指導目標に到達させる到達度評価や学力に強い関心を持っていた。兵庫県八鹿小学校校長に着任した東井は、一九六六（昭和四一）年、東井の指導のもとに到達度評価による通知表「あゆみ」を全国に公開（東井・八鹿小学校、一九六七）した。東井は「評価することは教師の悩みなのだ。現在の評価の仕方、方法、指導要録の中身そのものがもたらす悩みなのだ」「評価する私たちにしても、一学期より伸びてきた場合励ましてやりたい。にもかかわらず、おなじ『3』という数字でしかその頑張りをあらわすことができないということは、苦しいことだ」と「子どもにも教師にも励みになる『学習の記録』を打ち立てたい」と述べる。通知表の「学習の様子」は、各教科、学年ごとに到達目標を設定し、それぞれ「●（目標の九割以上の達成）、◎（九割〜六割達成）、○（六割以下）」の三段階絶対評価に改革した。六年生の算数の場合の評価規準として、「数と計算」領域では、「整数、小数の四則計算ができる」「分数の加減乗除ができる」「そろばんを用いて二、三桁の掛け算ができる」、「量と測定」「図形」「文章題」の各領域では計一〇項目の評価規準を設定している。八鹿小学校に続いて、子どもたちの学力保障に取り組む学校や教職員団体、同和教育を推進する教育団体等多くの教員組織が推進役になって、通知表改革や指導要録記入方法の改善や指導カルテの導入などの取り組みが進んだ。

一九六七（昭和四二）年からは、一九四六（昭和二一）年の社会科学習指導要領作成の中心者であり、「社会科の初志を貫く会」の創設者の一人だった上田薫は、「点数による評価は子どもの実態を把握し、それに対応した指導ができない」ので、「評価は実践の出発点、中間点として機能しなければならない」（武藤、一九八九）という評価論に基づいて、静岡県安藤小学校で「カルテと座席表」を用いた試みで子どもたちをとらえ、授業に生かす取り組みを始めた。

ところで、評価の問題は保護者からも噴出しマスコミでも問題になり、文部省を動かすことになった。一九六九（昭和四四）年二月のTVの朝のモーニングショーへ、保護者から「今の通知表では我が子がいくら努力して良い成績を上げても、クラスの中では予め評価の人数枠が決まっていて評価されない」不合理なものであるという趣旨の投書があった。この投書の批判を受け、文部省側も文部政務次官が「通知表は指導要録と違って評定の配分枠人数は決まっていないので『全員5でも3でもいいんです』という発言」をきっかけに、相対評価による通知表の是非を問う通知表問題が生起し、その後各地の学校で相対評価から到達度評価による通知表改革が現れ出した。

また、第Ⅱ部の学力論争で述べたように、一九七一（昭和四六）年、全国教育研究所連盟が小・中・高等学校の児童生徒を対象に「学校の授業をどの程度理解しているか」という調査をしたが「理解している」という回答結果は、小学校七割、中学校五割、高等学校三割で、「七・五・三」教育、「落ちこぼれ問題」と批判された。

さらに、一九七五（昭和五〇）年の国立教育研究所の学力調査、一九七六（昭和五一）年には日本教職員組合の国民教育研究所での学力調査結果も総じて学力低下の実態が明らかにされ、学校教育の「落ちこぼれ問題」「詰め込み教育」批判がいよいよ高まり、学力や序列を促す相対評価批判の声は大きくなっていき、学力と評価の改革が焦点化する状況を迎えた。

一九七一（昭和四六）年文部省は、相対評価の矛盾を是正するため、指導要録の改訂に関する通知にあたって、「評定にあたっては、各教科の学習における児童生徒の平素の学習態度を考慮」し「あらかじめ各段階ごとに一定の比率を定めて、機械的に割り振ることのないように留意」することとした。また通知表についても、「取り扱いの注意」として「学校と家庭の連絡に用いられる通信簿等は、保護者が学校生活の実情をじゅうぶんに把握することが目的であるから、児童生徒の発達段階や学校の実情を考慮して記載内容を定めることが必要であり、指導要録の様式や記載方法等をそのまま転用することは適当でない場合もあるので、注意すること」の一文が加えられた。

しかし、一九七二（昭和四七）年には東京都立川市立第二中学校の音楽の教師が通知表に「音楽をみんな楽しく学んだ」として全員を「オール3」と評価し、相対評価（評価不要論、評価不能論論争も混在した）による通知表の是非を問う通知表問題が生起し、評価をめぐる問題は全国的に複雑で対立的な様相を帯びてきた。

教育評価研究の専門家が集まる日本教育心理学会の関係者はいかに見ていたのか。当時の状況（主として論文の多くは一九七〇年代半ば頃）について、城戸幡太郎（一八九三～一九八五年　北海道教育大学学長を務めた心理学者・教育学者、教育科学研究会の創設者）の八〇歳を記念して出版する予定で昭和四〇年代に執筆されたが、出版が一九八二（昭和五七）年と遅れた『日本の心理学』の中の論文「教育心理学の動向」（日本文化科学社）の中で、松本金寿（一九〇四～一九八四年　東北大学教授を務めた心理学・教育学の研究者、ソビエト心理学研究会を創設、教育科学研究会会員）は次のように述べている。「日本教育心理学会は、一九六六（昭和四一）年大会では『正しい学力評価のありかた』、一九六九（昭和四四）年大会では『現代教育評価の諸問題』を総会シンポジュームの課題として取り上げてきた。これまで我が国の研究の依拠してきた教育測定運動の延長線上の評価論と、教育実践の中で求められている教育評価論のギャップは埋められなければならない」「我が国の評価研究は検査・測定の次元にとどまっていると言わざるを得ない。戦後、我が国の教育界で広く公認されてきた五段階相対評価法についてその教育的矛盾が提起され、その止揚が開始されている」「これまで、方法論にのみで見失ってきたことを反省すべきである。我々に課せられた課題は、教育目標の実現を正しく評価できる方法論を構築することと併せて、それが具体的な教育過程で機能する動態についての研究である」と一九六〇年代を総括し、問題の止揚の必要性が一九七〇年代の評価研究の課題であることを認識していた。

3　相対評価批判と到達度評価の実践提言

一九六〇年代後半から八〇年初頭にかけては国内だけでなく外国からも多くの相対評価批判や絶対評価理論の書籍・実践書が発表され、全国的な研究集会も開催された。一九六九（昭和四四）年の續有恒の『教育評価』、一九七一（昭和四六）年の中内敏夫の『学力と評価の理論』、一九七三（昭和四八）年のB・S・ブルーム著、梶田叡一・藤田恵璽・渋谷憲一監訳『教育評価法ハンドブック』、仮説実験授業機関紙『ひと』（一九七四年六月号）の板倉聖宣「私の評価論」、一九七五（昭和五〇）年の京都府教育委員会編『到達度評価への改善を進めるために――研究討議の資料』の学校への配布、一九七六（昭和五一）年の梶田叡一・植田稔（神奈川県藤沢市教育文化研究所指導主事、その後湘南台小学校長、日本で最初にブルーム理論のマスタリー・ラーニングを試みたティームのリーダー）たち神奈川県藤沢市研究グループによる日本で最初のブルーム理論に基づいた『形成的評価による完全習得学習』、一九七九（昭和五四）年の京都府教育委員会による一九七五（昭和五〇）年以来の到達度評価研究を京都府教育研究所がとりまとめた佐々木元禧編『到達度評価』、一九七九年に創設された京都到達度評価研究会編集の『到達度評価研究ジャーナル』（稲葉宏雄委員長、中原克巳事務局長）等、次々に相対評価批判と到達度評価に関する理論と先進的な実践の試みが紹介されている。一九八〇年代になると、京都到達度評価研究会が中心になって全国組織が結成されていった。

4　矛盾を到達度評価と相対評価の折衷案で解決しようとした橋本

このような時代状況について、橋本重治は一九七六（昭和五一）年の『教育評価の新動向』のはしがきに、「我国の教育評価に関する考え方は混迷し、新しい展望を求めて苦悩している。絶対評価、相対評価の問題、通信簿や指導要録、テストと差別、五段階相対評価の問題である。今世紀初頭の適性の個人差を測定と評価を導いた心理学的、統計的測定原理と、第二次大戦後世界的に広まった人間尊重論や一人ひとりを伸ばす教育評価のあり方を問うたところの社会的・倫理的原理とが未だ調和とバランスが取れていない状況にあると考えてよい」と述べている。橋本には、相対評価から絶対評価への歴史的転換点が「混迷の時代」と認識された。したがって、その後、橋本は、到達度評価について研究した上で、なお相対評価と個人内評価、絶対評価の三者を折衷することで「調和とバランス」を取ることを試みた。

当時の伝統的な相対評価派の研究者たちの状況について、到達度評価研究の先導役を務めた村越邦男（中央大学教授を務めた教育学者、一九七九年設立の到達度評価研究会にも参加）は、一九七九（昭和五四）年の『日本の学力』（第二巻）「教育評価の現段階」の中で、「国民の要求が変化を求めていても、教育評価の専門家たちはその変化に戸惑い一歩遅れて研究をすすめ、ある場合には変化を冷やかにみつめ、批判的な立場をとる者も多くいた」が、現場教師の到達度評価の実践的な研究の蓄積が一九七〇年代後半に評価観を転換させていったと証言している。

橋本は新しい時代の流れである到達度評価を研究し、一九八一（昭和五六）年、到達度評価と相対評価の併用の必要性を『到達度評価の研究』（一九八一）に著し、問題の解決を図ろうとした。橋本は、まず到達度評価の長所としては「教育測定的な方法に立ち、方法的には難点もあるが、目的論上は生徒の学習意欲や学級・学校のカリキュラムの改善のための教育決定に有用な情報を提供する」とした。これに対して、相対評価法の長所としては「心理測定的な立場から個人差の測定に焦点をおき、その方法論上に高度の信頼性と操作容易性を有している上に、進路・進学指導に適している。他人と並べ比べての解釈をも併せて用いてこそ、合点がゆく社会的有用性も無視できない」と提言している。「到達度評価は長所を持つと同時に信頼度で困難点を持つので、補足するためには相対評価法と個人内評価を用いなければならない」と併用論の理由を次のように述べている。

①「到達度判定の信頼性のチェックに」、信頼性に欠ける到達度判定をチェックするためには、相対評価基準であるＮＲＴ（集団基準準拠検査）による相対評価法が共通性を持っているので補完できる。

②「発展的目標についてその利用が限定されていることの救済」、高度の理解・思考・態度・鑑賞・表現等の目標は絶対評価では正しく評価できない。

③「地域のカリキュラム評価や学力調査への相対評価の利用」、全国規模は別にして、学校・地域・市・県で学力調査評価には到達度評価は適切でない。

④「知能・適性・性格等の個人差の測定のために」、学力でない学習における入力条件である生徒の知能・適性・性格等の個人差の測定には、到達度評価はなじまない。

この理屈は、一九八〇年指導要録改訂の際、絶対評価による観点別評価を導入した折に、評価理論上異なる相対評価を残すために、文部省が「絶対評価を加味した相対評価」という折衷的表現を用いたことと相通じるところがある。

第11章　目標に準拠した評価への原動力になったブルームと梶田の評価論

1　ブルームと梶田に関する著作

日本におけるブルーム（Benjamin S. Bloom, 1913〜　シカゴ大学の特別栄誉教授を務めた心理学者・教育学者、タイラーのもとで評価を学び「教育目標の分類学」を取りまとめ形成的評価に基づくマスタリー・ラーニングを構想した、アメリカ研究協会会長を務めるとともにＩＥＡ・国際教育到達度評価学会の創設者の一人でもある）と日本に紹介した梶田叡一に関する研究を見ると、ブルームと梶田についての理論を対象とした解説書は多いが、研究対象にした著述は意外に少ない。ブルームの人生と研究について紹介したものには、ブルームの弟子としてシカゴ大学でタキソノミーを一緒に共同開発し、その後「改訂版タキソノミー」を出したアンダーソン（Lorin W. Anderson　シカゴ大学でブルームに学び、教育目標の分類学の提案にかかわる）による「ベンジャミン・ブルーム――その人生と研究」（塚野訳、二〇一〇）、グレナ・セミナーでブルームと出会い、弟子となり日本にブルームの理論を広めた梶田の『教育評価』（一九八三ａ）、ブルームの来日記念をまとめた『ブルーム理論に学ぶ』（一九八六ｃ）等がある。

全国到達度評価研究会会長として到達度評価運動を指導してきた稲葉宏雄は、ブルームの評価・学力理論全般を体系的に研究した『学力問題と到達度評価』(一九八四)を著している。また、京都の到達度評価研究草創期からかかわり、一貫してブルーム学派の研究を続けてきた田中耕治は、戦後の学力論、評価論の変遷と理論的到達点を『教育評価』(二〇〇八)、『「教育評価」の基礎的研究』(二〇〇二)等で研究成果を表している。ブルーム批判の翻訳では、ブルームの弟子であったアイスナー(Elliot W. Eisner)が、ブルームの理論は行動目標的であり適用できる範囲の教科は限定的で芸術には適応できないと批判し、ブルームとの論争を扱った『カリキュラム改革の争点』(木原・加藤・高野訳、一九七四)がある。

梶田については、現在も活躍中の研究者であるだけに、研究対象とした著作は少ない。梶田の評価理論について石井英真が戦後教育評価を担った人物として「子どもの内面世界を育てる評価の方法——梶田叡一」(二〇〇七)として評価論を分析している。また、梶田の指導を受けた古川治が『ブルームと梶田理論に学ぶ』(二〇一七)として著し、日本へのブルーム理論の導入の経過や教育実践の試み、そして梶田がいかにブルーム理論の問題点を再構成し、発展させていったかという過程を取りまとめた著作が散見される程度である。

2　日本におけるブルーム理論の受容

ブルーム理論の日本への受容は一九六七年に遡る。世界的潮流になっていたブルームの理論を始めて日本に紹介したのは、一九六七年に永野重史(国立教育研究所)によってである。永野は、『授業研究』の「授業・学習過程と評価」（一九六七）の中で、「アメリカの教育学者たちの『教育目標の分類学』という本の中に……『企画・作戦計画の立案』と言う教育目標の説明のために用意されたものがあって、教育過程の諸段階について理解していただくためのものでよくできている」と教育目標の分類学の認知的領域について紹介した。倉智佐一（大阪教育大学）はブルームの共同研究者であるクラスウオールがいるイリノイ大学に留学し、「教育目標の分類学の作成作業に参加し」（倉智、一九七四、八〜一一頁）、帰国後開発の意義について、「それまでの授業のあいまいな目標概念が目標の明確化に伴って、学習指導や教育研究が能率的に推進され、目標分析という困難な問題領域に一つの有力な考え方を提供した」（倉智、一九七四、八〜一一頁）と評価している。同時期には加藤幸次（帰国後、国立教育研究所に着任）が「タイラーの原理」を批判する反対派のクリバード（Herbert Kliebard）の指導を受け、ウィスコンシン大学から帰国した。加藤もタイラー、ブルーム対クリバードたちのアメリカにおけるマスタリー・ラーニング論争を身近に学んだ研究者である。加藤は帰国後、学級を解体し個別学習をする「日本個性化教育研究会」（現日本個性化教育学会）を組織した。一斉指導を解体する考えの加藤は、梶田の学級集団を基礎に考え一斉学習をする方式を批判し（梶田、一九八六c）、ブルームや行動主義的なマスタリー・ラーニングに対して梶田と評価論争（梶田、一九九四b）をしている。加藤は、梶田の日本の一斉指導の中に個別化を取り入れ学習改善をし、学力を定着させるマスタリー・ラーニングの効果を評価し、個性化教育の推進校（愛知県緒川小学校等）へも導入した。

教育工学分野では、クロンバック（Lee J. Cronbach）が一九五七年に発表した、子どもたちはそれぞれ独自の学習スタイルや思考スタイルを持っており、それに適性化して処遇学習することが効果的であるという、「適性処遇交換作用」（ＡＴＩ）という理論が流行していた。日本では、クロンバックに学んだ東洋（東京大学）が「適性処遇交換作用」の理論を紹介した。しかし、留意点として「適性処遇交換作用」が一斉学習の中で、ある子には適性な学習方法であっても、学級すべての子どもたち個人の学習者に適性処遇の機会を準備できるかどうかは、困難を要する学習方法である。後に、永野は「適性処遇交換作用」を評価し、ブルームより優れていると、批判した経緯（永野、一九七六）がある。

このような流れの中で、一九七三年に日本の学校現場の教師たちが最初にブルームの形成的評価の理論に基づいてマスタリー・ラーニングの授業実践に取り組んだのは、グレナ・セミナーに参加した日俣周二（国立教育研究所）と横浜市立元街小学校の共同研究（日俣・横浜市立元街小学校、一九七三）である。日俣は元街小学校で一九六五年からティーム・ティーチング（協力教授指導）の研究指導をしてきたが、複数の教師が同一単元を指導するには、あらかじめ指導目標と到達目標を揃えておかなければ、ゴールがバラバラになる。そこで、「目標分類体系をもとにして、行動の要素を分類した。マスタリー・ラーニングの研究で強化する意味で有効だと判断した」（日俣・横浜市立元街小学校、一九七三）と述べている。しかし、日俣と元街小学校のねらいは、ティーム・ティーチングの研究だったので、マスタリー・ラーニングは、数年間の単発の研究で終了してしまった。

このような時期に教育工学では行動目標を目標に準拠した評価で行う「工学的アプローチ」、他方では多面的で即興を重視し、学習結果を「目標にとらわれない評価」（羅生門的アプローチ）とする二つの授業と評価のモデルが提案された。これらの二つのモデルを提案したのは、文部省と経済開発協力機構（ＯＥＣＤ）の教育研究革新センター（ＣＥＲＩ）が主催した「カリキュラム開発に関する国際会議」で発表したアトキン（J. M. Atkin）である。

実際の授業では、教育評価はどちらか一方で行われるのではなく授業の状況に応じて「工学的アプローチ」で行われたり、「羅生門的アプローチ」（芥川龍之介の小説を黒澤明監督が映画化し、多様な立場から解釈・評価できることから命名された）から行われることを示した。つまり、どちらか一方に立つのではなく、授業の状況に応じて授業を展開し、評価することが必要であるということが交流された（文部省、一九七五）。

3　アメリカ教育学会の研究から開発されたタキソノミーとブルームの理論

（1）教育目標の分類体系（タキソノミー）

梶田は「ブルーム理論」を次の四つの柱から構成している。一つ目は、「ブルーム理論」全体の基盤になっている「教育目標の分類体系」（タキソノミー）、二つ目は、タキソノミーを利用して教授・学習過程の途中で中間的評価として活用する「形成的評価の理論」、三つ目は、形成的評価の機能を活用し、すべての子どもを目標に達成させようというマスタリー・ラーニング、四つ目はこれらの理論を踏まえて、カリキュラムの評価と開発を行うカリキュラム理論である。ブルームは、アメリカのシカゴ大学で教育学部教授を務め、一九八三年に退官した。ブルームは、国際教育到達度評価学（International Studies of Educational Achievement：IEA）の創立メンバーである。

一九七一年に、国際教育到達度評価学会は、ユネスコの援助でスウェーデンのグレナにおいて「カリキュラム開発に関する国際セミナー」を六週間にわたり開催した。「セミナー」に参加した世界二九か国の教育学者たちをティームにまとめたのは、ブルームであった。梶田らはこのとき使用されたテキストを『教育評価法ハンドブック』（ブルーム著、梶田・藤田・渋谷監訳、一九七三）として日本に訳出し、世界的潮流であるブルームの評価論を日本に紹介した。

そもそも、タキソノミー作成の発端は、一九四八年にボストンで開催されたアメリカ心理学会大会において、大学入試の測定・評価の専門家たちが、大学入学試験は一体学生のどのような知的能力を評価するための内容なのかについて分析をし、評価専門家相互のコミュニケーションを促進するため、教育目標となりうる能力や特性の分類に関する理論的枠組みを建設する必要があるということがきっかけである。検討され順次、タキソノミーが発表された。一九五六年にブルームたちによって認知的領域が、一九六四年にはブルーム、クラスウォール（David R. Krathwohl）、メイシア（Bertram B. Masia）によって情意的領域（Affective domain）が、遅れて精神運動的領域案（psychomotor domain）が何案か提示された。最終的に一九七〇年にブルームの弟子のダーベの案が一般化した。

まず、タキソノミーは教育において達成させるべき目標の全体を、知識・理解・技能等知的諸能力の発達に関する諸目標からなる認知的領域、関心・興味や態度、価値観の形成と正しい判断力や適応性の発達に関する諸目標からなる情意的領域、体や手先の各種技能や運動技能に関する諸目標からなる精神運動的領域の三領域に区分し、領域ごとに最終的な目標を達成する過程で、順次段階的に構造化し達成していくべき目標の系列を明らかにしようという試みである。

次に、各領域別の枠組みについて概要を見る。認知的領域に位置付く【知識】（1.00）においては、用語や事実など「個別的なものに関する知識」が置かれた。その上に【理解】（2.00）は、関係性や法則性に関する理解である。【応用】（3.00）は、特定の新しい具体的な状況において抽象概念を用いることができる応用能力である。その上に【分析】（4.00）は比較し、分析する能力、【総合】（5.00）は要素や部分を結合してレポートなどにまとめる能力。最も上の段階の【評価】（6.00）は、素材や方法の

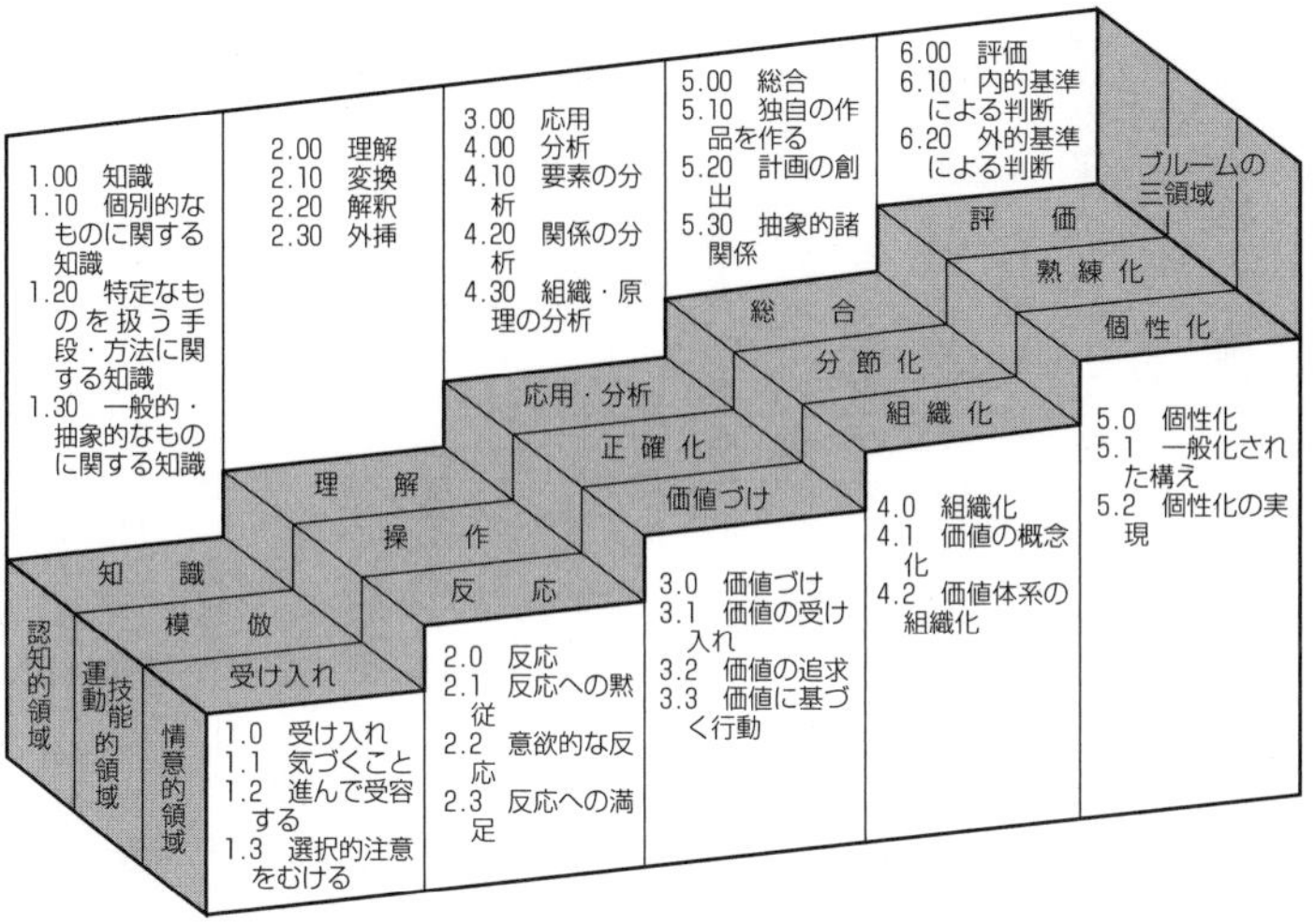

図11-1　タキソノミーの教育目標の領域と系列

出所：渋谷憲一「タキソノミーの図」安彦忠彦他編『現代学校教育大事典』第4巻，ぎょうせい，2002年，p. 533

価値を、目的に照らして基準を満たすかどうか判断、評価する能力である。次に、情意的領域では、はじめに【受け入れ】【反応】【価値づけ】【組織化】【個性化】まで到達すると、個人は内在化された価値に従って、行動は個人の価値に従って表れるようになる。また、精神運動的領域は、ダーベが一九七一年に発表したものによると【模倣化】【技巧化】【精密化】【分節化】【自然化】ということになる。

(2) 形成的評価の理論

評価というと、まとめの「ネブミ」の「評定」を意味する「総括的評価」をイメージするが、ブルームは指導上の機能から評価を「診断的評価」(diagnostic evaluation)、「形成的評価」(formative evaluation)、「総括的評価」(summative evaluation) の評価概念に大別した。「診断的評価」とは、新しい学習を始めるにあたって、既習の学習につまずきがないかどうかをあらかじめ事前に実態を確認するために行う評価である。「形成的評価」とは、学習途上につまずきなどを見取る役割を持つ中間的な評価活動である。そして、一時間の授業中や小単元のまとめとしてのテストの結果として「評定」するのが「総括的評価」である。

ところで、ブルームは「形成的評価」というカリキュラムの概念を授業改善に導入したが、もともと「形成的評価」とはスクリヴァン（M. Scriven）がカリキュラム開発に関する評価の役割を説明するとき、カリキュラムについて実際に採用するかどうかを最終的に判断する評価のあり方を「総括的評価」と呼んだことから始まる（浅沼、二〇〇一）。しかし、ブルームは、「形成的評価」を学級におけるマスタリー・ラーニングの学習における途上で用いる評価として重視する必要があると機能の違いを区別することを主張した。「形成的評価」を用いた学習における形成的テストは、一単元や一教材（一般に数時間から一〇時間程度）の授業の中で、数時間の授業の途中や終了時に、あらかじめ到達目標として示した単元の授業目標に沿って作成した小テストを実施し、結果としてどこが理解でき、どこでつまずいているかを単元の授業目標に即してチェックし、子どもたちの学習の習得状況を把握するものである。このようなテストは相対評価に基づく集団内の位置を示す一〇〇点法によるものではなく、目指した目標に対して達成、未達成を示す目標基準に基づく実態把握のための到達度テストである。

（3）マスタリー・ラーニング（完全習得学習）の理論

ブルームは、マスタリー・ラーニング（完全習得学習）を開発するにあたって、基本的前提となる考え方を『教育評価法ハンドブック』（ブルーム著、梶田・藤田・渋谷監訳、一九七三）の中で、次のように書き記している。

「教師なら誰でも、生徒の三分の一は自分の考えることを十分学習し得るだろうと期待をもって始める。教師は、生徒の三分の一は落伍するか、せいぜいどうにか問題にならずにすむものだと考えている。それは、教師や生徒の向上心を減少させ、生徒の学習意欲を減退させ、生徒の自己概念を組織的に破壊しているものである。大抵の生徒は（おそらく九〇％以上の生徒は）我々の教えなければならないことがらの習得が可能である」。教育はどの子どもたちにとっても機会が平等であると同時に、結果も平等でなければならないという考え方である。

一九六八年に、ブルームは『習得のための学習』（*Learning for Mastery*）を発表し、「学習成績の分布が正規分布に近づけば近づくほど、不成功であったと断言してよい」と指摘し、「アメリカに根付く社会ダーウィニズムに対して、その根拠となっていた『正規分布曲線』神話を論駁した」（田中、二〇〇八）。これに先立ちハーバード大学の心理学者のJ・B・キャロルは、子どもたちがそれぞれ学習習得に必要な学習時間はまちまちで違いがあり、学習成果の到達には学習時間差を大切にしなければならないと主張した。マスタリー・ラーニングを紹介した『朝日新聞』（一九八〇年四月五日付夕刊）は、「落ちこぼれは米国でも頭の痛い問題。一九六三年に、キャロル教授が、『勉強のできる子とできない子がいる』と言う常識に挑戦して打ち出した『勉強の進み具合の早い子と遅い子がいるだけで、時間さえかければできない生徒はいない』という説に基づいている。これを、ブルーム・シカゴ大学教授が実際の学習法として確立した」と紹介した。キャロルは、個人の学習到達度を下記の「学校学習のモデル」で表した。

学習到達度＝ f 〔実際にかけた学習時間 / 必要な学習時間〕

しかし、ブルームや弟子のキムやブロック（James H. Block）が構想したマスタリー・ラーニングの問題点は、知識、理解、技能の習得を中心とするものが限界で、高次の知的能力、情意的能力や人間教育論までの広がりが見られなかったこともあり、一九六〇年代末から批判を受けた。石井英真によると、アメリカにおいても「ブルーム・タキソノミーの背後にある行動目標論や、ブルーム・タキソノミーに対しては人間行動の三領域への分離が機械的である点や、階層構造が一方向的で直線的な学習と結びつく点などが指摘された」（石井、二〇一一）。これらの批判を受けて、梶田は授業実践の中で、この行動主義に基づく行動目標論からの切り離しやブルーム・タキソノミーの能力と授業での学習活動との結び付きなどの点で課題に直面し、その後「梶田理論」を構築する契機になった。

ところで、ブルームはキャロルの「学校学習のモデル」の理論を実現するため精密化した『個人特性と学校学習』（*Human Characteristics and School Learning*）を一九七六年に刊行し、マスタリー・ラーニングの土台となる個人特性と授業づくりについて、キャロルは学習者の特性を所与の条件として考えたが、ブルームは学習者の特性が影響しないよう、認知的前提能力（前提の基礎事項の習得状況）、情意的前提特性（学習過程に参加する動機付け）、授業の質（明確に単元を考える）を考え、ブルームの「学習モデル」として提言（ブルーム著、梶田・松田訳、一九八〇）し、個人差とその規定要因について全く異なった見方を打ち出した。

(4) カリキュラムの理論

ブルームのカリキュラム理論は、これまでの目標と評価が分離したものではなく、常に提示した教育目標に照らして教育内容の順序が適切か、授業過程を形成的評価でチェックし、結果として得られた成果に基づいて、教師が指導上必要な修正を加える必要があるかどうかを検討し、結果としてカリキュラムがシステムとして機能しているかどうかを検討するものである。

4　梶田の評価論の発展過程

(1) 梶田の評価・学力研究の時代区分

一九七〇年代から八〇年代にかけての評価改革の中心的役割を担った梶田叡一（一九四一年〜）の評価論について概略を述べよう。梶田（大阪大学・京都大学）は心理学者でありかつ教育領域において評価論、学力論、人間教育論を中心に研究し、特に評価研究においてブルームの評価理論を日本に紹介し、ブルームの評価理論の教育工学的側面を克服し、日本教育・文化に基づいた「梶田理論」を確立し、その後、自己意識研究と評価論に基づいた「人間教育論」を発展させた。梶田は、国立教育研究所で自己意識の研究をスタートに評価論、学力論、カリキュラム論へと研究分野を広め、その後人間性心理学を中心に独自の「人間教育論」を提唱し、教育研究や日本の教育行政改革にも深くかかわった研究者である。

梶田は一九七一年スウェーデンのグレナで開催されたカリキュラムセミナー（グレナセミナー　国際教育到達度評価学会（International Studies of Educational Achievement：IEA））に参加し、アメリカのシカゴ大学のブルームと出会い、グレナセミナーのテキスト*Handbook on Formative Summative Evaluation*を日本の教育界に『教育評価法ハンドブック』『学習評価ハンドブック』として訳出し、遅れていた日本の評価研究を世界的潮流に追いつかせた。梶田はブルームの学力と評価理論に基づいて、一九七〇年代半ばからブルーム理論の教育工学的アプローチを改め、独自の「梶田理論」を確立した。ブルームの理論では、学力中心に認知面のタキソノミーが重視されていたが、一九七〇年代末期になると梶田は岩手大学教育学部附属中学校と授業実践開発する中で、認知面の学力に偏りがちな理論を是正するため、情意面のタキソノミーも重視し、両者を同時に実現するため「学力保障と成長保障の両全」という概念を誕生させ、自らの「梶田理論」を構築していった。また、ブルーム流のタキソノミーを日本の文化、教育に応じたタキソノミーとして、大乗仏教の法華経に由来する「開・示・悟・入」と改修し「修正タキソノミー」として提言した。

さらに、ブルームたちは形成的評価の考えを単元（一〇～一五時間）単位で数回実施することを考えていたが、梶田は授業途中で学習状況を見取る形成的評価の考えを各授業単位に適用し、「指導と評価の一体化」の授業に解釈を深め、詳細なマスタリー・ラーニング（完全習得学習）に授業設計し直している。一九八〇年代になると、静岡大学教育学部附属浜松中学校との共同研究では、単元レベルの学力保障を「ねらい」と命名し、長い時間を経過して成長してほしい成長保障の目標を「ねがい」として弁別しながら、両者の実現を同時に目指す「学力保障と成長保障の両全」を具体化目標として掲げた。短期に実現する「学力保障」、そして長期に実現する「成長保障」を、それぞれ「ねらい」と「ねがい」に分けた。その上で、自己意識や内的意欲を踏まえた自立的で主体性な学びの授業づくり、それを支える自己学習能力論と自己評価論も確立した。

その後、文部省改訂の一九九一年指導要録では、一九八〇年の指導要録改善協力者会議での評価論争の結果導入された「関心・意欲・態度」をさらに発展させ、観点別学習評価の観点として、「関心・意欲・態度」の評価観点が導入された。文部省はこれを「新学力観」と提言したが、これまでの知識や技能など認知面の学力評価と違い、この「関心・意欲」などの情意面の観点を学校現場でどのように評価するかで混乱や批判が起こり、学力論争になった。梶田は認知的学力と情意的学力の両面からのバランスをとって、「海面に浮かぶ氷山としての学力」論として構造化するなど「ブルーム理論」に基づく評価論、学力論を土台に、独自の学力モデルを構築し、学力論と評価論を一体のものとして提言し、この「海面に浮かぶ氷山としての学力」モデルは、学校現場に受け入れられ、日本の教育界に定着していった。本書では、梶田が評価論、学力論の研究に力を注いだ一九七〇年代から二〇一〇年（第一期〜第三期）までを大きく次のように区分する。

①ファーストステージ（第一期、一九七〇年代）

ブルーム理論を日本に紹介し、ブルームの理論で授業を試みた時代。日本流に受容し広め、「学力保障と成長保障」の両全の実現として広めた時代。

②セカンドステージ（第二期、一九八〇年代）

相対評価と絶対評価の評価論争を通して、一九八〇年指導要録への転換にかかわった時代。内面性の研究に基づいた人間教育論と自己評価研究の提案、「開・示・悟・入」という独自のタキソノミー構築の時代。

③サードステージ（第三期、一九九〇年代以降）

一九九〇年代に「海面に浮かぶ氷山としての学力」を提案した評価と学力一体化の研究の時代。全国学力・学習状況調査座長、二〇〇八年版学習指導要領の基になった中教審副会長の時代。

まず、ファーストステージ（第一期、一九七〇年代）はブルームの評価理論を日本に紹介し、一九七四年から日本で初めて藤沢市の教師グループとマスタリー・ラーニングの開発研究を進めた。藤沢市の植田稔、中山洋司たちが理科・算数・体育を中心にマスタリー・ラーニングに取り組み、学習の到達率を九五％にさせた。そのためには、つまずいた子どもたちのために補充学習用の補助教材、深化学習用の学習教材を準備し、時間ごとに学習目標を設定し、それに対応する形成的評価を準備し、綿密な授業設計と時間ごとに形成的評価を実施し、形成的評価の解釈を広めた。また、指導目標への到達度については、ブルームが重視する知識・技能などの認知的到達度だけではなく、高度な思考、意欲・関心などの到達目標をも評価可能なように、①達成目標型、②向上目標型、③体験目標型に区分けすることによって、目標への到達状況を情意面も加えて把握する評価方法を開発し、ブルームの理論の授業方法論を越えることになった。

ここから始まったブルームたちの理論であるタキソノミーの考え方、形成的評価を取り入れたマスタリー・ラーニングの指導と評価を一体化した授業実践の広がりは、相対評価と絶対評価の評価論争の中で行われた一九八〇年の文部省の指導要録改訂協力者会議で、文部省が相対評価から絶対評価へ転換していく過程にも大きな影響を与えた。それまでの相対評価を基準にした評価観から、絶対評価による観点別評価として情意的観点の「関心・態度」の評価項目の導入が決定され、相対評価から絶対評価へ転換することに決定的な影響を与え、学習評価観のパラダイムの転換を推し進める原動力になった。

次に、七〇年代末期、岩手大学教育学部附属中学校との共同研究から「学力保障と成長保障の両全」という目標が提案された。岩手大学附属中学校では、修学旅行に旧満州（現在の中国）から帰国した開拓村に行き、そこでボランティア体験をする。ブルームの理論では、認知的学力保障の面が強いが、関心・意欲・態度や成長・発達などの情意的側面が弱い。梶田はボランティア体験など生き方の勉強プロジェクトから、「成長保障」の概念を生み出した。これらを組み合わせて、認知面と情意面、体験目標を加えて、「学力保障と成長保障の両全」の実現として、教師が本来自生的に持っている教育観の琴線に触れ、広がったのがこの教育の学力保障としての「ねらい」と成長保障としての「ねがい」の両方を含んだ教育概念である。

（2）梶田の評価目標の類型と目標領域

ブルーム理論の場合、いまだ学習目標をあらかじめ設定した行動目標として到達させるという教育工学的な考え方に支配されている部分が見られた。梶田は、「〜ができる」という行動主義的な目標設定を打ち破る評価方法について考えた結果、誕生したのが、「達成目標」に加えて、「向上目標」「体験目標」という形で到達度を認知面、情意面の両面から評価する方法を開発し克服した。梶田は、評価目標の目標類型と目標領域として、表11-1のようにみんなが目標に到達してほしい「達成目標」、それぞれの子がそれなりに向上する「向上目標」、体験することは、すぐに評価結果としては現れないが、体験すること自体に教育的意味がある教育目標として「体験目標」に分類した。

また、植田は目標（内容）をどの能力レベルまで習得させるべきかという基準の設定をブルームのタキソノミーによる内容、能力の二次元のマトリックス（目標細目分析表）を作成することによって、従来よりも評価基準を明確にすることができるようにした。しかし、ブルームの理論では「わかる」

表11-1　梶田の評価目標の目標類型と目標領域

	目標類型	達成目標	向上目標	体験目標
領域	認知的領域	・知　識 ・理　解　等	・論理的思考 ・創造性　等	・発　見 等
	情意的領域	・興　味 ・関　心　等	・態　度 ・価値観　等	・触れ合い ・感　動　等
	精神運動的領域	・技　能 ・技　術　等	・熟　達 等	・技術的達成 等
到達性	到達性確認の基本的視点	・目標として規定されている通りにできるようになったかどうか	・目標として規定されている方向への向上が見られるかどうか	・目標として規定されている体験が生じたかどうか
	目標到達性の性格	・特定の教育活動の直接的な成果	・多様な教育活動の複合的総合的な成果	・教育活動に内在する特定の経験
	到達性確認に適した時期	・授業中 ・単元末 ・学期末，学年末	・学期末，学年末	・授業中 ・単元末

出所：梶田，1983a，p. 82

「できる」など知識や技能などの認知的到達目標に偏り、認知的到達目標は一律に評価できるが、高度な思考や体験の評価をいかに可能にするかで、困難に直面した。評価基準に基づいて、学習成果を「○○ができる」と行動目標に一義的に規定することだけでは実現できないものであったが、「達成目標」「向上目標」「体験目標」に分類することにより、到達度は、柔軟に短期にだけでも達成しなければならない「達成目標」「向上目標」「体験目標」など、後で長期にじっくりと学習に生きてくる目標など、それぞれ評価の時間軸の長さは違うが、達成状況を分析、評価できるようになった。この評価目標の目標類型の確立から「梶田理論」を構築した。

　梶田も、ブルーム理論による授業実践を通して直面した課題を克服するために、固い理論の理解から柔軟な解釈と実践にするため「完全習得学習の原則と研究実践課題」（梶田・植田、一九七六）を提言した。これは、数年間の授業実践で直面したブルームの行動主義的な理論を乗り越える提言であった。提言では、①「完全習得学習の研究は固定した授業・学習方式を定着させようとするものではなく、すべての子に必須部分を達成させようとする開発的な研究・実践活動である」、②「指導計画は、ある学習単元の目標群の全てに関する何らかの指導を含まねばならないが、一つの目標に一つの指導を対応させる要素主義的な教育観に限る、無味乾燥な指導展開に陥ることのないようにすること」、③「学習目標のすべてに対して、形成的評価の項目が準備されなければならない」、④「授業目標が達成されなかった場合、与えられる学習課題が準備されなければならないこと」、⑤「授業展開に当たっては、まず最初にこれから授業では何をするのかを説明し、意欲を方向付ける機会を持たなければならない、授業終了後には個々の学習者が自らの目標達成を確認する機会を持つべきである」と研究実践課題を具体的に示した。梶田は授業設計、目標分析、形成的評価、振り返りによる指導と評価の一体化、学習意欲の育成と自己評価の確認など情意的側面の重視など授業の原則と研究実践課題を示し、ブルームの理論を実践によって乗り越え、梶田の「ブルーム理論」構築を進めた。

こうした努力により、一九七〇年代に発生した「落ちこぼれ」という学力低下問題対策を背景に、到達度評価運動が盛り上がり、評価論争が起き、ブルームの理論の中でもマスタリー・ラーニング理論と実践は、学力向上策として日本各地に急速に普及していった。

（3）「開・示・悟・入」の日本流タキソノミーの誕生

ブルームが一九七二年に文部省の招請で来日した際、「タキソノミーは各国で通用するとしてもそ

表11-2　「開・示・悟・入」とタキソノミーの主要次元

		タキソノミーの主要次元		
	主要指導目標	認知領域	情意領域	精神運動領域
開	・目を輝かせる ・心を耕す		1．受け入れ 2．反応	
示	・ポイントをわからせる ・一応できるようにさせる	1．知識 2．理解	3．価値づけ	1．模倣 2．巧妙化
悟	・自分なりに納得するところまでもっていく	3．応用 4．分析 5．総合	4．組織化	3．精密化 4．分節化
入	・生活や人柄の一部となるようにさせる	6．評価	5．個性化	5．自然化

出所：梶田，2016，p. 126

の国の文化や教育に応じて作成すべきである」（梶田、一九七二）と梶田に提言した課題について述べたい。

一九八三年になると、梶田はタキソノミーを発展させるため、日本の文化、教育に応じた仏典法華経から、「開・示・悟・入」の教育を提言した。表11-2をもとに、梶田がブルームのタキソノミーを日本流に発展させた大乗仏教の経典法華経から取り入れた「開・示・悟・入」の枠組みに当てはめてみると、ブルームの発想では、認知領域と精神運動領域では、「開」の欄に該当するものがない。「目を輝かせる」「心を耕す」という自主的な取り組みが希薄である。ブルームのタキソノミーでは「情意的領域においても価値観の内面化という軸を中心に組み立てられているため、感性自体の教育、意思や自己統制といった面の教育が目標体系のどこにも位置付けられていないという欠陥が明らか」（梶田、一九八三b）であると指摘している。教育目標を「知・情・意・技」と「開・示・悟・入」の枠組みで二次元の表に区分してみると、例えば、「知」では「自分なりにそのことに気づく」、「情」では「自分なりにそのことを感じる」、「意」では「そのことに注意が向く」、「技」では「そのことに注意が向きモデルのイメージを持つ」となる。

そこで、梶田はこれまで重視されてこなかった情意領域を「情」「意」に区分したのである。これによって、欧米流のブルームの理論の目標・指導・評価という理論的枠組みだけではなく、東洋や日本の教育における「情・意」の教育を統合的に考えて豊かにすることができると考えた。つまり、先進国に追いつくために日本の明治以来の近代教育は、「目を輝かせる」や「心を耕す」という「開」の教育がなく、ひたすら教え「示」す教育が肥大化し、結果として自分なりに納得するまで「悟」らせる教育や生活と人格の一部になる「入」の教育が省みられてこなかったという教育を反省し、日本の教育の弱点を改めるために発想したものである。このことについて、一九八三年の『教育評価展望1』（梶田、一九八三b）に「『開・示・悟・入』の教育を考える」という論文で、次のように開発の理由を述べている。

「『開』『示』『悟』『入』という教育的働きかけをし、たくましく取り組んでいく教育が実現できると考える。これは、法華経の方便品《ほうべんぼん》にある言葉です。如来は何故この世にあらわれたか、それは、衆生に仏の知見（悟りの境地）を開かせてやるためであり、衆生に仏の知見を示し、衆生に仏の知見を悟らせ、衆生を仏の知見の道に入らせたいからである。わからせるということは、『開く』面、『示す』面、『悟らせる』面、『入らせる』面を考えておかなければいけない」と述べ、受験競争で知識を教え、覚えることに夢中な「示す」一辺倒の現代教育の改善ができると考えた。

そもそも、「開・示・悟・入」が述べられているのは、大乗仏教の経典法華経二八章、第二章（品）の方便品である。原文の経文は次の通りである。

「諸仏世尊。欲令衆生。開佛知見。使得清浄故。出現於世。欲示衆生。佛知見故。出現於世。欲令衆生。悟佛知見故。出現於世。欲令衆生。入佛知見道故。出現於世。舍利佛。是為諸佛。唯以一大事因縁故。出現於世」（長尾・仁治・松濤訳、一九七五）。

本来、法華経は中国後秦の仏教僧鳩摩羅什《クマラジュウ》がサンスクリット本から漢訳した『妙法蓮華経（法華経）』に由来している。「開」は鳩摩羅什の独創であるという。これに加えて、各地の完全習得学習の取り組みの中で、教師が設定した到達目標に従って、教師主導の授業を進め、授業が設定目標を「目標つぶし」的にしてしまうものになりがちであったため、子どもたちの関心・意欲などの情意的領域が弱く、主体的で意欲的な授業展開になりにくい弊害が出現したことも提案の理由である。もともと、「開・示・悟・入」とは、教師が授業指導する際の四段階の指導順序を表し、学ぶ側からは伝統芸能を師匠から習得していく過程で使う「守・破・離」と対応する考え方である。

しかし、ブルームのマスタリー・ラーニングからの脱皮の「開・示・悟・入」は、教師が授業指導する際のヘルバルト流の四段階の指導順序を表しているが、これだけでは認知能力の総体の構造を階層的には表せていない。そこで、梶田は一九九五年にブルーム・タキソノミー（六段階）の一〇段階の修正タキソノミーへ改革を図った。結果として、「開・示・悟・入」の授業開発の取り組みは、公立小・中学校の教師には、理論的になじみにくく、今も宮城県仙台市の聖ウルスラ学院小・中学校、関西創価小・中学校など一部の学校で実践されている程度で、公立学校の教育現場への浸透は今求められている課題として残っている。

（4）「学びのトータルタキソノミー」の提言

梶田が「開・示・悟・入」を踏まえて、一九九五年からブルーム・タキソノミーを日本流の「修正タキソノミー」(二〇二〇年からは「学びのトータルタキソノミー」と改称)として修正、発展させた内容について説明する。

ブルームのタキソノミーは教育において達成されるべき目標の全体を知識の習得と理解及び知的諸能力の発達に関する諸目標を「認知領域」「情意領域」「精神運動領域」に分け、それぞれの領域ごとに、最終的な教育目標を達成する過程で順次達成していくべき目標の系列を明らかにし、それを「教育目標の分類学」(タキソノミー)と命名したものである。例えば、「知識」というのは知識なので、再生・再認という形で認識する。「理解」というのは変換なので、意味を損なわない限りにおいて表現できればよい。「応用」というのは新しい状況に応じて既習の「知識」「理解」を適用できるかどうかで見ればよいというように、操作的で、行動主義的な発想で認知能力のレベル分けをしていく仕事である。このブルームのタキソノミーに基づくマスタリー・ラーニングに対して、加藤幸次から「教育工学的に子どもたちを目標に順々に追い込んでいく学習論である」という批判がなされた。梶田も、目標に至る細かい行動目標の系列として洗い出し、授業設計をやっていくことに問題を感じていた。もっと根本的に、梶田は、「ブルームのタキソノミーは能力カテゴリーの立て方がアカデミックであり過ぎる、一般的な意味で教授・学習の実際との間に距離がある」「国語の学習と数学の学習では能力カテゴリーの基本的な相違があり、教科ごとのタキソノミーを考えた方がよいという意見もある」とした。タキソノミーには、「体験」や「反芻(自己内対話)」や「表現に関わる目標カテゴリー」(梶田、二〇二〇a)が欠落していると批判している。ここで、梶田はブルームの認知領域の六段階から構成されているタキソノミーの能力カテゴリーの立て方を改め、従来の【1. 知識】の前提に【0. 体験】を創設し、【3. 応用】の次に【4. 発想】【5. 反芻】を設け、最後に【9. 評価】に至る一〇

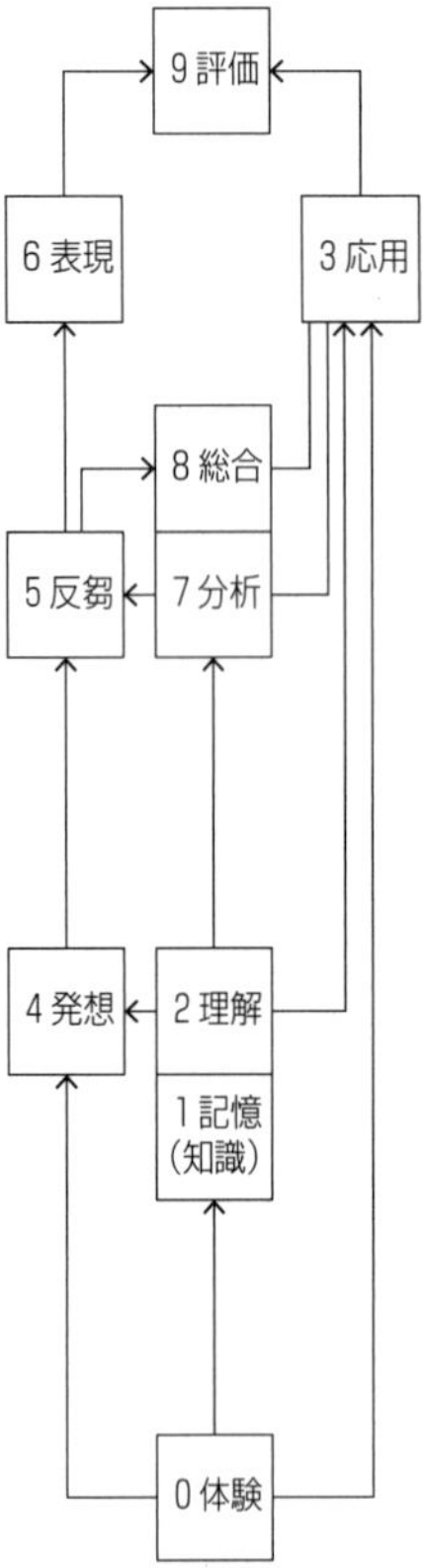

	獲得すべき能力等	学習活動での留意点	教授・学習形態の例
9 評価	善悪・可否等を判断する	価値基準や目的の明確化	評価的結論を必要とするレポート・論文の作成
8 総合	多様な考えや事実を一つにまとめる	まとめ上げるための視点や構造の明確化	総合を必要とするレポート・論文の作成
7 分析	事実を小分けして吟味検討する	構成要素や要因の明確化	分析を必要とするレポート・論文の作成
6 表現	内面のものを伝達可能形態にする	表現のユニークさ表現の伝達可能性	表現のユニークさを見るエッセイ・レポート等の作成
5 反芻	内的リハーサルで実感に組み込む	見返りとこだわりの視点の明確化	沈思黙考の時間を持つこと見返り内容の記述
4 発想	拡散思考で多数のアイディアを出す	アイディアの数と多様性アイディアのユニークさ	ブレイン・ストーミングアイディア集の作成
3 応用	能力を現実の問題解決に活用できる	問題への粘り強い適用努力	解決すべき問題の設定と取り組み場の準備（演習等）
2 理解	同一意味を自分の言葉で表現できる	体験や他の知識理解との関連づけ	自分なりに意味づけ説明する課題の設定（演習等）
1 記憶（知識）	記憶する再生再認できる	文脈的意味づけ繰り返し	重要な事実・知識の提示練習的課題の設定
0 体験	心身が活動する事象とふれあう	興味関心の喚起・焦点化	活動場の設定・準備（フィールド・ワーク等）

図11-2　修正タキソノミー

出所：梶田，1995

段階の「修正タキソノミー」を発表（梶田、一九九五）した。「修正タキソノミー」の「獲得すべき能力等」では、まず「体験」としてフィールドワークなどを通して心身が活動する事象とふれあい、興味・関心を土台に位置付けた。その上で、【2．理解】【3．応用】があり、その上に【4．発想】があり、ブルームの収束的な思考でなく、逆に自由に拡散的に発想していく。【5．反芻】は、これまでの思考について振り返り【6．表現】は自分の学びの経過をエッセイ等に著してみる。そして【7．分析】【8．総合】があり、最終的に【9．評価】で学習の評価や価値判断を外的に、内的に吟味してみるという段階的系統である。

（5）静岡大学附属浜松中学校における内面性の教育

ここでは、子ども主体の教育、自己学習能力・自己評価能力の育成など梶田の自己意識研究に基づいて梶田の評価論と呼ばれる研究を行った静岡大学附属浜松中学校との共同研究時の内容と経過を分析する。この時期は、梶田の評価研究にとって、子ども主体の授業、自己学習能力育成、内面世界、自己の生き方を探り、専門領域の内面世界の研究に入っていき、独自の評価論、学力論を確立していく評価研究のセカンドステージにあたる。

一九八〇年代に静岡大学附属浜松中学校の研究主任を務めた杉浦治之（元日本体育大学附属浜松中・高等学校教頭）は、附属浜松中学校の一六年間にわたるブルーム理論の研究の意義を、「梶田先生はブルームが完全習得学習を考えたのは、『元々子どもの健全な自己概念を育成するためのもので、健全な自己概念を形成するということは教育の使命である』と言っておられた。学習目標分析表を作ることも、主体的な学びや内面的な情意部分まで考えてきたが、それらは自己概念を正しく形成していく取り組みだったと思う」と一六年間の研究をもう一段止揚した「梶田理論」構築の研究であったと総括している。

（6）自己認識を深める自己評価論の構築

梶田は自己学習能力を高めるためには、学習結果を振り返り、新たな学習目標に向かう自己学習能力の向上が必須であるとして、自己評価論の開発に取り組んだ。

戦後の教育評価は、客観的な相対評価に基づく教師による他者評価を中心に行われてきたため、児童生徒自身による自己評価は主観的であるとして軽く見られてきた。しかし、一九六〇年代末期から、いち早く教育評価、特に自己評価に注目して研究を始めた心理学者には前述の續有恒がいる。また、續の影響を受けた安彦忠彦によると、「一九六〇年代後半になるとアメリカのクロンバックの影響を受けた東洋の『評価の客観性神話批判』や續の広義の評価を『評定』（valuation）、狭義の評価を『教育評価』（evaluation）として、『評定は第三者による価値づけであり、評価はすべて自分の活動改善の自己評価である』と問題提起され、狭義の評価研究が明確にされた」（安彦、一九九六、一〇四～一三六頁）と概説している。續は、自己評価は「評価は目標追求的活動の部分であって、その活動を目標へ向かっての最短距離にそわせるように調整していくためのフィード・バック情報である」（續、一九六九）と規定し、自己評価と自己強化を分けて考えていた。その後、安彦は『自己評価』（安彦、一九八七、一〇三頁）の中で梶田の先行研究を「『自己評価』研究と『自己理解』や『自我意識』の研究との関連も言及されている」と評価し、お手軽な教師の評価道具とは考えない、梶田の自己理解を踏まえた自己評価論研究に注目した。橋本も、これまで教育評価に関しては相対評価論者ではあったが、

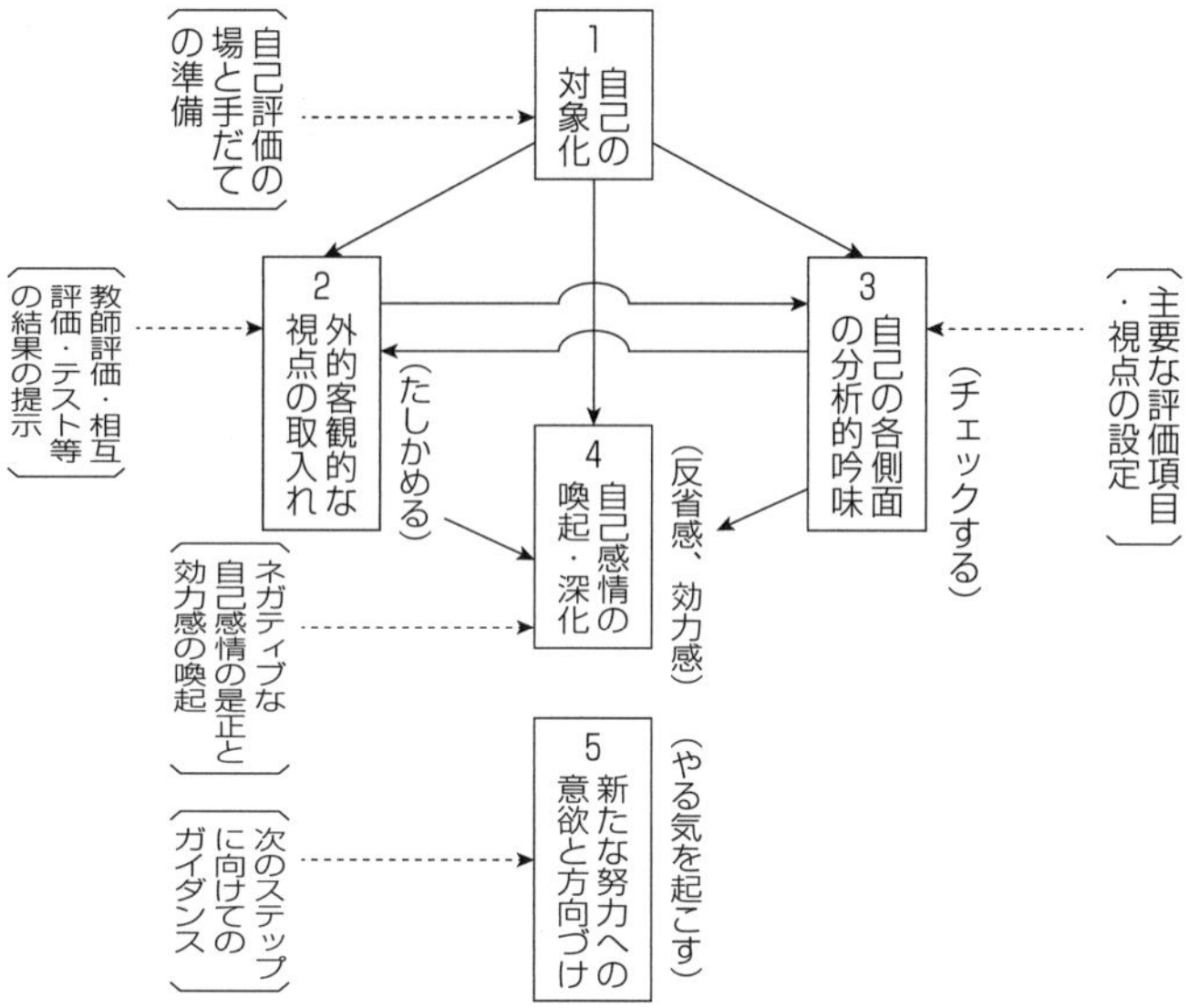

図11-3　自己評価すべき主要な側面と評価の時期

出所：梶田，1994a，p. 220

「近代評価の今一つの機能は、毎時毎時の生徒の自己評価や自己批判の形でこそ最も完全にこれを果たすことができる。評価のこの機能は重要であり、教育効果を高めようと研究する価値がある」（橋本、一九五九）と以前から自己評価論を重視してきた。この経過を経て、梶田が日本の自己評価論の研究を一歩進めることになった。

梶田は、自己評価活動の心理的過程を図11－3のように構造化している（梶田、一九九四a）。「第一は、自分自身を振り返って自分なりに吟味してみる機会を提供する。第二は、外的な評価の確認を伴った形でなされること。第三は、設定された項目や視点に沿って振り返ってみることによって、自分の在り方を分析的に吟味し、意識していなかった新たな面に気づくことができる。第四は、自己感情を喚起し、深化させること。第五に、次のステップについて新たな決意、新たな意欲を持つということ」（梶田、一九九四ａ）と意義を語っている。一般の自己評価では第三ぐらいまでであるが、梶田の自己評価の場合は、教師による外側からの確認のためにだけあるのではなく、子ども自身による確認のためでもあり、評価手段であっても形成的役割を持たせるとともに、子どもであっても自己のあり方や生き方を自己評価の対象にして、個人の内面世界の自己成長の土台となるものとして位置付け、新たなこれまでの研究者と異なった自己評価論を構築した。梶田の自己評価論は、これまで注目されてこなかった子どもの内面世界の自己意識に注目し、自己理解を深め、自己評価を土台にして豊かな子どもの内面世界を育て、生涯たくましく生きる自己実現と自己学習能力が育成されると考え、その方法として自己評価を位置付けた。

第12章　内申書・指導要録開示請求論争

1　「オール3」の通知表の出現と通知表論争

一九七〇年代の「落ちこぼれ」と呼ばれた学力低下問題が、一九七一年に全国教育研究所連盟調査のアンケート結果から学力論争がスタートしたように、評価問題も一九六九年二月のテレビのモーニングショーを通し、マスコミから「通知表論争」の幕が上がった。

まず、一九六九年二月のテレビモーニングショーの中で、鹿児島県の保護者から「今の通知表ではいくら努力して良い成績を上げても、評価の人数枠が決まっていて評価されない」という趣旨の小学生の父親の投書に対し、久保田文部政務次官が「通知表は指導要録と違って評定の配分枠人数は決まっていないので全員5でも3でもいい」（山根、二〇〇六b）という発言をきっかけに、相対評価による通知表の是非を問う通知表問題がマスコミで取り上げられ、学習成果の内実を表示し得ない五段階相対評価に批判が集中し、その後各地の学校で相対評価から到達度評価による通知表改革が進んだ。これは、保護者から学校への「評価論争」とも見ることができる。

一九七一年文部省は、相対評価批判に応じるため、指導要録改訂に関する文部省通達にあたって、

「評定にあたっては、各教科の学習における児童生徒の平素の学習態度を考慮」し、「あらかじめ各段階ごとに一定の比率を定めて、機械的に割り振ることのないように留意」することと通知した。また通達は、通知表についても、「学校と家庭の連絡に用いられる通信簿等は、保護者が学校生活の実情を把握することが目的であるから、児童生徒の発達段階や学校の実情を考慮して記載内容を定めることが必要であり、指導要録の様式や記載方法等をそのまま転用することは適当でない場合もあるので、注意すること」の一文を加えた。

また、一九七二年には東京都立川市立第二中学校の音楽の教師が、通知表に「みんな楽しく学んだ」として全員に「オール3」の評価をするなど、相対評価（評価不能論争も混在した）による通知表の評価の是非や評価方法を問う問題は複雑な様相を帯びることになった。学力低下の実態把握を目的とした一九七五年の国立教育研究所の学力調査、一九七六年の日本教職員組合・国民教育研究所の学力調査結果も総じて学力低下の実態を明らかにし、「落ちこぼれ」の学力低下問題や序列を促す相対評価批判の声は一層大きくなり、学力保障の手段として通知表を到達度評価に変え、学力と評価を結び付けて改革することが焦点化する時期を迎えた。

2　内申書・指導要録の情報開示請求問題

次に、問題が発生したのは調査書（内申書）、指導要録の開示請求問題である。そもそも通称内申書と呼ばれている調査書は法的文書であり、下級学校の校長の責任で進学する上級学校へ指導要録に基づいて学習成績や特別活動・クラブ活動など生活の記録を報告書として提出する文書である。特に進学の際の選抜材料として用いられてきた。内申書の形式は都道府県により違うが、文部省は一九六三年から高校入試にあたって参考資料であった内申書の提出を義務化した。文部省は当日の入学試験だけでなく、受験者の日常の学力の様子を記した通称「内申書」を作成し、「一発勝負」の解消を図ろうとした。ところが、一九七二年に東京都立麴町中学校卒業生が、中学校作成の内申書の内容のため受験した高校に不合格になったとして、内容の開示請求を行い、教育評価権の乱用があったとして、東京都と千代田区を相手取って損害賠償の訴えを起こした。最終的に最高裁判所は、一九八八年に「内申書の記述は客観的事実であり」内申書の記載内容は教育評価権の乱用にはあたらないと判決し、校長の作成権限を認め、開示請求者の上告を棄却（東京都教職員研修センター、二〇〇三）した。その後、第４節で述べるように、内申書や指導要録等、教育情報の本人からの開示請求のさきがけとなった。

3　学校現場に広がる到達度評価

橋本重治は、相対評価を必要とする教師たちがいる現実を把握するため、一九七七～七八年に小・中学校、研究所・教育委員会（教委と称する）（全国九都県、五一八人）に通信簿の五段階評価は「到達度がよいか」「相対評価がよいか」を質問紙調査した結果を『到達度評価の研究』（橋本、一九八一）の第11章「到達度評価と指導要録・通信簿」で結果報告を述べている。到達度評価支持は小学校三〇％、中学校三二％、研究所・教委一〇％、相対評価支持は小学校六一％、中学校六二％、研究所・教委七五％で、全体的には、到達度評価支持二八％、相対評価支持六三％で、「相対評価を支持するものが圧倒的多数である」と相対評価の優位性を主張した。

この調査に先立つ一九七五（昭和五〇）年、梶田ら国立教育研究所における通知表での到達度評価（観点別評価）の試行が、各地の学校に広がりつつある実態が報告されている（梶田・藤田・井上、一九七八）。梶田らの「学校における評価の現状——通知表の全国調査結果の概要」の「学習の記録」調査結果によると、「教科の総合評定のみ」小学校二二・一%、中学校四〇・八%なのに対して、「観点別評価のみ」が小学校二五・三%、中学校五一・七%、「両者の併用」では小学校四六・六%、中学校四九・三%と到達度評価（観点別評価）が学校現場に広がっている実態が明らかになった。学校現場は相対評価の矛盾の解決に向けて到達度評価改革へと向かっていたのである。

橋本は、戦後、まだ戦前の教育測定の考えを合わせ持つ青木誠四郎や小見山栄一たちの立場から脱皮して、アメリカのタイラーたちの評価研究を基礎に、戦後の新しい時代の「教育のための評価」を主張し、戦後相対評価の礎を築いた研究者であったが、一九六〇年代後半からの相対評価の矛盾が露になると、到達度評価についても研究し長所も認め、到達度評価と相対評価の併用という折衷的評価論を取り入れ、「時代の混乱」の解決を図ろうとした。永年戦後の教育評価研究を行ってきた田中耕治は、橋本の折衷論の論法を「橋本パラダイム」（田中、二〇〇八）と呼んでいる。「橋本パラダイム」とは、絶対評価は教育学的には優れているが教育測定学から見ると信頼性に欠け、客観性を持つ相対評価が有効である。しかし、相対評価は欠点があるので個人内評価で補うという論法である。「橋本パラダイム」の下では、「相対評価で努力しても評点があがらない子どもたちに、その努力を『個人内評価』（各観点に〇を多く付ける）で救済する関係が生まれ、客観的に見れば『個人内評価』が『相対評価』の矛盾を糊塗する役割を担うことは否定」できないと、その矛盾点を指摘している。

そして、文部省も相対評価の問題点の解決と全国学校現場での到達度評価に基づく教育実践の広がりを認め、一九八〇（昭和五五）年の指導要録の改訂では、学習の記録欄に「観点別学習状況」を新設することに改めた。一九七九（昭和五四）年九月九日付『サンケイ新聞』は、「文部省、絶対評価の要素加味、成績五段階評価見直し」という見出しで、「指導要録の五段階評価を抜本的に見直し、新しい絶対評価の導入を検討する方針を固め、近く指導要録改善協力者会議を発足させることになった」と報道した。その結果、一九七九年一〇月二日に開始された指導要録改善協力者会議は教育心理学者、教育学者、現場教育関係者一八人により、相対評価派と絶対評価派の激しい評価論争が繰り返された（委員を務めた茨城県下館市立下館小学校校長へのインタビュー証言、二〇〇八年三月二〇日）結果、一九八〇（昭和五五）年版指導要録改訂会議は歴史的なターニングポイントの場になった。

橋本は、この評価観の転換が「我が国の小・中学校における評価システムに公式に到達度評価を導入した全く画期的なことであり、その影響するところは極めて大きいといわなければならない」と一九八一（昭和五六）年の『到達度評価の研究』の中でその評価観の転換の大きさを綴っている。橋本自身の変化同様、相対評価は、目標に準拠した絶対評価へと評価観を転換することになった。

しかし、この戦後の「相対評価の呪縛からの解放にはいくつかの重要な動きが先行した」と梶田は『教育評価』（一九八三a）の終章で述べ、それは「ブルームの『教育評価法ハンドブック』（梶田・藤田・渋谷監訳、一九七三）の日本への紹介、神奈川県藤沢市教育文化研究所、国立大学四附属中学校等の形成的評価の実践研究、京都府教育委員会を中心とした到達度評価研究の取り組み（京都府教育委員会、一九七五）、授業・学習システム論といった教育工学の影響である」と分析している。

最後に、これらいくつかの源流を見てみよう。直接の一つ目の流れは、一九七三（昭和四八）年、梶田らによって日本に紹介されたブルームの『教育評価法ハンドブック』（一九七三）並びにブルームの教育目標の分類学、形成的評価、完全習得学習という一連の目標と指導と評価の一体化による授業改革の広がりである。日本で最初に目標分析と形成的評価の授業研究を開発した神奈川県藤沢グループ、東京都立教育研究所グループ、岩手大学附属中学校他国立大学四附属中学校などが続いた。二つ目の流れは、到達度評価研究として京都府教育委員会の行政主導と学校現場ぐるみで取り組んだ京都地域の取り組み。一九七五（昭和五〇）年、京都府教育委員会発行の『到達度評価への改善を進めるために——研究討議の資料』をきっかけに、相対評価批判を繰り返しながら学校現場での実践に、ブルーム理論の成果を取り入れ、学校現場に寄り添いながら熱心に継続的に取り組みが続けられた。

そして、三つ目の流れが、一九七〇年代前後からプログラム学習、教授・学習システム論として発展した教育工学の流れである。目標を行動目標として体系化し、学習結果をフィードバックさせ評価として見取っていく教授・学習システム論としての教育工学の発展でもあった。事実、藤沢グループの植田稔は教育工学の発想の行き詰まりをブルーム理論で打ち破ったと証言している。このように、相対評価から絶対評価への転換は相対評価批判から直線的に行われたように考えられているが、実はその転換への流れにはいくつもの源流が下地になり、合流して実現したのである。

4　個人情報は開示すべしと変化した内申書・指導要録問題

一九七〇年代半ばまでは以上のような経過を経て、それまで学習指導要領は教育学者、指導要録は教育心理学者の領分と慣習的に分けられていたものが、一九八〇年代になると両者が入り混じり議論することにより、教育評価は絶対評価へと転換（「絶対評価を加味した相対評価」とされ相対評価は残ったが）し、戦後の相対評価の矛盾を止揚し、到達度評価や完全習得学習を発展させていく出発点になった。

その後も続いて、一九九一年一月には、大阪府高槻市立中学校在学生徒が、高校入試直前に高槻市個人情報保護条例に基づき高槻市長に内申書開示を請求し、高槻市個人情報保護審査会も内申書開示を決定したが、高槻市教育委員会は「調査書の構成、客観性を確保するため、本人に知らせないのが正当」として非開示決定をした。そこで、生徒は大阪高等裁判所に提訴したが「高校入学を達成した現在利益がない」として棄却し、慰謝料のみを認めた。

また、一九九一年には一九九〇年頃から指導要録開示の本人請求を求められていた神奈川県川崎市、大阪府豊中市、箕面市の各教育委員会事務局は、学校教育法施行規則第二四条の児童・生徒、保護者へは非開示とする法令に基づき、教育委員会事務局として指導要録の非開示決定を行った。しかし、各市の個人情報保護審査会が「全部開示」決定を答申し、それを受け、各教育委員会も再開示決定に至った。開示決定の順番は、大阪府箕面市教育委員会（一九九一年六月）が最も早く、豊中市教育委員会（一九九一年一一月）、神奈川県川崎市教育委員会（一九九二年二月）の順となった。この三つの指導要録開示の共通した特徴は、最終的に各教育委員会は各市の個人情報保護審査会答申を尊重し、教育委員会が「全部開示」を再決定し、多くの開示請求者が裁判所に提訴したことに比べ、開示請求が裁判所に提訴されることなく、地域の教育委員会の教育的対応で解決したことである。

ここでは、梶田が当時大阪府箕面市教育委員会委員として審議に参加し、日本で最初の「全部開示」決定の担当教育委員となり、その後の日本の各地の教育委員会の開示の方向に舵を切る影響を与えた、箕面市教育委員会の指導要録開示決定の経過について触れておく。一九九一年二月、箕面市立

A小学校の卒業生が、在学当時の指導要録の開示請求を箕面市教育委員会に行った。市教育委員会事務局は学籍の記録である様式Ⅰ（学籍に関する記録）のみ開示決定した。市教育委員会の様式Ⅱ（指導に関する記録）の非開示理由説明を、「指導要録Ⅱ（指導に関する記録）は箕面市個人情報保護条例の第一三条に該当し、評価の公正・客観性が損なわれる可能性と、学校等の教育における指導資料としての機能が低下する恐れがある」と述べていることを根拠とした。これに対して請求人は、市個人情報保護審査会に「指導要録が外的証明の原簿としての性質を持つ以上、自己情報コントロール権が及ぶ」と主張し、審査を要求した。審査会は、「評価は、児童・生徒等にとっては教師の評価を通じて自己の行動を点検し、将来の向上努力に資するためのものである。児童・生徒等は教育過程に必然的に参加する」（山口、一九九三）のであるから、自己情報コントロール権の保障を認めるのは当然であるとして、全部開示を答申した。教育委員会も答申通り、「教育評価は本人や親に開示されてこそ、本人の人間的成長とその指導に役立つ」（菱村、一九九一）という審査会の答申を尊重して全部開示を再決定した。梶田は、当時箕面市教育委員会教育委員長職務代理としての立場にあり、教育委員会は開示決定を行った。法令では、指導要録は児童・生徒へは非開示と規定していたので、文部省、大阪府教育委員会は開示には否定的であったが、決定権は設置者である市教育委員会にあり、市教育委員会は独自の権限で、全国初の指導要録の本人開示を行った（成績以外の所見等一部非開示）。梶田は評価研究者の立場と教育委員という教育行政関係者の立場から、各地で不統一の現状を踏まえて、次のように提言した。

役所の体質は、依らしむべし、知らしむべからずではないか。教師の評価権の問題ではない。教育的な立場からすると、本人や保護者に秘密にしなければならない理由はない。教師が自信をもって評価しているのであれば、開示してもよい。ただ、一部の地域で、全く評価を書かない（履修すれば○のゴム印を押印する方式等）など、評価を軽んじてきた地域がある。指導要録が改訂されたのであるので、もう少し教師のねがいや指導のねらいを、どうしたら明確になるのか考えていかなければならない。開示請求が出てくるなら、文部省レベルで議論を整理して、結論を出さなければならない。開示の方向でどう対応するか、都道府県教育委員会、市町村教育委員会と話を詰めていかなければならない（「日常評価不十分なのに枝葉（要録開示）議論しても」『週刊教育ＰＲＯ』一九九一年七月一六日号）。

この梶田の発言は、大内茂男の一九七六年の指導要録記入方法に関する調査結果を踏まえたもので、その調査結果によると、「一部の地域では評定欄を削除し、履修した教科に○印をつけるだけか、評価として『Ｂ』の印を押すだけの履修方式であり、到達度基準が不透明であり、指導要録の形骸化を招いた」実態に指導要録の評価のあり方に研究者として注意を促すとともに、そのような履修方式を黙認してきた文部省、都道府県教育委員会等に行政責任を果たすよう忠告した教育委員としての発言である。

その後も、指導要録、内申書開示請求問題は各地で法的な訴訟問題になったが、これを機に指導要録の本来の指導機能としての評価のあり方に基づいて是正され、情報公開、個人情報保護の流れを受け指導要録の成績を含む個人情報の本人開示の流れが当然になっていった。このような流れが浸透し、「情報開示に耐えられる指導要録」「子どものよさを認める指導要録」という指導に役立つ指導要録という考えが、各地の教育委員会や学校側に広がり、児童生徒の弱点よりもよい点を見つけ、励ます評価という流れに評価観も転換していった。今までの指導要録は、長所と短所を記入していたが、今回からは子どもの長所を前面に押し出してきた。ここにも指導要録開示問題が教育評価のあり方に影響したことを物語っている。

情報公開の問題は、一九九一年の指導要録改善協力者会議を担当した高岡浩二（文部省小学校教育課程課企画官）によると、文部省の指導要録改訂の議論においても、「協力者会議の最初の三回は情報公開の問題から入り検討を重ね、指導要録Ⅱの保存期間は情報公開に対応して保存期間五年を決定したが、指導要録開示問題は……別途に検討を要する課題とした」（高岡、一九九一）と問題の先送りを明らかにしている。その結果、その後各地で請求された指導要録開示という教育問題は、法律問題として裁判所で争われ、最終的には二〇〇三年、東京都大田区小学校指導要録開示問題は、最高裁判所判決として結審し、これをもって全国的に最終的に判例として一般化し、問題は落ち着いた。ちなみに、最高裁判所判決の概要は、「各教科の学習の記録欄Ⅰ、Ⅱの情報は非開示情報に該当しない」、しかし「各教科の所見Ⅲ、特別活動の記録欄、行動及び性格の記録欄を開示した場合誤解や不信感を招く恐れがあると考えられ、それ故非開示情報に該当する」（菱村、二〇一〇）とした内容であった。

5　内申書も目標に準拠した評価へ

二〇〇一年に指導要録が目標に準拠した評価に転換したことによって、指導要録に準じ相対評価で作成してきた各都道府県における調査書（内申書）にも変化が現れることになった。二〇〇〇年一二月に指導要録改訂を答申した教育課程審議会は、「今後、評価の客観性、信頼性を高める取り組みを一層進めることにより、調査書の評定を目標に準拠した評価とするための努力が行われることを期待したい」と提言した。調査書の作成権限は、各都道府県教育委員会にあり従来通り相対評価でいくところと目標に準拠した評価へ変化させるところの足並みは乱れた。「相対評価を存続させるのか、目標に準拠した評価へ転換するのかについて田中耕治が東京都の例を紹介（田中、二〇〇四）している。

東京都では都内公立六五〇校を対象として、通知表における五段階評定の配分割合を調査してその結果を公表している。それによると、相対評価の時と比して、4、5の割合が増えており、また国語科の評定では5をつけた割合が最も高い中学校では三七・六％、最も低い中学校では〇・〇％と言う結果であった。このような数値が出ると不公平感が出て、相対評価の持つ客観性への回帰現象が現れるかもしれない。……それが評価基準の設定と評価方法上の問題であるならば、各学校間での討議・検討を経て調整することによってこそ、目標に準拠した評価への客観性を高めていくべきであろう。

その上で、田中は東京都の新しい高校入試制度の取り組みを調査し、改革への展望を次のように述べている。「東京都の『自己PRカード』は、受験者の学力だけでなく、自己を向上させようとする意欲や、体験活動の状況、取得資格の特徴を多面的に捉えることが可能であり、そのことを受験者本人が伝えることによって受験者の学習や生活がより正確に把握できるようになると考えられている。……ただ、内申書に目標に準拠した評価を採用したことで、内申書より当日の学力試験を重視する傾向が生まれつつあることは注視されてよい。この措置は、目標に準拠した評価への高校側の強い不信に配慮して提案されたものである」。そのためにも、目標に準拠した評価の精度を上げていく必要があるであろう。ちなみに、最後まで入試制度において相対評価の客観性に依拠して内申書作成にとどまったのは、大都市で府立高校を一五〇校余り所管する大阪府教育委員会であった。

6　京都府教育委員会の到達度評価の取り組み

これまでの到達度評価の取り組みは、民間教育運動が主体であったが、一九七五年に入ると、京都府教育委員会は到達度評価の立場から指導要録改革の方針を打ち出し、民間教育運動から教育委員会行政レベルの新しい段階に入った。

そもそも、幼稚園・小・中学校の場合は、文部科学省が各都道府県教育委員会に指導要録の様式や記入要領の参考案を示し、各都道府県教育委員会は作成した基準案を管下の市町村教育委員会に示し、各市町村教育委員会は独自の指導要録の様式や記入要領を作成することになっている。一九七五年、京都府教育委員会が『到達度評価への改善を進めるために——研究討議の資料』を府下全小・中学校に配布した到達度評価改革は、京都府教育研究所所員たちのブルームの理論の研究の影響を受けた改革案であった。京都府教育委員会の通知「評価に当たっては、各学校が設定した各学年、各教科の所定の目標に達したものを3と表示すること」に従って、「到達目標づくり」を進めるための資料として、一九七五年に京都府教育委員会は『到達度評価への改善を進めるために』を配布し、教育行政主体で到達度評価改革が進み始めた。梶田は京都府教育研究所から招聘を受けて、京都府の到達度評価研究の推進のため一九七〇年代後半まで共同研究者を務めた。京都府教育研究所の中原克巳（一九七九）によると、京都で進められている到達度評価の実践による学力問題への認識は、次のようなものである。「到達度評価は、評価結果を教育活動の改善に生かすことが本質である。到達目標に照らしてどれだけ学力がついたか明らかにし、教育の目標・内容や指導方法を改善する機能を持っている。到達度評価への改善は、すべての子どもに学力をつけさせる教育改革の一環である」と理念を説明している。京都府教育研究所を中心に、一九七八年には中原克巳編『算数科到達度評価細案』、一九八四年には水川隆夫編『国語科到達度評価指導事例集』等々、次々と具体的に各教科でカリキュラム作りと評価基準表作りが進み、全国の学校の到達度評価に基づく授業や通知表改革に大きな影響を与えた。

さらに、前述のように一九七五年には梶田らは到達度評価の全国での広がりの実態を把握し改革するため、国立教育研究所内に「教育評価実態調査委員会」を設置し、通知表の到達度評価（観点別評価）の試行の全国的広がりを調査する「学校における評価の現状――通知表の全国調査結果の概要」の「学習の記録」調査を実施した。調査結果により到達度評価が全国の学校現場に広がりつつある実態を明らかにし、学校現場が相対評価の矛盾の解決に向けて到達度評価へと向かいつつある実態が、指導要録も改革していこうという役割を促進した。しかし、相対評価の立場に立つ橋本は、一九七五年の通知表の全国調査結果について大規模調査でよい資料であると認めながら、絶対評価が進む調査結果の現状について批判のコメントを出した。「到達度評価による通信簿は全国で、小・中学校二割以下である」「通信簿まで到達度評価をストレートに適用することは評価の客観性の上から無理や困難があるという読み方」が当然であると主張した。その理由として、「授業に用いる形成的評価と異なり、長期にわたる広範囲な学習内容全体を総括する評価に使用するには問題がある。到達度評価では五段階程度を評定するための客観的で信頼のおける評価基準を立てることが極めて困難である。客観基準を立て得ないままでの通信簿は厳しさのない甘やかしの通信簿になって、かえって子供たちをだめにする」。したがって、「通信簿から相対評価を追放して到達度や絶対評価に替えるということは行き過ぎである」（橋本、一九七七）と断言し、変化していく様子が「行き過ぎである」と危機感を持ち、依然として「橋本パラダイム」で乗り切り策を提案した。

同様に、相対評価の立場に立つ前述の大内たちも発言した。大内は「絶対評価が主張される背景」（大内、一九七六b）として「日本共産党が京都府教育委員会の取り組みを陰に陽にバックアップしたであろうことは想像に難くない」として、一九七五年三月一〇日付の日本共産党機関紙『赤旗』社説が「的を得ている部分も少なからずある」として、次のように引用している。

この評価方法は、学力を正しく表し、学習の上でどこができないかを具体的に示して、子どもたちの学習意欲を励ますとともに、教師たちの学習指導を改善することにも役立つなど、五段階相対評価の欠点を克服している点で優れたものです。また、各教科ごとに到達基準を具体的に定めている点で、学校の教育活動を助けるものとなっています。

しかし、大内は、相対評価は少数のエリートを選び出すための差別、選別の評価方法ではなく、相対評価を排して絶対評価にすれば子どもの学力が向上し、教育がすべてうまくいくというふうに考えているらしいが、これは行き過ぎた楽観論というべきであると批判している。また、前述の橋本は「教育のための評価」を主張し、戦後相対評価の礎を築いた研究者であり、一九六〇年代後半からの相対評価の矛盾が露になると、到達度評価についても研究し長所も認めた。しかし「時代の混乱」に到達度評価と相対評価の併用という折衷的評価論を提案し、前述したように田中は「橋本パラダイム」と命名した折衷論で問題の解決を図ろうとした。このような一九七六年頃の状況について、橋本は『教育評価の新動向』（一九七六a）のはしがきに、「我国の教育評価に関する考え方は混迷し、新しい展望を求めて苦悩している。絶対評価、相対評価の問題、通信簿や指導要録、テストと差別、五段階相対評価の問題である」と述べている。橋本には、相対評価から絶対評価への歴史的転換点が「混迷の時代」と映ったのである。

橋本も、測定学的に見た場合は「絶対評価のウイーク・ポイントは構造的なものであるだけに、そう簡単には解消できない。単純に合か不合かで絶対評価できる目標（基礎的知識・技能・習慣のごとき）は良いが、高度の理解・思考のごとき目標を一つの到達目標の形で設定することは困難である」とした。また、教育学的に見ても教育目標を到達目標に収斂するのは無理であると、ブルームの弟子のアイスナーの教育目標論で批判した。つまり、「絶対評価は、できない子どもを引き上げるには良い評価法であるが、創造的・発達的な子どもの自由を縛る評価法になる危険がある。（オール3式絶対評価法はそういうものかもしれない）」。そこで、結局は絶対評価の弱点と限界をカバーするには相対評価と個人内評価を併用しなければならないと結論（橋本、一九七六b）付ける折衷論で合理化し、根本的な解決策には向かわなかった。

第13章　一九八〇年指導要録改善協力者会議における評価論争

1　梶田対金井の激論が毎回続く指導要録改善協力者会議

文部省も相対評価の問題点の解決と全国の学校現場での到達度評価に基づく教育実践の広がりを認め、一九八〇年の指導要録の改訂では、学習の記録欄の相対評価を見直すことに決意を固めた。一九七九年九月九日付『サンケイ新聞』朝刊は、「文部省、絶対評価の要素加味、成績五段階評価見直し」という見出しで、「懸案となっていた指導要録の五段階評価に本格的に手を付ける方針を固めた」と報道した。五段階相対評価に代わる新しい評価方法探しは簡単ではない。このため、「絶対評価の要素を大きく取り入れた評価方法としたい考えで、近く指導要録改善協力者会議で検討されることになった」と報道した。その結果、一九七九年一〇月二日に開始された指導要録改善協力者会議は教育心理学者、教育学者、現場教育関係者等一八人により、異例の六回の集中会議が行われ、相対評価派と絶対評価派の激しい評価の議論が繰り返された。一九七九年と一九九一年の指導要録改善協力者会議の委員を務めた宮本三郎（〜二〇一三年　茨城県下館市立下館小学校校長、文部省の学習指導要領・指導書等を作成、指導要録改善協力者会議委員等を務める、人間教育研究協議会顧問）の記録をもとに審議会での激しい議論の様子について概要を述べる。宮本は古川のインタビュー（二〇〇八年三月二〇日）に対して、次のように述べている。

一九九一年の指導要録改善協力者会議は一年で一三回だったが、一九七九年の協力者会議は半年で土曜日を含めて六回の集中会議だった。主査は辰野千寿（上越教育大学学長）、副主査は金井達蔵（横浜国立大学教授を務めた教育心理学者、教育評価を研究し指導要録改善協力者会議委員を務める）、委員には奥田真丈（文部省審議官その後横浜国立大学教授を務める）、永野重史（国立教育研究所部長を務めた心理学者、ブルーム理論を最初に日本に紹介した）、肥田野直など行政や心理学のベテラン研究者に、若手の梶田など専門家が八人、それに、全国連合小学校長会代表、全日本中学校長会代表、教育委員会代表を含め一八人から構成される大掛かりな協力者会議になった。会議は異例づくめだった。二重の楕円形の座席を作り、内側の円卓に委員、外側の円卓に教科調査官、視学官が取り囲み、相当重要な会議で、挨拶の諸沢初等中等教育局長は、他の審議会とは違い最後までいました。「緊張感漂う雰囲気」の物々しい会議でした。挨拶で局長は「評定欄についてはこれに代わる名案を見つけかねている」と発言し、検討が始まった。指導要領の作成のねらいに即して、①基礎・基本の学力の定着については、「各教科の記録」欄には、落ちこぼれ問題の対応には子どもの実態をとらえて対応するために、観点別学習状況の評価欄を導入した。②知的な学力だけでなく、情意面も重視して「関心・意欲」を入れました。③日常の指導に役立つように指導と評価の一体化を重視した。文部省の側を見ると、諸沢初等中等教育局長は五月に行われた全国小中学校校長総会の段階では、まだ改善策が見つからないと言っていたが、文部省教育課程課の熱海教育課程企画官と中島小学校課長の文部省内でのリードが大きかった。とにかく、心理学者間の応酬がすごかった。若手でブルーム理論に基づいて絶対評価を導入しようとする梶田先生と、戦後橋本先生と共に指導要録を作り上げてきて測定論の立場から五段階相対評価に執着する金井先生には抵抗感がある。梶田対金井の激論が毎回三〇分から四〇分続くんです。我々はこの激論を聞いていて、絶対評価導入の必要性が明確になっていき、共通理解ができました。ある時には梶田先生が導入に慎重な金井先生に「あなたのお考えは二〇年古いんです」と全体の中で言うところまで行った。その意味でこの協力者会議は異例づくめであったが、文部省が絶対評価を加味した五段階相対評価を見直す歴史的なターニングポイントの役割を果たしました（古川、二〇一七に収録）。

金井は従来通りの教育測定論の立場から、相対評価論を主張し、指導の文節ごとに行われる総括的評価は相対評価が妥当であり、「指導要録の各教科の学習の記録は正規分布を予想することは論点であり、筆者は正規分布を理論的分布として仮定すべきであるとの立場をとる。もし、分布が著しく右に歪んで、J字型分布（全員が到達目標に達した場合）になろうと、これに基づいて5や4が多いからと言って評定をそのまま認めることはできない」とし、あくまで評価は絶対評価を加味した相対評価が認められる限界であるとの立場（金井、一九七六）を主張した。改革派の梶田も論争を古川へのインタビューに次のように振り返っている。

一九八〇年指導要録改訂は文部省としても様式だけを変えるということでなく、学力観、評価観を根本から変えないといけないと取り組んだ。指導要録改善協力者会議では完全に多勢に無勢。委員の多くは新しいブルームの目標に準拠した評価の理論の流れを知らない。いくら絶対評価のパラダイム転換の話をしても、測定論的な学問の枠組みなので、例えば何年生でこういうことをわからせなければいけない、意欲を持たせなければいけないという、授業の目的論が評価の中心になる指導と評価の一体化の形成的評価の理論が想像もつかないわけです。文部省の会議であれほど熱っぽい議論は珍しかった（梶田、二〇一七）と回想している。

その後の一九八〇年、『新指導要録の解説書』が、『初等教育資料』五月臨時増刊号として出版され、その中で座談会が開催されたが、その場でも両者の論争は続いた。司会は熱海文部省小学校教育課程企画官、出席者は、中島章夫高等学校教育課長（文部省で小学校課長、審議官を務めた、文部省の官僚として梶田叡一とともにユネスコのグレナ・セミナーを受講する、その後衆議院議員）、金井、梶田、宮本など協力者会議委員である。初めに今回の指導要録の意義について意見を求められた宮本三郎は、改訂指導要領の評判を聞かれ、低学年で従来の五段階評定が三段階評定になり、児童の発達段階の実態から当然と受け止められ、観点別学習状況という形で学習目標の達成状況を評価する考え方が導入され、子どもたちの努力がとらえられるようになったとして好評であると評価した。宮本へのインタビュー（古川、二〇一七）によると、「二時間ほど座談会をやったんですが、またこの場で、金井先生と梶田先生が三時間ぐらい二人で次のような激論をしたんです。最後までそういう雰囲気でした」と次のように語っている。

教育測定論の立場の金井先生は、「評定の欄の評価については基本的に相対評価である以上、理論的には正規分布を前提にすることをいつも主張します。評価はいわゆる相対評価の面と、絶対評価の面と、個人内評価の面と、それぞれの評価法の特性を生かしながら、全体的に妥当なところで行こうという考え方なんです。評定は相対評価というところに特徴があり、尊重しなければならない。私は、根本的には五段階評定と三段階評定と全く同じ考え方でいいと思います」（金井達蔵・文部省『初等教育資料』五月臨時増刊号　東洋館　一九八〇年）と強調した。これに反論する形で、梶田先生は、「よくここまで文部省が踏み切れたものだという評価です。観点別学習状況という形で目標の達成状況を評価することにしたことです。学校現場はすごい改革だという。低学年で従来の五段階評定が三段階評定になり、絶対評価の加味の仕方が強くなった。今回は全教科に『関心・態度』が置かれた。これは、客観的でありさえすれば評価としてよいということではないことを意味しています。場合によっては、客観性に問題があっても、（関心・態度の）評価は（ねがいとして）しなければならないことはやっていかなければならない」と文部省の改定案を評価した。金井先生は観点別学習状況欄の導入を教育面から評価する梶田先生に対して、「観点別学習状況欄を適切に行うには、学年末の評価だけでは足りない。この欄の評価をちゃんとやろうとすれば、教科目標は一応付属資料に示されていても、あれだけで観点別の評価ができるわけではない。単元の目標にまで下げて達成状況の評価をしていく必要がある」と観点別評価基準の設定を厳しく求めた。梶田先生は、「観点別学習状況という形で達成状況を評価する考え方が導入されたことで、子どもの努力のあとがとらえられるようになる。この評価をきちんとしていこうと思えば、日常に評価、補助簿、通知表も変わっていかざるを得ないわけです。今度は、単元ごとの、学期ごとの指導計画自体をどうするか、目標達成できなかった子どもに対してどう手を打つかという補充学習の計画はどうするかということも考えないといけない」と「ブルーム理論」で蓄積されたマスタリー・ラーニングの研究成果から具体的な指針を提言した。このように、絶対評価の導入により評価改革が進んだことを評価し具体化を進めようとする梶田先生と、従来通り絶対評価を加味した相対評価の原則にこだわる金井先生の評価論争は、すれ違いで一致することはなく続いた。しかし、最後に、文部省の中島高等学校課長が、「指導要録の改訂案が、学校の教育課程を作り出し、改善していくプロセスと不離一体の形になるわけです。指導要録を学校現場の日常的な実際の指導に役立て、評価活動に役立てていくものにしたいという気持ちがありました」と指導と評価の重要性を指摘し締めくくり、『新指導要録の解説』作成のための「指導要録の改訂と評価の改善」の座談会は改革の意義を確認する貴重な場（『初等教育資料』五月臨時増刊号　東洋館　一九八〇年）になりました。

まとめ役の中島高等学校課長は、前年まで教育課程課で小学校課長として指導要録改善協力者会議の事務担当をしてきた人物である。また、中島は、一九七一年に文部省からグレナ・セミナーに参加し、文部省としてブルームの日本への招聘に梶田と共に努力した関係であり、右記の協力者会議や『新指導要録の解説書』の座談会から、一九八〇年指導要録の改訂に「ブルーム理論」を主張する梶田の影響が読み取れ、文部省の決断のもと、文部省内で先見の明をもって臨んだ中島と国立教育研究所（途中で日本女子大学へ転出）の梶田が共通のビジョンを共有して、協力者会議の評価転換へ向けた審議に貢献したことは明らかである。

2　新聞各紙は到達度評価導入を画期的と報道

一九八〇年指導要録改善協力者会議の結論は、従来の指導要録の評価欄の構成が、Ⅰ．評定、Ⅱ．所見、Ⅲ．備考であったものが、新たにⅠ．評定（絶対評価を加味した相対評価を原則とし、低学年は三段階評価）、Ⅱ．観点別学習状況（各教科に複数観点を設け、三段階絶対評価で行い、目標達成は十、達成不十分は一で表示、下の欄に「関心・態度」の評価観点を設ける）、Ⅲ．所見（教科の特徴を文章記述）に改められた。文部省は、早速一九八〇年二月二九日に都道府県教育委員会に通知した。翌日の三月一日付各新聞朝刊の見出しは、「到達度評価を導入――授業通信簿の改革期待」（『朝日新聞』）、「学習到達度文章で――一・二年は三段階評価」（『読売新聞』）、「指導要録に到達度計る項目――絶対評価で五段階方式を補完」（『毎日新聞』）である。『読売新聞』は、「単なる記録としてではなく、指導上に資料として活用できるように力点を置いた」、『朝日新聞』は、「到達度評価で、昭和二四年に学籍簿が指導要録に名前を変えたのに匹敵する画期的な改革となった」と評した。これらの見出しは、過大なように読めるが、当時の社会においてはそれほど絶対評価への転換が大きく社会的関心事として評価されたということである。

3　到達度評価導入の社会的背景と歴史的意義

宮本はなぜ、そこまで大幅に評価改革が進んだのかという理由について、インタビュー（古川）に、次のように三点が考えられると分析している（古川、二〇一七）。

①は、保護者や学校現場からの批判や通知表や授業の到達度評価の取り組みの盛り上がりである。②は、教育評価の世界的な流れや日本で『教育評価ハンドブック』の紹介や梶田たちのマスタリー・ラーニングを通してブルーム理論の流れが学校現場へ浸透したこと。七〇年代の相対評価批判や評価論争の結果、日本教育心理学会や学者の間で流れが絶対評価へ動き出してきたこと。③は、文部省として、「落ちこぼれ」の学力低下問題の解決を進める場合、改訂指導要領の人間性の育成の主旨を併せてやる場合、到達度評価を導入した方が適切であるという観点別評価導入への受け入れが整いだしたということなどがあるとしている。

橋本は一九八〇年版の指導要録の相対評価からの評価観の転換の意義を、「我が国の小・中学校における評価システムに公式に到達度評価を導入した全く画期的なことであり、その影響するところは極めて大きいといわなければならない」（橋本、一九八一）とその評価観の転換の大きさを綴っている。橋本自身の変化同様、相対評価は、目標に準拠した評価へと評価観を全面転換する一歩になった。

文部省は指導要録の意義を周知するため、学校現場用に『新指導要録の解説書』を作成した。それに先立って、一九八〇年に中島章夫（小学校課長）が編集した『昭和五五年改訂指導要録の解説』において、ブルーム・タキソノミーの考え方に基づいて情意的な学力である「関心・態度」を全教科に取り入れた意義について、「このような情意的な観点は難しさがあることは事実であるが、指導と評価が知識・理解の面に偏りがちな学校教育の現状についての反省に立って、また、学習意欲の向上や自ら考え実践しようとする態度の育成等を重視している新学習指導要領の趣旨を生かすために、この観点を立てることにした」（中島、一九八〇）と述べている。

次の一九九一年版指導要録も「新学力観」の導入に伴い、絶対評価を加味した相対評価を原則にしたとはいえ、実質的には観点別評価が最初に位置付けられ、絶対評価が学習評価の中心におかれた。低学年は三段階評価からは全面的に絶対評価による評価に改訂され、欄の構成はⅠ．観点別学習状況、Ⅱ．評定、Ⅲ．所見となり、観点別学習状況が学習評価の中心となり、観点別学習評価は三段階（A・B・C）絶対評価、観点の順序も、「関心・意欲・態度」「思考・判断」「技能・表現」「知識・理解」の順で、評定は低学年では廃止、それ以外は三段階、中学校は五段階表示となった。各教科の記録欄は観点別評価になり、各教科の記録欄の最上位には情意的側面を重視するため、「関心・意欲・態度」が新設された。「指導上参考となる諸事項欄」も梶田たち指導要録改善協力者会議委員の意見を取り入れ、従前の標準検査の記録（知能検査等）の記録欄は、大正時代から教育測定が行われ、教師たちが知能テストの結果に基づいて、「この子は優秀な子、この子はできない子」とあらかじめ予断と偏見を持ち、子どもの可能性を伸ばすことに否定的な影響を持つものであるという理由で、「指導上参考となる諸事項欄」に統合された点も重要な変更点である。そしてついに、第四期二〇〇一年の指導要録の改訂では、各教科の評価は絶対評価で、「目標に準拠した評価」が全面採用され、学習評価欄の構成は、Ⅰ．観点別学習状況、Ⅱ．評定となり、Ⅲ．所見が削除され、評価のパラダイムは完全に絶対評価に転換が行われた。

第14章　文部省の新学力観の提言と学力論と評価論の一体的論争

1　中教審答申の「自己教育力」の育成

一九八九（平成元）年学習指導要領は小・中・高等学校とも一斉に改訂され、それに先立つ中教審答申では、①心豊かな人間の育成、②自己教育力の育成、③基礎・基本の重視と個性教育の推進、④文化と伝統の尊重と国際理解の推進が掲げられ、重視されたのが「新しい学力観」と呼ばれる「自己教育力」の育成である。「新しい学力観」とは、従来の「知識・理解・技能」の習得と同時に「思考力・判断力・表現力」「関心・意欲・態度」を通して自己教育力を育成する学力観である。

一九八九年の学習指導要領小学校総則（第1章）では、「学校の教育活動を進めるに当たっては、自ら学ぶ意欲と社会の変化に主体的に対応できる能力の育成を図るとともに、基礎的・基本的な内容の指導を徹底し、個性を生かす教育の充実に努めなければならない」とこれまで共通の知識や技能を育成する教育から自己教育力の育成へと転換する「新学力観」を示した。新しい学力観は、「新学力観」と称されるようになり、子どもたち一人ひとりの興味・関心や個性、自己教育力を尊重することを優先することに対して、すべての子どもたちの教育の機会均等を守る戦後教育学の立場に反することになるので、「新学力観」に反対の声が上がった。

これまで学力といえば「知識・理解・技能」の習得を中心に認知的能力から考えられてきただけに、学校現場では「関心・意欲・態度」などの情意的能力も学力であるという考え方に対する反対や、「関心・意欲・態度」の評価を従来のペーパーテストでなくどのように評価するのかと戸惑い、混乱する学校現場の姿があった。学校では「関心・意欲・態度」をどのように評価するかの方法は未開拓で、「新学力観」をめぐる学力論争と評価論争が起きた。梶田叡一は認知的学力と情意的学力の両面からのバランスをとって、「海面に浮かぶ氷山としての学力」論（梶田、一九九四b）として構造化する評価論を土台に、独自の学力モデルを提言し、学力論と評価論を一体のものとして発展させ、「氷山型学力」論は学校現場に浸透していった。

そもそも「新学力観」という概念の誕生について作成統括した文部省の山極隆（文部省初等中等教育局主任視学官）は、「『新学力観』という用語は学習指導要領改訂作業時には生まれてなかったが、指導要録改訂作業の段階で使われ始めた。学習指導要領と指導要録の改訂は、教科の目標、内容、評価が一体的であるためには一貫性を持っていなければならないからである」（有園、一九九六）と経過を述べている。指導要録改訂作業後の一九九二年から「新学力観」という学力観を文部省が使うようになってから、急速に関心が高まり、「新学力観」の学力と評価の論争が起きることになった。一九九三年には日本教育方法学会大会が「新学力観を問う」をテーマに、一九九四年には日本教育心理学会大会も「新学力観」をテーマにそれぞれシンポジウムを開催し、「新学力観」は時代の中心テーマになり、学力論と評価論議が深められていくことになった。

2　文部省の「自己教育力」と梶田の「自己学習の構えと力」論

一九八七年の教育課程審議会は、「臨教審答申」の影響を受け、さらにその考え方を受け継いだのが、一九八九年改訂学習指導要領である。したがって、学習指導要領も「自ら学ぶ意欲と社会の変化に主体的に対応できる能力の育成を図り、個性を生かす教育」――「自己教育力」論の提案となった。文部省は、「自ら学ぶ意欲や思考力、判断力、表現力」も学力であると転換したのである。文部省の転換を述べた高岡浩二（担当した文部省教育課程課企画官）の発言を有園格（日本教育新聞編集局長）は次のように整理している。

文部省の学力観は、①番目に子どもたちが主体的に生きていくために必要な個性や創造性の育成を目指しており、豊かに生きる力としての資質や能力を基礎・基本ととらえること。②番目に自ら学ぶ意欲や思考力、判断力、表現力などの資質・能力こそ生きて働く力の土台をなし、自己実現への道を開いていく力として欠かせない（有園、一九九六）と規定し、学力観を転換させたと分析した。

早速、「自己教育力」に関する学力観批判が起きた。議論を整理した有園格が「学力観問題と課題」として提起し、次のように概略を述べている（有園、一九九六）。

学力観批判の一番目は、教育学者に多い批判であるが、「自己教育力は学力とは何かが不明で、学力形成論がない」、「学習の仕方まで強調している」という。カリキュラム研究者は、一九六〇年代の勝田守一の学力論には、学校が学力を計画的、系統的に基礎学力として形成していくという考え方があったが、自己学習論にはそれがないというもの。二番目は、また勝田の能力論には各教科で基礎学力の内容を規定して認識能力として形成するという考え方があったが、「自己学習論は認知能力以外の関心・意欲・態度を含めた学力論であり、（関心・意欲・態度等は）態度主義の学力論である」（柴田義松、安彦忠彦等からの批判）。

このような批判に対して、梶田は一九八〇年代から、「新学力観」でいう「自己教育力」、つまり「自己学習能力の育成」の重要性について『自己学習能力の育成』（一九八四）や国際的に進みつつあったユネスコの生涯学習論を踏まえて、子どもが教育を創る立場から、「自己教育力」「自己学習能力」として備え、「自己成長性」を実現していく方法として「自学自習能力」の育成の重要性に注目してきた。梶田は『生きる力の人間教育を』（一九九七）の中で、「生涯学習時代に自ら学ぶ力の学力観は顕著になって来た。学校がもはや完成教育の機関ではなく、常に学び続ける新たな知識と力を身に付けていくことが必要不可欠になってきた」と次のように述べる。

自己教育力のポイントは、①自己学習能力、②学習への意欲、動機付けが重要。効力感、達成感、有能感といった内発的動機づけの問題です。「自ら学ぶ力」とは、「生きる力」であり、「自分が自分自身の主人公として、自分の責任で自分を発展させていくことを可能にする力です」（梶田、一九九七）。

そこで、梶田は自己学習能力の育成の考え方を「自己学習の構えと力（主要な四つの側面：七つの視点の相互関連性）」として持論の内面性の教育を土台に提言している。梶田の「自己学習の構えと力」は、「新学力観」の約五年前に提案された研究であり、新学力観が提案された一九九〇年代以降を先導する役割を果たした。梶田の「自己学習の構えと力」について説明しておくと、自己教育力という理念を構成する主要な柱は、Ⅰ．成長・発展への志向、Ⅱ．自己の対象化と統制、Ⅲ．学習の技能と基盤、Ⅳ．自信・プライド・安定性という側面であると説明している。Ⅰは、優れた存在へ自分自身を引き上げていこうという志向性を持つこと。Ⅱは、自己を対象化し統制し、課題を意識して働きかける構えと能力を持つこと。Ⅲは、学習の技能と基盤となる知識・理解・技能を習得すること。Ⅳの「自信・プライド・安定性」は、心理面から支え、学んだことに自信やプライドを持つことから構成されている（梶田、一九八五c）。梶田は「新学力観」を推進する考え方だったので、「関心・意欲・態度」だけを重視する学者として誤解されたが、そうではなく従来からの基礎学力とされてきた知識や技能を重視する立場に立っており、それゆえ認知的学力と情意的学力の両者を学力の構成要素とした「海面に浮かぶ氷山としての総合学力」モデルを構築した。「海面に浮かぶ氷山としての総合学力」モデルは、学力形成モデルであると同時に評価観点を示すモデルでもあった。

3　「海面に浮かぶ氷山としての学力」モデル

「新学力観」の学力論争については、第6章で述べているので、本章では評価の面から述べることにする。一九九三年になると「新学力観」の学力と評価に関する論争が起きた。反対派は教育学者や民間教育団体が中心であったが、心理学者などは好意的に評価した。多くの批判に共通する意見は概ね、「新学力観は思考・判断の能力、関心・意欲・態度を並列にとらえ、それらを多元的に評価していくことで学力保障の公的責任を曖昧にし、個性尊重の基に基礎学力を保障する責任を放棄し、子どもたちの人格発達の危機をさらに深刻化させていく」とするものであった。しかし、批判論者たち、特に教育学者たちの学力論は、もはや生涯学習時代の学校は、一九六〇年代に勝田が学校は子どもたちの学力を丸抱えで、学力を系統的に形成していくと概念規定した時代ではなく、認知心理学の立場に立って学びの主体者を育てることが主題になってきたという「教え」から「学び」への変化を認識できなかったのではないだろうか。

肯定的である現場教師からの意見は、「学力構成要素として『関心・意欲・態度』を入れることには賛成だが、『関心・意欲・態度』は主観的評価になりやすく、これまでの相対評価によるペーパーテストのように、客観的な平等な評価基準が可能になるのか、それに加えて教師が授業中に関心・意欲・態度の評価に追われ、指導の改善に生かせるのかという実践的な指導方法に対する不安も多くあった。

再度の説明になるが、「海面に浮かぶ氷山としての学力」モデルを端的にいうと、氷山の上に出ている部分と出ていない部分の双方から氷山が成立しているように、学力も見えやすい部分と見えにくい部分の両方から成立している。水面下の部分がしっかりしていないと、水面上に現れる部分が不安定なものになると説明している。「『見える学力』が『見えない学力』にしっかりと支えられるという構造になってなければならないと考えるべきである」（梶田、一九九四a）という。

その上で、新しい学力観では、指導要録の観点別学習状況の評価が、「関心・意欲・態度」「思考力・判断力」だけが重要であるということではなく、あくまでも四観点が全体として一つの学力観を表していると、情意面だけが重視され、「思考力・判断力」「技能」「知識・理解」という順番になっているが、「関心・意欲・態度」「思考力・判断力」「知識・理解」が学力として軽視されてはならないことを注意している。河原尚武も、「この『関心・意欲・態度』は具体的な学習内容に基づく認識能力の高まりに伴って『関心・意欲・態度』が学力の構造の要素として深化・発達する可能性があると考えるべきである」（河原、二〇〇四）と、氷山学力説を支持している。

学校現場では、これまで「技能・表現」や「知識・理解」を中心にペーパーテストで評価する、測定できるものを学力と考えてきた。それだけに「関心・意欲・態度」などの情意的学力や「思考・判断」の力を従来のペーパーテスト以外の方法で評価する「新学力観」の評価は難問題であり、学校現場では、「新学力観」の概念をどのように整理、実践し、評価していくかで困惑した。梶田の「見える学力・見えない学力」（「見えやすい学力・見えにくい学力」とも表現）という「海面に浮かぶ氷山としての学力」モデルは、教育現場から認知され、学力論を説明する際、「見える学力・見えない学力」の用語として広がり、「新学力観」を説明する学力モデルとして一般化し、定着した。

なお、梶田は、「新学力観」に立つ絶対評価（観点別評価）が学校現場に浸透しているかどうかを確認するため、「新学力観」が導入された直後の一九九三年に、絶対評価の全国の学校への定着状況を把握するため、第二回通知表全国実態調査（教育評価実態調査委員会――大阪大学梶田研究室・箕面市教育センターの共同研究、全国小・中学校一五〇〇校回答）を行って、絶対評価に立つ観点別評価が各地の学校の通知表にも好意的に定着しつつある実態を把握し、「新学力観」に立ち、通知表に対する学校側の考え方も好意的に変化しつつあることを明らかにした。調査では、様式、配列、名称、観点別状況の評価、評定、評価段階、行動の記録、特別活動の記録等項目調査は多くあるが、名称と観点別状況の評価についての結果は次の通りである。名称は前回に比べ、かつての一方的な通知である「通信簿」「通知表」が減少し、「あゆみ」「伸びゆく姿」が増加し、子どもたちを主体にして、自己評価欄が新設されるなど、子どもたちのよさを認め・励まし、自ら伸びゆく姿を見つめようとする「新学力観」を象徴するものに変化した。観点別状況の評価の欄があるものが小学校九八％、中学校八〇％、そのうち最初に観点別評価、次に評定という順番に変化している各学校の実態が調査結果（梶田・教育評価実態調査委員会、一九九五）から把握され、通知表調査からも学校現場に「新学力観」による評価方法が親和性をもって全国の学校に受け入れられていったことを証明した。多くの心理学者も、「新学力観」確立の必要性を論じた。

4　氷山型学力モデルをめぐる態度主義論争

しかし、「海面に浮かぶ氷山としての学力」モデルには批判も起きた。各教科の評価の最初に「関心・意欲・態度」を位置付けたことから、「態度主義」という批判がなされた。かつて、戦後初めての経験主義教育をめぐり交わされた抽象的な学力論争を総括するため、広岡亮蔵が三層構造の学力モデルを提案し、最も内側の中核に態度を位置付けたことに対して、「態度主義」と批判を浴びた。それ以来の学力論争では常に、情意面を学力に含めるかどうかが論争になってきた。「まず、見えにくい学力」が先にあり、それから後に「見える学力」が形成されるのかという批判。態度主義について田中耕治は、「態度主義とは計測可能な認識内容である『科学』や『芸術』のもつ陶冶力を過小評価して、それ以外の非合理的な『態度』的なものを不当に重視する考え方を批判したものである」（田中、二〇〇四）と説明しており、梶田の学力モデルはそれには該当せず、認知的学力と情意的学力の両者を重視して、構築した学力モデルであることは明らかなことである。梶田の「海面に浮かぶ氷山としての学力」モデルに対する「態度主義」という批判も沈静化した。

二〇一七年学習指導要領改訂においても、情意に関する資質・能力の観点として「主体的に学習に取り組む態度」として設定されているように学力論の中に位置付けられ、認知と情意に関する資質・能力の両者によって学力論が発展してきたことからも明確である。その経過を考えても、梶田が提案した認知的学力と情意的学力の両面から構成された「海面に浮かぶ氷山としての学力」モデルには、今日的な資質・能力論の基盤として先駆的な意義があったことは明らかである。

その後、「新学力観」の考え方に立つ観点別評価は、二〇〇一年の指導要録の改訂では、絶対評価による評価へと基準は完全に転換した。さらに、近年の二〇一九年改訂の指導要録では、二〇一七年の学習指導要領の指導目標の三観点を踏まえて、「知識・技能」「思考・判断・表現」「主体的に学習に取り組む態度」の三観点に整理され、二〇一七年に改訂された「学びに向かう力、人間性等」は個人内評価で見取ることになり、認知と情意に関する資質・能力の両者によって学力論・評価論は発展を続けている。一九八〇年に導入された絶対評価（目標に準拠した評価）が、まさに今日の授業論、形成的評価論、学力論、カリキュラム論など教授・学習活動の礎になったターニングポイントであったといえる。

第15章　二〇〇〇年代の学習指導要領の改訂と教育評価の改善

1　一九九八年版学習指導要領と総合的な学習の評価

二一世紀を目前にした一九九六（平成八）年七月、中央教育審議会から「二一世紀を展望した我が国の教育の在り方について」（第一次）が答申された。答申では、「ゆとりの中で生きる力を育む」ことが提言された。また「生きる力が全人的な力であることを踏まえると、横断的・総合的な指導を推進し得るような新たな手立てを講じて、豊かな学習活動を展開していくことが有効であると考えられる」とされ、「一定のまとまった時間を総合的な学習の時間として設ける指導」が必要だと提言された。一九九八（平成一〇）年学習指導要領が改訂され、「二一世紀を展望した生きる力と確かな学力」が掲げられ、「生きる力」を育成するため「総合的な学習の時間」を新設して育むことを目的とすることになった。

総合的な学習の時間の趣旨は、各学校が地域や学校、そして児童生徒の実態に応じて、横断的・総合的な学習や児童生徒の興味・関心などに基づくテーマで学習については創意工夫を生かした教育活動を行うことにある。そのねらいは、①自ら課題を見つけ、自ら学び、自ら考え、主体的に判断し、よりよく問題を解決する資質・能力を育てること。②学び方やものの考え方を身に付け、問題の解決や探究活動に主体的、創造的に取り組む態度を育て、自己の生き方を考えることができるようにすることとされた。

当初、「総合的な学習」を具現化するにあたって「総合的な学習」のカリキュラムづくりや単元づくりに注目が集まったが、はやくも実践が進むに従い、「総合的な学習」が子どもたちに「どのような資質や能力を育むことができているのか」という育むべき力を明確に示し、実践をどのように評価するかという評価方法に注目が集まった。審議会の統廃合で最後となった「教育課程審議会」（その後、中央教育審議会教育課程部会に統廃合）は、二〇〇〇（平成一二）年一二月、「児童生徒の学習と教育課程の実施状況の評価の在り方について」を答申した。当時、マスコミでは、学力低下論争が激しく議論されていたが、教育課程審議会答申では、学力低下問題に触れることなく（審議会の中では議論されたが）、「教育課程の実施状況の評価の在り方について」のみ答申された。新しい指導要録の様式では、観点別評価「関心・意欲・態度」「思考・判断」「技能・表現」「知識・理解」の順に観点が設定された。そして、「総合的な学習の時間」の評価欄が新設され、評価観点は「学習活動」「観点」「評価」欄を設定し、すべて文章記述となった。総合的な学習をねらいに従って展開したとしても、評価が従来のように数量的なペーパーテストによる相対評価では学習内容や学習方法や学習活動の成果の見取りができないことが明らかになった。これにより、従来のペーパーテストによらない新しい評価方法が学校現場から一斉に求められ、アメリカで先行研究されているポートフォリオ評価など真正の評価方法に注目が集まり、日本に紹介され、試みられるようになった。ポートフォリオ評価やパフォーマンス評価は猛スピードで学校現場へ浸透していった。教育課程審議会答申の新しい評価の提言を受けて、古川と佐藤真（関西学院大学教授を務める教育学者）は、新しい評価の課題を次のように整理している（古川・佐藤、二〇〇二）。

① 学力のとらえ方は知識の量ではなく、学習指導要領に示す基礎的・基本的な内容を確実に身に付け、自ら学び、自ら考える力など「生きる力」が育まれているかどうかによること。

② 評価は、観点別学習状況の評価を基本とした現行の評価方法を発展させ、目標に準拠した評価を重視し、一人ひとりの良い点や可能性、進歩の状況などを評価する個人内評価方法の工夫をすること。

③ 指導と評価の一体化を図るとともに、評価方法の改善を図り学校全体としての評価の取り組みをすること。

④ 複数教員で協力して多角的・多面的な評価を行うこと。

⑤ 思考力・判断力、自ら学ぶ意欲、態度などを視野に入れた評価基準と評価方法の研究開発を行うこと。

⑥ 児童生徒のレポートや作品などの学習状況の事例を盛り込んだ評価事例集の作成を行うこと。

この間、総合的な学習の評価に関する指針が矢継ぎ早に出された。二〇〇一（平成一三）年四月には、文部科学省初等中等教育局長通知「小学校指導要録、中学校指導要録、高等学校指導要録の改善等について」が示された。しかし、「総合的な学習」に関する通知内容は、「総合的な学習」において実施した「学習活動」を文章記述した上で、指導の目標や内容に基づいて定めた「観点」を記載し、それらの「観点」のうち児童生徒の学習状況に顕著な事項がある場合などに、その特徴を記載するなど、児童生徒にどのような力が身に付いたかを文章で記述する「評価」の欄を設けるとされただけであった。また、国立教育政策研究所教育課程センターは、二〇〇二（平成一四）年二月、「評価規準、評価方法の作成、評価方法の工夫改善のための参考資料」を報告書として公表した。ここでは、指導要録の評定欄に「目標に準拠した評価」が全面的に導入されることを受け、各学校が独自に作成すべき「評価規準」等の参考となる事例が示された。この報告においては、各教科と特別活動における「評価規準」の設定、評価に関する事例の提示、観点別評価状況の総括、評定への総括、各学校における実施上の留意点は示されたが、「総合的な学習」における「評価規準」の事例等については示されなかった。

二〇〇二年四月春、いよいよ中学校は新しい学習指導要領の実践を迎えた現場の空気を、教育センターから中学校へ転勤した古川は、次のように実践への課題を認識していたことが確認できる（古川・佐藤、二〇〇二）。

保護者からは総合的な学習への期待とは裏腹に、学力低下への不安の声が高まる中、各学校は毎週土曜日が休みになる完全学校五日制をセットにした新教育課程を逆風の中、やっとこさ船出したところである。したがって、新設された「総合的な学習」の実践と評価を考えるにあたっては、改めて「総合的な学習のねらいは何なのか、総合的な学習でどんな力を身に付けさせたいのか」、学習成果を「どのような観点と方法で見取り、保護者にどのように伝えていくのかを、教職員全体で共通理解を図っておかなければならない。今、総合的な学習は逆風の中での船出であることを自覚しておかなければならない。

2　ポートフォリオ評価の紹介から真正の評価へ

一九九八年頃から日本にポートフォリオ評価法・パフォーマンス評価法等これまでのペーパーテストに代わって、真正の評価論が紹介されるようになった。最も早く紹介した研究者は社会科教育・総合的学習を研究する安藤輝次（福井大学）である。一九九八年に入ると、安藤は各地の研究会でポートフォリオ評価の講演（安藤、一九八八）を行っている。田中耕治（兵庫教育大学）は、アメリカの進歩主義学校を視察して「ポートフォリオ評価法」（兵庫教育大学学校教育研究センター紀要『学校教育学研究』第一〇巻、一九八八年）、佐藤真『「総合的な学習」の実践と新しい評価法』（一九九八）として紹介している。続いて個性化教育研究会の加藤幸次（上智大学）や高浦勝義（国立教育研究所）などである。一九九九年から二〇〇二年にかけて、一挙におびただしい数のポートフォリオ評価関係の書籍が出版され、日本中の学校現場へ広がっていった。一九九九年には安藤輝次・加藤幸次の『総合学習のためのポートフォリオ評価』（黎明書房）を皮切りに、小田勝己の『総合的な学習に適したポートフォリオ学習と評価』（学事出版）、鈴木敏恵の『総合的な学習――ポートフォリオ評価』（明治図書）、田中耕治・西岡加名恵の『総合学習とポートフォリオ評価入門編』（日本標準）、二〇〇〇年には高浦勝義の『ポートフォリオ評価法入門』（明治図書）、大隅紀和の『総合学習のポートフォリオと評価』（黎明書房）、二〇〇一年には寺西和子の『総合的学習の評価』（明治図書）、安藤輝次の『ポートフォリオで総合的な学習を創る』（図書文化）、村川雅弘の『「生きる力」を育むポートフォリオ評価』（ぎょうせい）等、翻訳本をいれると三〇冊余りの入門書が出版された。

「ポートフォリオ」とは「紙ばさみ」とか「書類かばん」と訳されるように、子どもたちが創造した作品や評価記録を収集したもので、その収集された中身や容器（ファイル、ボックス）を意味する。教育界では、「生徒が達成したこと、およびそこに到達するまでの歩みを記録する学習者の学力達成に関する計画的な集積」（トリバン、ボリッチの定義）（高浦、一九九九）と説明されている。つまり、入れ物の中に、子どもの学習の過程や成果に関する記録を計画的に集積したものがポートフォリオと考えられている。

ポートフォリオの考え方は一九八〇年代末のアメリカ教育界において発展した。その背景は一九八〇年代初頭、アメリカの初等中等教育の学力は日本に追い抜かれ、低下した実態はレーガン大統領下で『危機に立つ国家』というレポート（一九八三）にされた。それ以降学力向上を目指して各学区・学校では教育成果を点検するため、標準テストを多用し、学習点検結果の説明責任を果たすため、「アカウンタビリティー」を実施するようになった。この国民・納税者に学校の公的説明責任（アカウンタビリティー）を果たすため、州政府による上からの各種の標準テストによる評価が進んだ。

標準テストで教育成果が評価できるのかという批判が起きた。その弊害をなくす新たな評価方法として創造されたのがポートフォリオ評価（真正の評価）というものである。ダーリング・ハモンド（一九九五）は標準テストの問題点として、①標準化されたテストは正解を求める限定的な測定手段で、創造的に考える力を評価できない。②テスト内容を網羅的に暗記することが要求され、時間がかかる思考を誘発する学習が避けられる。③数値による得点結果が大切にされ、課題や問題解決への取り組みの過程が評価されない等である。このため、これまでの評価方法に代わって、逸話記録法、インタビュー法、質問項目法、学習記録、レポート、設計図、写真、ＶＴＲ等の多種多様な評価資料を駆使して評価するポートフォリオ評価方法が利用されるようになった。しかし、ポートフォリオ評価で収集した評価資料や評価情報がどれほど信頼できるか、妥当性があるかという問題が出てくる。この信頼性と妥当性を示す基準になるのがルーブリックという指標である。ルーブリックは、何を評価するかという達成目標である評価規準と、達成目標をどの程度でできたかを判断する評価基準である指標から構成される。ルーブリックは、記述や作品、実技によるパフォーマンスをあらかじめ評価の採点指標として三～五段階程度に文章表現として設定しておこうとするものである。教師の鑑識眼を高め教師間のばらつきをなくすには、ポートフォリオ評価の検討会が必要になってくる。このように学校現場では、総合的な学習の導入を契機に、ポートフォリオ評価、ルーブリックの研究開発、試行へと進んでいった。

また、ポートフォリオ評価と同様に広がった「パフォーマンス評価」とは次のように説明できる。パフォーマンス評価とは、ペーパーテストのように答えを正誤によって判断し評定する狭い評価方法ではなく、技能や思考力などを実際の課題解決の場面を設定して、多面的に評価しようとする方法である。インタビューで「話す能力」を見たり、放送テストを活用して「聞く能力」を採点したりする。アメリカで開発されたパフォーマンス評価は、子どもたちの生きて働く学力を形成すること、そのためその学力の各側面やプロセスを評価していこうとするもので、例えば国語の物語教材を評価する場合、登場人物の気持ちの変化が最も現れている場面を朗読するなどの方法がある。パフォーマンスを通して自分の考え方や感じ方など自分の内面の気持ちを、身振り、手振りや動作、絵画、言語などの媒体で外側に表出する。小論文やレポート、絵や図表やデザイン、理科の実験器具のセット、演技・実技、口頭発表など。パフォーマンス評価の特徴は、「見えにくい学力」をとらえられることである。

パフォーマンスの大枠を採点する評価基準である指標（ルーブリック）を設定して、継続的にプロセス評価することが必要である。

標準テスト批判から登場したポートフォリオ評価・パフォーマンス評価・ルーブリック等を導いた「真正の評価」論と成立の背景について先導的に紹介した田中の研究から説明しておきたい。「真正の評価」とは、オーセンティック・アセスメントの訳語であり、「本物の評価」ということである。田中によると一九八九年の論文でウィギンス（G. Wiggins　一九八〇年代後半からアメリカで流行したテストのための「標準テスト」を批判して、生きて働く評価法として「真正の評価」法を提案）は、「オーセンティック・アセスメント」として発表する。「真正の評価とは大人が仕事場や市民生活、個人的な生活の場で試されている、その文脈を模写することと規定した」（田中、二〇〇二）と説明している。その上で、田中はオーセンティック・アセスメントの源流がブルームの教育目標の分類学にあることにも言及している。

教育評価において、「実社会」「生活」「リアルな課題」が強調されるのは、先に指摘した標準テストの作為性や儀式化の様相に対する批判が込められています。オーセンティックな課題に取り組ませることによってこそ、子どもたちの中に生きて働く学力が形成されるとともに、その学力の様相を評価しなくてはならないと考えられたのです。ここで、授業と評価は、文字通り表裏または連続した関係にあるものとして理解されています。

ウィギンスは、評価におけるオーセンティックとはすでに、ブルームが教育目標の分類学で「応用」や「総合」のレベルで記述した内容に相当する。「応用」や「総合」は高次の目標であって、教科書で扱わなかった総合課題に対して、様々な資料を使ってチャレンジしていくものとされる。（オーセンティックさとは、高次な深い理解力が必要であることを主張している）……したがって、真正の評価では、オーセンティックな課題を含むパフォーマンス評価を行うことによって、子どもたちの知を実際に捉えるとともに、子どもたちもオーセンティックな課題に挑戦することで、自らの知を鍛え、その達成度を自己評価できるようになるのです。

3　二〇一〇年版指導要録の改訂と教育科学研究会からの批判

こうして、二〇〇一年に完全に指導要録は目標に準拠した評価に転換し、二〇一〇年版も二〇一九年版も目標に準拠した評価が継続して受け継がれていった。ＰＩＳＡ（国際学力比較調査）型学力を重視し、ゆとり教育から学力重視教育へ転換した二〇〇八年学習指導要領改訂を受け、二〇一〇年の指導要録のあり方を答申した中央教育審議会教育課程部会（二〇一〇年三月）からは、資質・能力を評価するためパフォーマンス評価（レポート、ワークシート、発表等）を活用することも明記された。

二〇一〇年版指導要録の原型を答申した中央教育審議会の教育課程部会は、二〇一〇年四月、「児童生徒の学習評価の在り方について」（報告）を公表した。報告によると、「今後とも、きめの細かい学習指導の充実と児童生徒一人一人の学習内容の確実な定着を図るため、各教科における学習状況を分析的に捉える観点別学習状況の評価と総括的に捉える評定とについては、目標に準拠した評価として実施することが適当である」とし、二〇〇一年に引き続いて継続することが確認された。結論に至る教育課程部会（文部科学省部会記録）では、「評定は小学校段階ではいらないのではないか」「評定は中・高等学校では入試で活用されており、評定は必要」という意見が多く、二〇〇一年版を踏襲することになった。

また、審議過程では「学習指導と学習評価に対する意識調査」（小・中教員対象）が実施された。項目「児童生徒の学力などの伸びがよくわかる」と回答した教師は七一・七％と二〇〇三年調査の三二・九％から向上した。もっとも、「学習状況の評価の資料収集・分析に負担を感じる」と回答した教師も六三％と、働き方改革の課題ともども次の二〇一九年指導要録改訂への課題を残した。また、戦後教育評価は「エヴァリエーション」が用いられてきたが、二〇〇〇年からＰＩＳＡ調査（Programme for International Student Assessment）が実施されるようになり、中間状況の測定的な意味合いの評価用語として「アセスメント」も使用されるようになった。

戦後、学習指導要領の改訂は教育学者を中心に中央教育審議会、教育課程審議会で審議し、指導要録改訂は教育心理学者を中心に指導要録改善検討委員会で審議する役割分担は、二〇〇八年の中央教育審議会で学習指導要領の改訂も指導要録の改訂も両者とも教育課程の改善として一貫して審議されるように改められた。

ところで、二〇一〇年版指導要録の評価改革について「評価を肥大化させ、教育を歪める」ものであるという批判が教育科学研究会から出てきた。二〇〇一年版を踏襲して、「関心・意欲・態度」の観点別評価が継続され、評価方法としてパフォーマンス評価を学校現場へ普及させることが評価を「肥大化」し「教育を歪める」ものであるという批判が、二〇一二年に教育科学研究会委員長の佐貫浩（「評価論をめぐる論争点の検討　田中耕治氏・中内敏夫氏の評価論の検討」）から提起された。佐貫浩（一九四六年〜　法政大学教授を務めた教育学者、教育科学研究会委員長）は、「パフォーマンス評価を徹底的に行うことは教育的なのか」「詳細なルーブリック（細分化された詳細なパフォーマンス内容についての評価尺度の一覧表）にそったパフォーマンス評価に晒して良いのだろうか」と問いかける。佐貫の批判は真正の評価を先進的に進めてきた「田中グループ」（田中耕治の単著を含む共同執筆者をさす）を直接の対象にしたものであるが、真正の評価論を進める研究者や評価の改革を進める文部科学省の評価政策への批判とも受け止められる内容である。批判の概略は次のような内容である。

評価があるからその評価に合わせて学習し、評価に合わせて自己のパフォーマンスを演じるというかたちで、評価が真の主体性を抑圧し、競争的受験システムへと人格丸ごと適応、順応させる機能を発揮しているのである。そのため、現実に展開しているテスト、評価システムの全体が持っている矛盾に対する批判的視点を持っていないのである。また評価の肥大化というべき事態に対する批判意識が欠落している。「評価の科学化」「評価の緻密化」が評価の「肥大化」を引き起こし、「評価の肥大化による教育実践過程の評価過程化」とでも言うような動向が表れていることに対する警戒心がない。子どもたちが評価に支配され、学習を強制され……その結果、高い評価数値を獲得することが目的となって、競争の教育の強制力に依拠した教育実践に向かう可能性がある。

佐貫は、競争と不可分に結合されてしまった評価という機能を可能な限りこの競争の仕組みから切り離し、子どもの発達を支える純粋な形成的評価として機能させる条件を探究すべきであるとする。佐貫は、評価には資格習得や入学定員の判断基準になる権力統制としての評価機能である「配分的評価」と、教育実践に再帰的に機能する「形成的評価」の二重性があるとする。ところが、「田中グループ」の評価論は「関心・意欲・態度」に寛大で、「目標に準拠した評価」システムを、「相対評価」からの改善として把握する評価観点に囚われて、目標に準拠した評価全体としては、今日の新自由主義的な統制の方法として機能させられている点については、あまりに楽観的に見ていると評価の権力性についてイデオロギー的に批判する。佐貫の真正の評価批判は、佐藤学（元東京大学）の一九六〇～七〇年代のブルーム理論への批判を想起させる。佐藤はブルームの教育目標の分類学は行動科学に依拠しており、「原子論的な要素主義」であると批判した。「ブルームが細分化し系列化した『教育目標』は一つひとつが単体の等価で均一な原子のような単位として認識される。学習では、そのすべてを系列に即して習得することが求められたのである」（佐藤、一九九六）。かつてブルームのマスタリー・ラーニングの持つ教育工学的な批判が加藤幸次からあったが、これに対して梶田は自覚的であり、ブルームの学力論と評価論から教育工学的な側面を修正し、評価目標の類型を「達成目標・向上目標・体験目標」と柔軟にし、またタキソノミーを日本文化に根付いた「開・示・悟・入」等の梶田理論に発展させた。

さて、佐貫の批判に対して田中グループからの反批判はないが、「田中グループ」と称された石井英真（京都大学）は、「ポスト近代社会進展の中の学力論議」（石井、二〇一〇）というテーマの中で佐貫の学力論を取り上げ、学力論と評価論について批判している。

そもそも、佐貫の学力論は三層構造の学力モデルで示されている。土台に「基礎知識の層」、その上に「習熟の層」、最も上に「表現・創造の層」が位置付く。「基礎知識の層」（横ベクトル）の知識の獲得拡大はどこまでいっても受験のための学力にしかならないが、「表現・創造の層」（縦ベクトル）に積み上がっていくと、自分たちにとり解決しなければならない生活課題に取り組み、知識を使いこなすことにより、生きる力と結び付いた学力を形成することが達成されるという。佐貫は二〇〇八年版学習指導要領の「生きる力」を育成しようとする考え方は、今の社会体制が子どもたちを生きにくくさせていることに目をつぶらせ、文部科学省は子どもたちに「生きる力」や「学力」向上を要求する自己責任論であると批判する。その上で、「生きる力」や「学力」向上を図るには、「自分の問題意識に基づいて調べ、分析し、まとめ、発表・討論し、作品化するという丁寧で独自の時間をとった応用的学習の時間をカリキュラムと学習の中に明確に位置づけることが不可欠になっているのではないか」（佐貫、二〇〇九）と提案する。これに対して、石井は佐貫の学力論が「坂元の学力の延長線上にあり」「学力形成と学習意欲（目的・課題意識）の形成を別の系として捉えており、学習意欲は、社会への能動的な参加、そしてそれに伴う学習者のコミュニケーションの編み直しによって育つものとされている。……しかも、佐貫において、参加すべき未来社会、およびよりよい生き方の像は明確に示されていない」と分析し、結果として佐貫の学力論は、「教育実践の方向性を示すのみで、教育目標論と教育評価論においてどのように具体化するのかの展望を欠いている」と批判している。

石井は、佐貫からの「評価を肥大化させ、教育を歪めるもの」という前述の批判に対して自覚的であり、「主体的に学習に取り組む態度の観点の評価をどうするかといった点に注目が集まりがちです。しかし、……評価をめぐる様々な困難は解決されず行き詰まってしまうでしょう」として、教育評価研究の姿勢について、さらに「ルーブリックを柔軟に運用する」必要性について次のように述べている（石井、二〇二三）。

観点別評価を軸とする学習評価改革について、それがさらなる現場の負担感を増すのではなく、カリキュラムや授業の改善を進めることと評価が自然と接続し、生徒たちの学びの変容が可視化されることで新しい挑戦の手ごたえが得られるような、「働き方」「働きがい」改革につながる筋道を示そうとするものです。繰り返し同じ一般的ルーブリックを用いることが有効です。……ただし、すべてをルーブリックで評価しようとすることには注意が必要です。「原稿用紙を正しく使える」と言ったような要素的な技能まで段階的な評価規準を作成することは評価の煩雑化に陥ります。

学問研究として詳細に木を見ることも大切であるが、同時に全体としての森を見ることも人間形成を図る教育評価においては重要なことである。佐貫の「評価のための評価」批判から心して、今後も人間形成を図るための教育評価の一環として、真正の評価論の研究を進めなければならない。

4　新学習指導要領における評価と二〇一九年版指導要録の改訂

二〇一九（平成三一）年三月に新しい指導要録に関する通知が出された。これは、ＡＩが普及する二〇三〇年の社会に対応できる子どもを育成するための学習指導要領が二〇一七年三月に文部科学省から告示されたからである。中央教育審議会教育課程部会は「児童生徒の学習評価の在り方について」を発表（中央教育審議会　初等中等教育分科会　教育課程部会、二〇一九）した。報告では、二〇一〇年改訂で積み残しとなった課題も議論され、指導要録は大きく改訂された。

「学習評価改善の基本的な方向性」として、アクティブ・ラーニングへの学力観の転換を受け、「観点別学習状況の評価」もこれまでの四観点から、「知識・技能」「思考・判断・表現」「主体的に学習に取り組む態度」の三観点に整理（小・中学校に加えて高校にも観点別評価を導入することになった）され、「指導要録の様式を改善すること」（指導要録と通知表の一体化と簡素化）、「資質・能力のバランスのとれた学習評価を行うため、パフォーマンス評価を取り入れ多面的・多角的な評価を行っていくことが必要」とした。

5　二〇一九年版指導要録の論点の整理

（1）学習評価の基本的な枠組み

学習評価（ワーキンググループ）の報告は、「2．学習評価についての基本的な考え方」で中教審答申における評価のあり方を、次のように再整理している。

①学習評価についての基本的な考え方（子どもの学習成果、教師の指導改善）、②「カリキュラム・マネージメント」（教育課程の下での学習指導）の一環としての評価、③主体的・対話的で深い学びの視点からの授業改善と評価（資質・能力の育成のための評価）、④現行の「関心・意欲・態度」の評価の誤解、学期末の評定が中心で学習改善につながっていない、教師が評価のための記録に労力を割かれ、指導に注力できない、労力をかけた指導要録が次学年において活用されていない等の各教科における評価の基本構造を、学習状況を分析的にとらえる「観点別学習状況の評価」とこれを総括的にとらえる「評定」の両方でとらえ、「観点別学習状況の評価」と「評定」では示しきれない一人ひとりのよい点や可能性、進歩の状況については「個人内評価」として実施すると整理した。

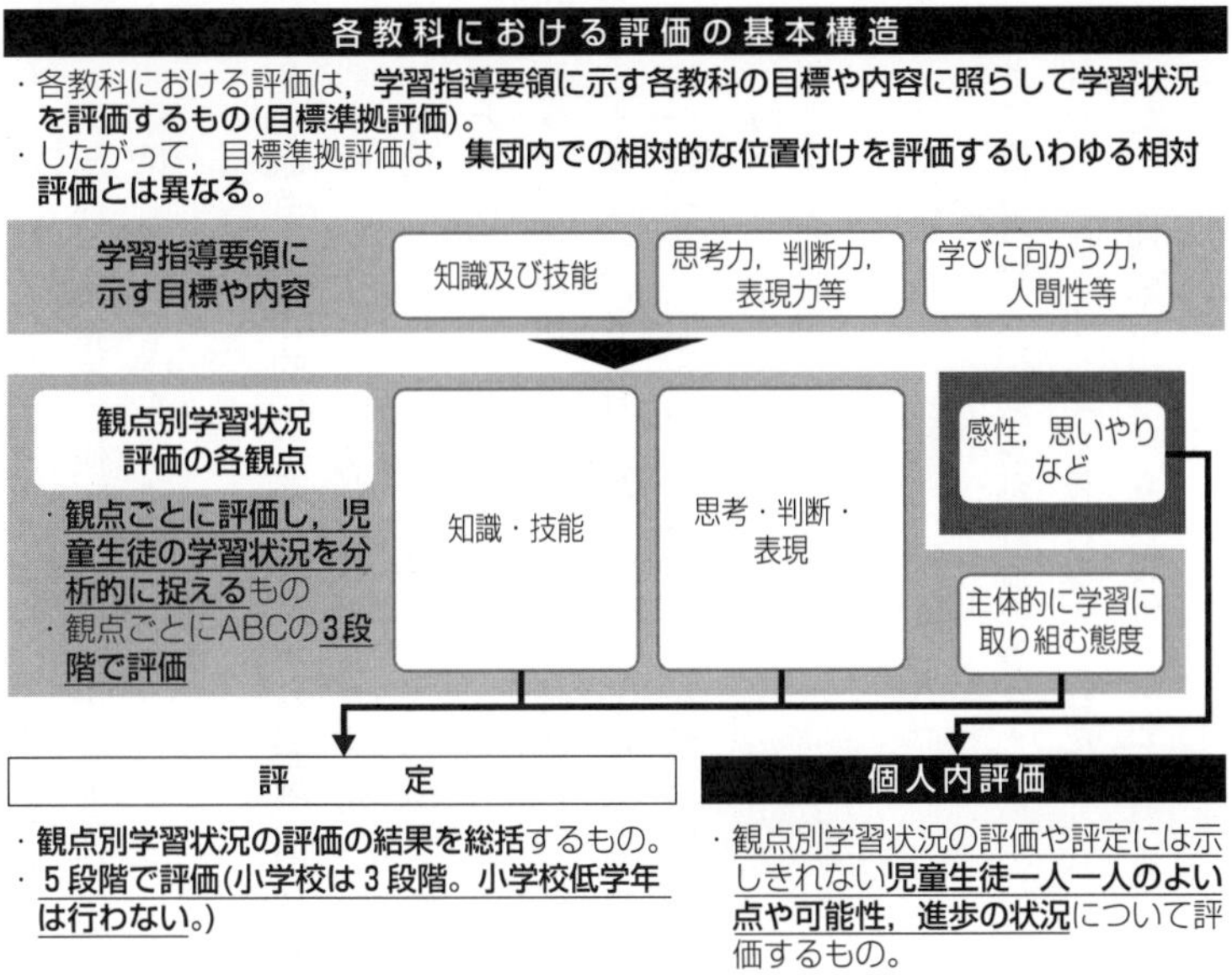

図15-1　新しい指導要録・通知表の考え方と記入のポイント「各教科における評価の基本構造」

出所：中央教育審議会　初等中等教育分科会　教育課程部会，2019

（2）OECDの資質・能力を踏まえた観点別学習状況の評価の改善

二〇一七年の学習指導要領改訂では、「各教科等の目標や内容を『知識及び技能』、『思考力、判断力、表現力等』、『学びに向かう力、人間性等』の三つの資質・能力の柱を踏まえて、『知識・技能』、『思考・判断・表現』、『主体的に学習に取り組む態度』の三観点に整理し、指導要録の様式を改善することが必要」とした。

この資質・能力の観点は、OECDが推進するEducation2030の資質・能力（知識・スキル・人間性）を示したラーニングコンパス（Learning Compass）の観点も踏まえており、OECDの資質・能力論とも親和性も見られ、OECDが目指す二〇三〇年の資質・能力論とも類似している。特に、「日本の教員は、子供の人間性の涵養等、他国の教員に比べより幅広い役割を担っており、他国にとってのモデルとなる」と評価されている点は評価したい。

(3) 観点「主体的に学習に取り組む態度」の新設

答申の「学びに向かう力、人間性」には、①「主体的に学習に取り組む態度」として観点別評価を通じて見取ることができる部分と、②観点別評価や評定にはなじまず、こうした評価では示しきれないことから個人内評価を通じて見取る部分があることに留意する必要があるとされており、二〇一七年版学習指導要領に示された、「各教科等における学びに向かう力、人間性等に関わる目標や内容の規定を踏まえ、各教科等の特質に応じた評価方法の工夫改善を進めることが重要である」と説明し、特に「『学びに向かう力、人間性』は知識及び技能、思考力・判断力・表現力等をどのような方向性で働かせていくかを決定付ける重要な要素であり、学習評価と学習指導を通じて『学びに向かう力、人間性等』の涵養を図る」ことは、「生涯にわたり学習する基盤形成上、重要である」と書き加えられた。

(4) 高等学校への観点別評価の導入

観点別評価が小・中学校に導入された一九八〇年から三〇年遅れて今回高校にも導入されることになった。三観点の中で、高校現場で困っているのが、何をもって「主体的に学習に取り組む態度」が実現されているのかという評価の見取り方法である。一九九〇年代、「新しい学力観」が提案され、学習評価の観点に「関心・意欲・態度」が導入され、何をもって子どもの「関心・意欲・態度」を見取るのかという現場の混乱と同様である。当時、「関心・意欲・態度」など情意的観点を見取る研究開発をしていた福岡教育大学附属福岡中学校では陣川桂一研究部長を中心に、「先生によく質問をする」「残って図書館で調べ学習をする」などの兆候（シンプトン）を開発して、情意的評価の問題を解決した。今回の「主体的に学習に取り組む態度」の評価では、単に積極的な発言や行動を評価するだけではなく、知識及び技能を獲得し、思考力・判断力・表現力を身に付けるため、自らの学習状況を把握し、学習の進め方について試行錯誤し、自らの学習を自己調整しながら学ぼうとする意志的な側面を評価することが目指されている。教師は、子どもが学習の自己調整が不十分な場合には、自ら自己調整ができるように、学習の進め方を指導してやることが求められるようになった。つまり、評価は教師にとっては指導の改善に役立ち、子どもにとっては学習改善につながるものになることが再確認されたのである。各教科・科目ごとに「知識・技能」「思考・判断・表現」「主体的に学習に取り組む態度」の三観点別のルーブリックと評価方法を明記したシラバスを作成し、教師間はもちろん生徒にも共有することが求められている。

6　教育評価論争のおわりに

こうして約八〇年に及ぶ戦後教育における評価論の歩みと評価論争を振り返ってみると、戦後客観的評価方法として定着した「相対評価」と、その矛盾の解決を到達度評価を経て、いかに「目標に準拠した評価」に転換し、その具体的方法論を開発していくかという論争と克服の歴史であった。

戦後、最初に導入されたのが戦前の測定から教育評価としてのエヴァリエーションであった。戦前は、教師による胸先三寸で成績や評価が行われるという恣意的で主観的な絶対的評価（認定評価）としてのネブミであった。それに対して、戦後は評価の結果を指導の改善に役立てるという、一九三〇年代にアメリカのタイラーが開発した授業目標と目標の実現状況を見取る評価を一体化したタイラーの原理に基づくエヴァリエーションが紹介された。文部省も国家カリキュラム（学習指導要領）の中へ目標と指導と評価の一体化の考え方を取り入れ、推進した。学籍簿が指導要録に改訂される頃には、客観的な評価方法としてアメリカから正規分布曲線に基づく相対評価法が紹介され、全国の学校に定着した。しかし、一九六〇年代末期になると、集団内における相対的位置しか示さない相対評価が持つ序列主義の非教育性に対する批判が、日本教育心理学会、学校現場や保護者からも起こる。

一九七〇年代半ば頃になると、ブルームの目標に準拠した評価の紹介や到達度評価運動で盛り上がり、一九八〇年指導要録の改訂では指導要録改訂協力者会議での評価論争を経て「関心・意欲」など観点別評価を先進的に取り入れ、「絶対評価を加味した相対評価」とこれまでの姿勢を大きく転換させた。指導要録の目標に準拠した評価への流れは、一九九一年版を経て二〇〇一年版指導要録において、教育課程審議会（二〇〇〇年）は「観点別学習状況の評価を基本として、児童生徒の学習の到達度を適切に評価していくことが重要である」と、「目標に準拠した評価」がメインになった。同時に「目標に準拠した評価」への転換は、教育目標やそれを見取る評価規準・基準をどのように設定していくのか、その見取りをどのような評価方法でするのかという評価研究の課題を突き付け、ポートフォリオ評価、パフォーマンス評価とその基準であるルーブリックの作成など真正の評価論の開発が広まった。

また、二〇一七年の中教審答申に基づく学習指導要領になると、PISA型学力のコンピテンシー等の影響を受け、変化の激しい現代を生き抜く資質・能力が求められ、「主体的・対話的で深い学び」（アクティブ・ラーニング）というこれまでの学力観の概念に収まらない「資質・能力」が求められるようになった。「資質・能力」として学びに向かう力や創造性・問題解決力や思考力という汎用的能力の育成が課題に挙げられた。二〇一七年版学習指導要領を実現させるための中教審答申（二〇一六年）では「主体的・対話的で深い学び」の実現に当たっては、育成すべき資質・能力として次の三つの柱を示した。①「何を理解しているか、何ができるか」（生きて働く知識・技能の習得）、②「理解していること・できることをどう使うか」（未知の状況にも対応できる思考力・判断力・表現力の育成）、③「どのように社会・世界と関わり、よりよい人生を送るか」（学びを人生や社会に生かそうとする学びに向かう力・人間性の涵養）である。そして、「主体的」で「対話的」で「深い学び」の学習が行われたかどうかを見取るために、「知識・技能」「思考・判断・表現」「主体的に学習に取り組む態度」の三観点に整理統合された。そして、この三観点の導入を高校へも求めた。文部科学省は、二〇一九年に指導要録の改訂を行い、高校に観点別評価を導入し、目標と指導と評価の一体化を図り授業改善をしようとした。高校は二〇二二年新教育課程の実施から授業改善に活かそうと取り組み始めたが、高校の現場教師の六割が、「観点別評価が指導改善や学習改善につながるものとして機能していない」（ベネッセ教育研究所アンケート　二〇二三年二月）とした。その理由として「観点別評価の土台となる評価観の転換が進まない」という回答に加え、「観点別評価の方法や授業とのつなげ方に関する知識が不足」しており、試行錯誤の状態で、特に「何をもって主体的に学習に取り組む態度が実現されているかを見取るかの評価」はなかなか進んでいないと回答し、一九九〇年代の小・中学校への導入時と同じ状況を呈している。

今後、小・中学校同様、高校においても学習の到達目標を見取る評価方法を含めた研究が必要である。「知識・技能」「思考・判断・表現」「主体的に学習に取り組む態度」の三観点別のルーブリックと評価方法を明記したシラバスを作成し、教師や生徒間で共有することが必須の条件である。認識や行為（パフォーマンス）の到達の度合いを質的尺度で判定する、詳細になり過ぎないルーブリックの開発・作成能力の向上が課題である。これまでの「知識・技能」の習得を重視した授業から、「思考・判断・表現」「主体的に学習に取り組む態度・人間性の涵養」を重視した探究的な学習能力を育成する授業へ転換するため、教師の評価能力の育成が求められている。

これまでの学校では学力を育成するため、知識の習得を目指した認知的学力を中心に考えてきたが、近年の学校では学力の要素として、新しいことを自ら学び続け、能力を高めていく非認知的能力の重要性が注目されるようになった。非認知的能力とはテストで客観的数値として測定される認知的能力だけではなく、探究心・向上力・自制心・忍耐力・自己調整力等をも学力の要素として身に付けることである。学校学習では、認知的能力と非認知的能力の両面をバランスよく高めていかなければならない。したがって、中教審答申が提案した育成すべき三つの柱の資質・能力をいかに育成し、見取っていくかという評価は高校を含めてまさに今求められている評価改革の課題である。

次の課題として、一九九〇年代になると「学力」という用語を使わずに「学び」という言葉が使われるようになる。認知心理学者の佐伯胖は社会的構成主義の学習観の立場から、（学力は）学校で知識を身に付けることではなく、人間が変わり社会的・文化的実践へ参加するようになることが、「学力」に代わる「学び」であると主張した。一九九〇年代後半、「『学び』から逃走する子どもたち」を著した佐藤学も、授業リフレクションにおいて「学力」と呼ばず、授業における子どもたちの「学び」という学習論の立場から授業を論じ、子どもたちは「教材と対話」「仲間と対話」「自分と対話」し、授業を振り返るという「学びの共同体」運動を展開しているとする。この学習方法は子どもたちに活発な話し合いの場を提供するが、他方ではこれまでの教師が授業目標を設定し、形成的評価を行い、教師が指導の改善を行い、外から客観的に評価する教師の指導的機能を弱めた。教師の授業設計、授業評価などの授業研究の力を低下させ、「授業研究」やカリキュラム研究の観点を弱めた。このことは、現在の「アクティブ・ラーニング」において、学習活動が「アクティブ」であっても、「ラーニング」としての内実の学力が身に付いていないと批判されるように、学習活動が主体的・協働的な学びであっても、教科内容として「何が身に付いたのか」を外からの目で客観的に評価の観点から正確に見取らなければ、授業の改善や研究活動が深まらない。今改めて、目標と指導と評価を一体化した授業研究の視点が求められている。

これまでも、日本の教育では「子どもが生き生きと学習していた」「子どもたちの目が輝いていた」「一生懸命学習していたので、学力がついたはず」という、主観的な「はずとつもり」の印象による精神主義の教育が横行してきた。いくら子どもたちが「生き生きと学習し」「目が輝いて」いても、内実の学習成果として学力が身に付いていなければ、教育指導にはならない。これでは、いつまでも日本の教育は精神主義から脱却することはできない。だからこそ、独りよがりな印象に終わらないよう、戦後の教育評価論が西洋から導入した評価観である外の目で客観的に見取っていく、客観主義の評価観が必要なのである。

根本的な問いとして、なぜ我々教育者が評価にこだわらざるを得ないのかというと、評価は定期テストの結果を評定し、ネブミするためのものではなく、次の指導の改善に生かす機能を持つからである。教育において人が教え学ぶプロセスには、必ず評価という活動が含まれている。それは人が学び、学びの成果を見取り、次の学びに改善点を生かし、さらに人が育つには評価結果を形成的評価として生かすことが不可欠な活動だからである。

近年は文部科学省が実施する全国学力・学習状況調査やOECDの「生徒の学習到達度調査」（PISA）、国際教員指導環境調査（TALIS）、大学版PISAと呼ばれる「高等教育における学習成果の評価」（AHELO）、「国際成人力調査」（PIAAC）など、従来の学力評価には収まり切らない新しい能力（リテラシー、コンピテンシー）を測定・評価しようとする動きなど、学習実態（アセスメント）やカリキュラムだけでなく、学習環境の実態把握まで含むものに広がってきた。

そもそも、本来教育評価とは何かについて、梶田叡一は「教育評価の中核は一人ひとりの子どもが現実にどのような発達の姿を現し、どのような能力や特性を持っているか一人ひとりの子どもの個性的な姿を見取り、次の指導の前提とすることであり、教育活動を通して一人ひとりの子どもがどのように変容しつつあるかを子どもの姿として評価し、次の指導課題を考える土台を準備すること」（梶田、一九九四a）であるという。

さらには、教育活動がどの程度成功したかを子どもの姿自体から見て取り、子どもの示す態度・発言・行動について、どの点はそのまま伸ばしてやればよいのか、どの点は矯正すべきであるのかを判断し、指導の方略を立てる土台とするよう、評価は人間としての成長発達を促す役割があるのである。

我々の現代社会では、ともすると教育評価というとテストや成績の高低によって人と人を比べ合ったりするが、テストの点が平均点よりも高いとか低いとかということは到達度を知るための指標ではあるが、本来の評価の目的からすると、あまり意味のないことである。梶田は、「評価とは本来子ども一人ひとりについて、学ぶべき事が学べているか、人間的にどれだけ成長しているか、巣立ちに向かって順調に歩んでいるかと言うことを見るために行うもの」と述べる。以上のように人と比べる相対評価的観点を脱して、一人ひとりの子どもの個性的な姿を見取り、指導の改善に活かす評価活動のあり方を開発し、学習目標を実現するための指導と評価の一体的開発をすることがますます求められる時代を迎えた。

他方、高等教育側からの大学入学試験も変化してきた。大学入学試験は、三〇年続いた大学入試センター試験から大学入学共通テストに切り替わった。大学入学共通テストはこれまでの知識や解法の暗記のみで回答できる問題は減少し、グラフ・地図・文章を読み取り、資料を基に考察するなど、生徒が思考力・判断力・表現力を発揮できるよう、作問や出題に工夫がされるようになった。授業における学習場面、日常生活の中から課題を発見して解決方法を構想する学習過程を意識した内容に変化してきた。大学入試センター主催の入学共通テストの変化に加えて、近年は各大学独自の「総合型選抜」入試による判定で入学する生徒が五割を超えるようになった。論文試験や面接試験等を通して、「思考力・判断力・表現力」などの認知的学力や非認知的学力が評価対象になりつつある。各大学は「総合型選抜」入試用のルーブリックを基準に判定している。大学入試は、生徒のどのような学力を試験し、どのような評価基準で評価しようとしているのであろうか。かつて一九四〇年代アメリカの大学入試において、各大学が入学試験でバラバラに出題する問題は生徒のどのような学力や能力を評価しようとしているのかが議論になり、ブルームを中心にアメリカ教育学会を挙げて研究した成果が、ブルームたちが開発した学習能力の「教育目標の分類学」であった。目指す教育目標の能力の領域を

「認知領域」「運動・技能領域」「情意的領域」に区分けし、明らかにしたのである。ポスト近代社会に入った現在、改めて高等教育を学ぼうとする多くの生徒たちに求められる「学力と能力と人間性とは何か」を高等教育の側から明らかにすることは、学力と教育評価の課題として重要になってきた。

さらに今、OECD発の「ウェルビーイング」(「物質的・経済的な指標で必ずしも人々のより良いライフを説明できなくなってきた」)という理念を次期教育課程にいかに取り込むかをめぐって、中教審で議論されている。二〇二三(令和五)年、文部科学省は次期五年間(二〇二三~二七(令和五~九年度))の第四期教育振興基本計画を閣議決定し、実現すべき主要テーマとして「二〇四〇年以降の社会を見据えた持続可能な社会の創り手の育成」を挙げ、その具体化として「ウェルビーイングの実現」を掲げた。「ウェルビーイング」(「幸福」と訳す)とは「身体的・精神的・社会的に良い状態にあることをいい、短期的な幸福のみならず、生きがいや人生の意義など将来にわたる持続的な幸福を含むもの」であり、教育を通して日本社会に根差した「ウェルビーイング」の向上が求められると述べている。OECDの「子どものウェルビーイングの構成要素」によると、「幸福感」「学校や地域でのつながり」「協働性」「利他性」「社会貢献意識」「自己肯定感」「自己実現」「心身の健康」などが挙げられるとする。そして、「その結果として子どもたちの主観的な認識が変化したかについて、エビデンスを収集していくこと」が要求されると述べる。「ウェルビーイング」に向けた本質的な作業は自己形成である。つまり、「ウェルビーイング」を実現するには、各個人が自らを「ウェル」(よりよく)な「ビーイング」(生き方・あり方)であるかどうか、その満足度を評価しなければならなくなるのである。「自らの認知的な在り方、情意的な在り方の両面から主観的であっても満足度を見取る評価指標を設定することが求められる」(溝上、二〇二三)のである。自己の「ウェルビーイング」を自己自身で評価しなければならなくなるということである。「ウェルビーイング」という新しい教育課程のステージにおいて、改めて教育評価の課題が含まれていることを展望していかなければならない時代を迎えた。

あとがき

二〇二五年は一九四五年の戦後教育のスタートから八〇年を迎える。本書『学力と評価の戦後史』は、学力論争、評価論争では何が議論され、戦後教育の何を変えたのかを追求してきた。

学力論争とは何かについてカリキュラム研究者の浅沼茂（立正大学）は、遡って人類のカリキュラムの基本的な構成原理と学力論争が起きる理由をエピソード風に述べたアブナー・ペディウエルの『セイバートゥス（牙トラ、旧石器時代）のカリキュラム』を「カリキュラム研究とその理論的前提」（安彦忠彦編『カリキュラム研究入門』勁草書房、一九八五年）の中でわかりやすく次のように説明している。

もともと、人類は自然の中に放り出され生きる時代においては、個々人は集団の一員として共同体社会の中で生きざるを得ない。この時代、カリキュラムは人類と言う動物種族の個体として生き延びるための必要不可欠の能力開発が用意された。過酷な自然と社会環境における個々人の生存に関わっていた。

石器時代の子どもたちは、洞穴の前で遊んでいる。他方、大人は子どもたちが周囲の危険に身をさらすことがないよう環境を整え、子どもたちがより良い生活を送れるような知識や技能をどうすれば習得させることができるかを考える。

第一のカリキュラムは、大人が川岸にプールを作って素手で魚を捕まえることを提案したことである。第二のカリキュラムは、川岸の水を飲みに来る深毛馬を棒で捕まえて馴らそうという提案である。第三のカリキュラムは、洞穴の前にくるどう猛な牙トラを火で脅かそうという提案である。魚を捕まえること、深毛馬を操ること、牙トラを火で脅かす三つの活動は公的な教育制度として認められるようになる。この実用的なカリキュラムは、伝統的な宗教を基盤にしたカリキュラム論者からの反対にあう。その理由は、新しい実用的なカリキュラムは人間性を開発するものではないということであった。しかし、新しい実用的なカリキュラムのおかげで、食料も着る物も住まいの安全も村の建設もうまくいくようになり、新しい実用的なカリキュラムは定着していった。

次に、大氷河時代がやってきた。川は濁り、素手で魚を捕まえることはできなくなった。学校で学んだ知識は役に立たなかった。牙トラも危機に瀕し、その代わり松明の火を恐れない氷河グマが跋扈した。三つの教科は役立たずの机上の学問になってしまった。このような困窮時代、聡明な誰かが岸辺にぶら下がる蔓を結んで網を作り、羊を蔓で罠を作ることを思いついた。村人は飢えと寒さから救われた。氷河グマ退治のため落とし穴を作ることを思いついた。こうして、村人が生きるために必要な技術は、網で魚を捕まえ、罠を作り、落とし穴を掘ることが、今や時代の要請に応える知識であり、技能になった。村は豊かになり、やがて学校でそのような技術を教える必要性が説かれるようになり、伝統的なカリキュラムはもはや時代に生きるために役に立たないと批判されるようになった。それに対して学校を経営する古い人たちは、「それは教育ではない、ただの訓練だ」と反論した。学校のカリキュラムは魚を捕まえることと馬追とトラ退治の授業をこなすことでいっぱいだ。網作りや羊の罠やクマ退治のような流行を追いかけるようなカリキュラムを加えることはできない。若者に必要なのは「基礎教科での基礎基本」をしっかり教えることなのであると反論する。中学校を卒業したやつが素手で魚を捕まえる技術さえ知らない。馬追の棒をろくに振ることさえできない、と老人たちは嘆くのである。

それに対して、改革派は反論する。どうして捕れもしない魚捕りの方法や、馬もいないのに馬を操る方法を学ぶ必要があるのか。老人たちは改革派に反論する。魚捕りの技術を教えているのではない。それは単なる訓練では得られない「一般的な俊敏さ」を育てているのだ。馬を操る技能は、「一般的な強さ」を育てているのだと。牙トラ退治も、氷河グマ退治では得られない生活上の全ての問題に役立つ「勇気」を育てているのだと。（老人たちと改革派の議論は続く）改革派は、時代が変わったのだから、新しい現代的な活動を試しにやってみてはと提案する。それに対して老人たちは、「本当の教育の本質とは、時代に左右されないもので、時代の波にとらわれないカリキュラムが石器時代のカリキュラムなんだ」といってエピソードは終了する。

以上のセイバートゥス（牙トラ、旧石器時代）のカリキュラムのエピソードは古い学力とそれを批判する新しい学力観との学力論争が起こる理由を見事に整理している。老人たちは氷河期が来てもなぜ、旧石器時代の学力観にしがみつくのか。伝統派は新しい学力観は「訓練」に過ぎないとして退ける。改革派は今や時代の要請に応える知識や技能が必要であると主張する。子どもたちはなぜ、旧石器時代の科目を学ばなければならないのか。老人たちは、単なる技能ではない、「一般的な俊敏さ」「一般的な強さ」「勇気」という能力を育てているのだと主張した。

エピソードには、教育の本質が知識や技能を教え込むことなのか、それとも一人ひとりが持つ才能や可能性を引き出し人間性を育てることなのかという問いである。本書は、このことについて戦後の学力論争、評価論争を土台に追求してきたのかもしれないとエピソードを通して思う次第である。これ以上の解説は不要であろう。賢明な読者の推察に委ねたい。

ところで、本書はもともと二〇二一年に私が大阪大学大学院人間科学科修士課程在籍中の論文「日本におけるブルーム理論確立に関する研究――梶田叡一における評価論・学力論を通して」を大幅に書き加えて、著作化したものである。修士論文執筆の際、大阪大学大学院人間科学科教授・園山大祐先生には、修士論文の全過程において厳しい中にも温かいご援助とご指導をいただいた。五年の月日を経たが、ここに改めて感謝の意を表したい。

思い返してみると私がベンジャミン・ブルームや梶田叡一先生の理論と授業実践を始めたのは、学校現場で落ちこぼれ問題をどのように解決するかと格闘していた一九七九年である。一九八一年、日本のブルーム理論と教育評価研究の第一人者の梶田先生が大阪大学人間科学部に着任された。早速研究室に指導を乞い、梶田先生を囲む指導と評価、学力保障と成長保障の研究会（現在の日本人間教育学会）が始まり四五年余りを経た。本書出版のひそかな願いは、心理学者である恩師・梶田先生の人間教育論の構成要素である学力論・評価論を戦後教育史の中に客観的に位置付けることであったが、その研究作業もかなえられ、学恩に報いることができたのではないかと思っている。今も週一回大阪のＥＲＰ教育綜合研究所で梶田先生を囲む勉強会は続き、今日まで恩師と弟子の関係は続いている。誠に有難いことである。今回も本書の刊行に当たり、「占領期から今日まで八〇年間の教育の歩みを学力論・評価論から吟味検討する」という巻頭の玉稿をいただいた。改めてお礼申し上げるとともに今後の研究の励みにしなければとひそかに決意をしている。

また、現在もＥＲＰ教育綜合研究所で有益な助言をいただき、研究の機会を与えてくださっているＥＲＰ教育綜合研究所顧問の大谷武彦氏にはお礼を申し上げねばならない。

出版事情の悪い中、本書が誕生できたのは、ひとえにミネルヴァ書房の神谷透営業部長のおかげである。神谷氏からは鋭い洞察力で内容を洗練させるべく有益な助言をいただいた。ここに心からの感謝の意を表したい。また、編集を担当いただいた大西光子さんには、私の相談に真摯に対応してくださるとともに、丁寧な作業をしていただいた。ありがとうございました。

本書で膨大な戦後の学力論争・評価論争を取り上げることは、私にとり挑戦であり、力不足であったが、このように多くの関係者の努力により刊行された本書が、戦後八〇年を迎えた本年、多くの教育関係者が手に取ってくださり、今後の日本の学校教育一〇〇年に向けた手がかりになることを期待するとともに、読者のご批正をお願い申し上げたい。

残された人生はそう長くもなくなったが、今後も江戸時代の蘭学者の佐藤一斎が述べた、「少にして学べば、壮にして為すあり、壮にして学べば、老にして衰えず、老にして学べば、死して朽ちず」（『言志四録』）の姿勢でささやかながら学問研究に向かわねばと思っている。

最後に、私事になるが学校現場、教育委員会、大学等五十有余年の現在まで、教育研究に専念させてもらい、陰ながら支えてくれた妻の浩子、それぞれの道を歩む娘の千華子、千寿子に感謝の気持ちを伝えるとともに、家族みんなが健やかであることを祈りつつ、筆をおくことにしたい。

二〇二四（令和六）年一一月一二日

古川　治

引用・参考文献

序章　学力とゆとりの狭間で揺れた戦後教育を検証する

山内乾史・原清治『学力問題・ゆとり教育』日本図書センター、二〇〇六年

第Ⅰ部　戦後教育における私の学びと教え

梅根悟（教育制度検討委員会）『日本の教育改革を求めて』勁草書房、一九七四年
岡部恒治・戸瀬信之・西村和雄『分数ができない大学生』東洋経済新報社、一九九九年
岡部恒治・戸瀬信之・西村和雄『小数ができない大学生』東洋経済新報社、二〇〇〇年
苅谷剛彦『大衆教育社会のゆくえ』中央公論社、一九九五年
京都府教育研究所『到達度評価への改善を進めるための資料』一九七五年
小玉重夫『教育の再定義』岩波講座1巻、岩波書店、二〇一六年
志水宏吉『学力格差を克服する』筑摩書房、二〇二〇年
戦後箕面教育史編集委員会『戦後箕面教育史』ＥＲＰ、二〇二二年
田中孝彦・田中昌弥・杉浦正幸・堀尾輝久『戦後教育学の再検討』東京大学出版会、二〇二二年
中央教育審議会答申「令和の日本型学校教育を担う教師の養成・採用・研修等の在り方について」二〇二二年

日本児童教育振興財団『学校教育の戦後七〇年史』小学館、二〇一六年
広田照幸『歴史としての日教組』名古屋大学出版会、二〇二〇年
古川治『ブルームと梶田理論に学ぶ』ミネルヴァ書房、二〇一七年
古川治『二一世紀のカリキュラムと教師教育の研究』ＥＲＰ、二〇一九年
古川治・南山晃生『二〇一九年改訂小学校指導要録解説と記入方法』文溪堂、二〇二〇年
マーチン・トロウ著、天野郁夫訳『高学歴社会の大学』東京大学出版会、一九七六年
水原克敏『学習指導要領は国民形成の設計書』東北大学出版会、二〇一七年
村井実全訳解説『アメリカ教育使節団報告書』講談社、一九七九年
文部科学省『学習指導要領の変遷』（初等教育資料九〇〇号）東洋館出版社、二〇一三年
文部科学省『小学校学習指導要領解説・総則編』東洋館出版社、二〇一八年

第Ⅱ部　戦後の学力と学力論争

青木誠四郎『新教育と学力低下』原書店、一九四九年
浅沼茂「学力低下論への反論」加藤幸次・高浦勝義編著『学力低下論批判』黎明書房、二〇〇一年
安彦忠彦「新学力観は『知識』否定の学力観か」『現代教育科学』一九九四年一月号、明治図書
安彦忠彦『新学力観と基礎学力』明治図書、一九九六年
天城勲編著『相互にみた日米教育の課題――日米教育協力研究報告書』第一法規、一九八七年
石井英真「学力論議の現在」松下佳代編著『〈新しい能力〉は教育を変えるか』ミネルヴァ書房、二〇一〇年
石井英真『現代アメリカにおける学力形成論の展開』東進堂、二〇一一年
石井英真「日本カリキュラム学会第三〇回大会公開シンポジュウム発表資料」二〇一九年

今井むつみ『学力喪失』岩波書店、二〇二四年
板倉聖宣『科学と方法』季節社、一九六九年
市川伸一『学力低下論争』ちくま新書、二〇〇二年
梅根悟『カリキュラム』一九四九年三月号、誠文堂新光社
梅根悟・長坂瑞午『カリキュラム』一九五一年二月号、誠文堂新光社
大島文部大臣『文部広報』二〇〇〇年一一月号、文部省
大槻健『教育』一九六二年八月号、教育科学研究会
岡部恒治・戸瀬信之・西村和雄『分数ができない大学生』東洋経済新報社、一九九九年
梶田叡一「現代教育主張の総点検」『総合教育技術』一二回、小学館、一九七八～八九年
梶田叡一『ブルーム理論に学ぶ』明治図書、一九八六年
梶田叡一「新しい学力観を考える」『教育における評価の理論』第Ⅰ巻、金子書房、一九九四年a
梶田叡一「海面に浮かぶ氷山としての学力」『教育における評価の理論』第Ⅰ巻、金子書房、一九九四年b
梶田叡一「全国的な学力調査の在り方検討専門家会議」第二回会議録、文部科学省、二〇〇六年
梶田叡一『言葉の力を育てる』金子書房、二〇二三年
梶田叡一・佐伯胖『学力と思考』『教育学大全集』第一六巻、第一法規、一九八二年
梶田叡一・加藤明『実践教育評価事典』文溪堂、二〇一〇年
勝田守一「教育に何を期待できるか」岩波講座『教育』第一巻、一九五二年
勝田守一『能力と発達と学習』国土社、一九六四年
勝田守一「社会科教育における科学性の問題」『著作集』第一巻、一九七二年
加藤幸次「学校が育てるべき学力」加藤幸次・高浦勝義編著『学力低下論批判』黎明書房、二〇〇一年

苅谷剛彦『大衆教育社会のゆくえ』中央公論社、一九九五年
苅谷剛彦「学力の危機と教育改革」『中央公論』一九九九年八月号
苅谷剛彦「中流崩壊に手を貸す教育改革」『中央公論』二〇〇〇年七月号
苅谷剛彦「日本の教育はどこへ向かおうとしているのか」『科学』二〇〇〇年一〇月号〜一一月号、岩波書店
苅谷剛彦「日本は階層社会になる」『論座』二〇〇一年一月号
苅谷剛彦『なぜ教育論争は不毛なのか』中央公論新社、二〇〇三年a
苅谷剛彦『論争・学力崩壊二〇〇三』中公新書、二〇〇三年b
苅谷剛彦・佐藤学・池上岳彦「本当の教育改革とは何か」『世界』二〇〇〇年一一月号、岩波書店
川上亮一『教育改革国民会議で何が論じられたか』草思社、二〇〇一年
川口俊明『全国学力テストはなぜ失敗したのか』岩波書店、二〇二〇年
城戸幡太郎『中学校生徒の基礎学力』日本教育学会、一九五四年
木下繁弥「学力論争の展開」『戦後日本の教育改革』第六巻、東京大学出版会、一九七一年
木下繁弥「学力」『現代学校教育大事典』第一巻、ぎょうせい、二〇〇二年
銀林浩「新学力観は『知識』否定の学力観か」『現代教育科学』一九九四年四月号、明治図書
楠凡之「新しい学力観の問題点と発達研究、教育実践の課題」『心理科学研究会』一九九五年
久保舜一『学力調査』福村書店、一九五六年
国分一太郎「よみ・かき・計算能力の低下」『新教育と学力低下』原書店、一九四九年
国立教育研究所『中学生の数学教育・理科教育の国際比較　第三回調査報告書』一九九七年
小玉重夫『学力幻想』筑摩書房、二〇一三年
駒林邦男『落ちこぼしをどうするか』明治図書、一九七七年

齋藤浩志「落ちこぼれ問題と能力別教育政策」『教育学研究』第四五巻第二号、一九七八年a
齋藤浩志「学力問題と学力論の今日的課題」『教育学研究』第四五巻第二号、一九七八年b
佐伯正一「教育課程と学力の形成」佐藤三郎・稲葉宏雄編著『学校と教育課程』第一法規、一九八四年
佐伯胖「新しい学力問題とこれからの学力研究の課題」『変化の時代の学力観』教育開発研究所、一九九六年
坂元忠芳「今日の学力論争の理論的前提をめぐって」『科学と思想』新日本出版社、一九七五年
坂元忠芳『子どもの能力と学力』青木書店、一九七六年a
坂元忠芳「今日の学力論争の理論的前提をめぐって」『科学と思想』新日本出版社、一九七六年b
坂元忠芳『新しい学力観の読み方』労働旬報社、一九九二年
佐藤学「『学び』から逃走する子どもたち」岩波ブックレット№.五二四、二〇〇〇年
佐藤学・池上岳彦・苅谷剛彦「本当の教育改革とは何か」『世界』第一一号、岩波書店、二〇〇〇年
佐貫浩『学力と新自由主義――「自己責任」から「共に生きる」学力へ』大月書店、二〇〇九年
志水宏吉『学力格差を克服する』筑摩書房、二〇二〇年
城丸章夫『現代日本教育論』新評社、一九五九年
鈴木秀一・藤岡信勝「今日の学力論における二、三の問題」『科学と思想』第一六号、一九七五年
高市俊一郎『私の若き教師時代』ミムラ弘文堂、二〇一七年
高橋金三郎「高い学力・生きた学力」『別冊・現代教育科学』明治図書、一九六四年
滝澤武久「新学力観への対応課題」『学校経営』一九九四年一月号、教育開発研究所
田中耕治「到達度評価研究の今日的課題」『到達度評価研究ジャーナル』第一号、一九八〇年
田中耕治「学力モデル再考」兵庫教育大学大学院教育方法講座『授業の探究』第四号、一九九三年
田中耕治『教育評価』岩波書店、二〇〇八年

中央教育審議会答申「初等中等教育における当面の教育課程及び指導の充実・方策について」文部科学省、二〇〇三年
中央教育審議会義務教育特別部会第一六回、第一七回、第三〇回議事録、二〇〇五年
中央教育審議会答申「新しい義務教育を創造する」文部科学省、二〇〇六年
中央教育審議会答申「学習指導要領等の改善について」文部科学省、二〇〇八年
「中央公論」編集部・中井浩一編『論争・学力崩壊』中央公論新社、二〇〇一年
續有恒『教育評価』第一法規、一九六九年
東井義雄『村を育てる学力』明治図書、一九五七年
東井義雄『国語授業の探究』明治図書、一九六二年
遠山文部科学大臣「確かな学力の向上のための二〇〇二年アピール『学びのすすめ』」二〇〇二年
中内敏夫『学力と評価の理論』国土社、一九七一年
中内敏夫『増補・学力と評価の理論』国土社、一九七六年
中内敏夫『学力とは何か』岩波書店、一九八三年
中嶋哲彦「全国学力テストによる義務教育の国家統制」『教育学研究』第七五巻第二号、二〇〇八年
奈須正裕『次代の学びを創る知恵と技』ぎょうせい、二〇二〇年
西村和雄『総合教育技術』二〇〇二年四月号、小学館
西森章子・姫野完治・古川治『教育用語ハンドブック』一莖書房、二〇二三年
日本カリキュラム学会『カリキュラム事典』ぎょうせい、二〇〇一年
日本教職員組合『ありのままの日本教育』日本教職員組合、一九五〇年
日本教職員組合『教育評論　教育課程改善のための学力実態調査報告』一九七六年七月臨時増刊号

肥田野直・稲垣忠彦編「学力論争の展開」『教育課程総論』東京大学出版会、一九七一年
日俣周二・横浜市立元街小学校『学習目標の明確化と形成的評価』一九七三年
広岡亮蔵「不可捉から可捉なるものへ」『授業研究』一九八〇年八月号、明治図書
福沢諭吉『学問のすすめ』岩波書店、二〇二二年
藤井千春「教育実践史のクロスロード」『教育ライブラリー』ぎょうせい、二〇二一年
藤岡信勝「『わかる力』は学力か」『現代教育科学』一九七五年八月号、明治図書
古川治「『確かな学力』概念の深化と授業づくりのポイント」『教育フォーラム』第四九号、金子書房、二〇一二年
ベンジャミン・ブルーム著、梶田叡一・渋谷憲一・藤田恵璽訳『教育評価法ハンドブック』第一法規、一九七三年
本田由紀『多元化する能力と日本社会』NTT出版、二〇〇五年
本田由紀『教育は何を評価してきたのか』岩波書店、二〇二〇年
松下佳代「〈新しい能力〉概念と教育」松下佳代編著『〈新しい能力〉は教育を変えるか』ミネルヴァ書房、二〇一〇年
嶺井正也『教育と文化』二〇〇一年夏季号、国民教育総合研究所
村井実全訳解説『アメリカ教育使節団報告書』講談社、一九七九年
村上芳夫『主体的学習入門』明治図書、一九六八年
矢川徳光『社会科教育』第二三号、明治図書、一九四九年
矢川徳光『新教育への批判』(著作集第三巻)青木書店、一九七三年
山内乾史・原清治『学力論争とはなんだったのか』ミネルヴァ書房、二〇〇五年

山内乾史・原清治『学力問題・ゆとり教育』日本図書センター、二〇〇六年
山内乾史・原清治編著『論集日本の学力問題』上巻、日本図書センター、二〇一〇年
米川英樹『学校ぎらい勉強嫌い』福村出版、一九八三年
和田秀樹『受験勉強は子どもを救う』河出書房新社、一九九六年

第Ⅲ部　戦後の評価改革と評価論争

アイスナー著、木原健太郎・加藤幸次・高野尚好訳『カリキュラム改革の争点』黎明書房、一九七四年
青木誠四郎『学習指導の基本問題』有朋堂、一九四八年
浅沼茂「形成的評価」日本カリキュラム学会編『現代カリキュラム事典』ぎょうせい、二〇〇一年
『朝日新聞』一九八〇年四月五日付夕刊
安彦忠彦『自己評価——「自己教育論」を超えて』図書文化、一九八七年
安彦忠彦『新学力観と基礎学力』明治図書、一九九六年
安彦忠彦「修得主義・履習主義」『教育学事典』第三巻、ぎょうせい、二〇〇二年
安彦忠彦「自己評価と総合評価」『教育評価事典』図書文化、二〇〇六年
有園格「日本の教育におけるブルーム受容」『授業研究』明治図書、一九八三年
有園格『変化の時代の学力観』教育開発研究所、一九九六年
アンダーソン著、浅田匡・細川和他訳「タキソノミーと測定・評価」『教育フォーラム』第二七号、金子書房、二〇〇一年
アンダーソン著、塚野州一訳「ベンジャミン・ブルーム——その人生と研究」『教育心理学者たちの世紀』福村出版、二〇二〇年

安藤輝次「ポートフォリオ評価法によるカリキュラム改革と教師の力量形成」『福井大学教育実践研究』第二二号、一九八八年
安藤輝次『ポートフォリオで総合的な学習を創る』図書文化、二〇〇一年
安藤輝次・加藤幸次『総合学習のためのポートフォリオ評価』黎明書房、一九九九年
石井英真「子どもの内面世界を育てる評価の方法――梶田叡一」田中耕治編『人物で綴る戦後教育評価の歴史』三学出版、二〇〇七年
石井英真「学力論議の現在」松下佳代編著『〈新しい能力〉は教育を変えるか』ミネルヴァ書房、二〇一〇年
石井英真『現代アメリカにおける学力形成論の展開』東進堂、二〇一一年
石井英真「評価を生かしてカリキュラムをデザインする」日本カリキュラム学会第三〇回大会 公開シンポジウム、二〇一九年
石井英真『学習評価深化論』図書文化、二〇二三年
板倉聖宣「正しい学力評価のあり方」『教育心理学年報』第六巻、一九六七年
板倉聖宣「私の評価論」仮説実験授業機関紙『ひと』一九七四年六月号
稲葉宏雄『学力問題と到達度評価』上・下巻、あゆみ出版、一九八四年
岩手大学教育学部附属中学校『形成的評価を生かした授業』明治図書、一九八〇年
植田稔編著『マスタリー・ラーニングによる授業設計と実践』文化開発社、一九七七年
植田稔「カリキュラム開発の原理」『教育評価展望』3、文溪堂、一九八四年
植田稔・梶田叡一編『形成的評価による完全習得学習』明治図書、一九七六年
大内茂男「指導要録の改善の方向」『教育評価の新動向』図書文化、一九七六年a
大内茂男「絶対評価が主張される背景」『教育評価の新動向』図書文化、一九七六年b

大隅紀和『総合学習のポートフォリオと評価』黎明書房、二〇〇〇年
小田勝己『総合的な学習に適したポートフォリオ学習と評価』学事出版、一九九九年
折出健二「新学力観の批判」『愛知教育大学研究報告』第四三号（教育科学編）一九九四年
梶田叡一『児童・生徒理解と教育の過程』金子書房、一九七二年
梶田叡一『授業改革の理論』文化開発社、一九七七年
梶田叡一「学校における評価の現状――通知表の全国調査結果概要」国立教育研究所、一九七八年
梶田叡一『到達度評価ジャーナル』文溪堂、一九八〇年
梶田叡一『教育評価』有斐閣、一九八三年a
梶田叡一「『開・示・悟・入』の教育を考える」『教育評価展望1』明治図書、一九八三年b
梶田叡一・静岡大学附属浜松中学校編『自己学習能力の育成』明治図書、一九八四年
梶田叡一編『教育評価展望』5、明治図書、一九八五年a
梶田叡一『子どもの自己概念と教育』明治図書、一九八五年b
梶田叡一『自己教育への教育』明治図書、一九八五年c
梶田叡一編『教育フォーラム』第一号、金子書房、一九八六年a
梶田叡一『形成的な評価のために』明治図書、一九八六年b
梶田叡一『ブルーム理論に学ぶ』明治図書、一九八六年c
梶田叡一『真の個性教育とは』国土社、一九八七年
梶田叡一『内面性の人間教育を』金子書房、一九八九年
梶田叡一『内面性の心理学』大日本図書、一九九一年a
梶田叡一「日常評価不十分なのに枝葉（要録開示）議論しても」『週刊教育ＰＲＯ』一九九一年b七月一六日

号
梶田叡一『教育における評価の理論』第Ⅰ巻、金子書房、一九九四年a
梶田叡一「日本の教育実践とブルーム理論」『教育における評価の理論』第Ⅱ巻、金子書房、一九九四年b
梶田叡一「修正タキソノミー」『京都大学高等教育研究』創刊号、京都大学高等教育研究教授システム開発センター、一九九五年
梶田叡一『生きる力の人間教育を』金子書房、一九九七年
梶田叡一「『開』『示』『悟』『入』の教育思想とその実践化」『人教育学研究』第二号、日本人間教育学会、二〇一四年
梶田叡一『人間教育のために』金子書房、二〇一六年
梶田叡一「梶田叡一インタビュー」古川治『ブルームと梶田理論に学ぶ』ミネルヴァ書房、二〇一七年
梶田叡一『教育評価を学ぶ』文溪堂、二〇二〇年a
梶田叡一『自己意識と人間教育』東京書籍、二〇二〇年b
梶田叡一・植田稔『形成的評価による完全習得学習』明治図書、一九七六年
梶田叡一・藤田恵璽・井上尚美編著『現代教育評価講座』第一巻、第一法規、一九七八年
梶田叡一・教育評価実態調査委員会『通知表全国調査研究レポート』日本教育新聞社、一九九五年
梶田叡一・浅田匡・古川治監修、杉浦健・八木成和編著『人間教育の基本原理』ミネルヴァ書房、二〇二〇年
加藤幸次「日本の教育実践とブルーム理論」黎明書房、一九九四年
金井達蔵「絶対評価・相対評価とは何か」『教育評価の新動向』図書文化、一九七六年
金井達蔵・文部省『初等教育資料』一九八〇年五月臨時増刊号、東洋館
河原尚武『現代教育方法事典』図書文化、二〇〇四年

京都府教育委員会編『到達度評価への改善を進めるために――研究討議の資料』一九七五年
楠凡之「『新しい学力観』の問題点と発達研究、教育実践の課題」『心理科学』第一七巻第二号、萌文社、一九九五年
倉智佐一「ブルームの教育目標分析について」『指導と評価』図書文化、一九七四年
国立教育政策研究所教育課程センター『評価規準、評価方法の作成、評価方法の工夫改善のための参考資料』二〇〇二年
小見山栄一『教育評価の理論と方法』日本教育出版社、一九四八年
小見山栄一『中学校・高等学校の新学籍簿』東京文理大学内教育心理研究会、金子書房、一九四九年
佐伯胖「新しい学力問題とこれからの学力研究の課題」『変化の時代の力観』教育開発研究、一九九六年
佐々木元禧編『到達度評価』明治図書、一九七九年
佐藤真『「総合的な学習」の実践と新しい評価法』学事出版、一九九八年
佐藤学『教育方法学』岩波書店、一九九六年
佐貫浩『学力と新自由主義――「自己責任」から「共に生きる」学力へ』大月書店、二〇〇九年
佐貫浩「評価論をめぐる論争点の検討　田中耕治氏・中内敏夫氏の評価論の検討」法政大学キャリアデザイン学部紀要『生涯学習とキャリアデザイン』第九号、二〇一二年
『サンケイ新聞』一九七九年九月九日付朝刊
静岡大学附属浜松中学校編著『自己学習能力の育成と授業設計の創造』明治図書、一九八四年
渋谷憲一「新評価を生かす指導」『児童心理』一九九一年一〇月臨時同館増刊号、金子書房
鈴木敏恵『総合的な学習――ポートフォリオ評価』明治図書、一九九九年
戦後箕面教育史編集委員会『戦後箕面教育史』ＥＲＰ、二〇二二年

高浦勝義『教育評価事典』図書文化、一九九九年
高浦勝義『ポートフォリオ評価法入門』明治図書、二〇〇〇年
高岡浩二「指導要録改善協力者会議会議録」文部省、一九九一年
滝澤武久「新学力観への対応課題」『学校経営』一九九四年一月号、ぎょうせい
田中耕治「ポートフォリオ評価法」兵庫教育大学学校教育研究センター紀要『学校教育学研究』第一〇巻、一九八八年
田中耕治『学力と評価の今を読みとく』日本標準、二〇〇四年
田中耕治『教育評価』岩波書店、二〇〇八年
田中耕治『教育評価と教育実践の課題』三学出版、二〇一三年
田中耕治『よくわかる教育評価〔第三版〕』ミネルヴァ書房、二〇二一年
田中耕治『「教育評価」の基礎的研究』ミネルヴァ書房、二〇二二年
田中耕治・西岡加名恵『総合学習とポートフォリオ評価入門編』日本標準、一九九九年
中央教育審議会　初等中等教育分科会　教育課程部会「児童生徒の学習評価の在り方について（答申）」二〇一九年一月二一日
續有恒『現代の教育心理学』国土社、一九五六年
續有恒「教育評価」『教育学叢書』第二一巻、第一法規、一九六九年
寺西和子『総合的学習の評価』明治図書、二〇〇一年
東井義雄『村を育てる学力』明治図書、一九五七年
東井義雄『現代教育科学』一九六一年三月号、一九六二年五月号、明治図書
東井義雄・八鹿小学校『「通信簿」の改造』明治図書、一九六七年

東京都教職員研修センター『教職員ハンドブック』二〇〇三年
遠山啓『現代教育科学』一九六一年三月号、明治図書
遠山啓「能力主義と序列主義」『競争原理を超えて』太郎次郎社、一九七六年
中内敏夫『学力と評価の理論』国土社、一九七一年
長尾雅人・仁治昭義・松濤誠廉訳『法華経』中央公論社、一九七五年
中島章夫「ブルーム学派の理論と我が国の教育」『教育評価法ハンドブック』第一法規、一九七三年
中島章夫『昭和五五年改訂指導要録の解説』ぎょうせい、一九八〇年
永野重史「授業・学習過程と評価」『授業研究』一九六七年a五月号、明治図書
永野重史「授業過程と評価（1）」『授業研究』一九六七年b五月号、明治図書
永野重史「フォーマティブな評価と目標分析」『指導と評価』図書文化、一九七六年
中原克巳「到達度評価と学力保障の論理」『到達度評価の理論と教育革新』明治図書、一九七九年
奈須正裕『次代の学びを創る知恵と技』ぎょうせい、二〇二〇年
日本教職員組合『教育評論　教育課程改善のための学力実態調査報告』一九七六年七月臨時増刊号
橋本重治『教育評価法』金子書房、一九五〇年
橋本重治『教育評価法総説』金子書房、一九五九年
橋本重治『新教育評価法総説』金子書房、一九七六年a
橋本重治「絶対評価の限界とその解決策」『教育評価の新動向』図書文化、一九七六年b
橋本重治「通信簿と到達度評価」『指導と評価』一九七七年一一月号、図書文化
橋本重治『到達度評価の研究』図書文化、一九八一年
橋本重治・日本教育評価研究会『教育評価の新動向』図書文化、一九七六年

菱村幸彦『子どもにとっての情報公開・開示問題』教育開発研究所、一九九一年
菱村幸彦『スクールコンプライアンス』ぎょうせい、二〇一〇年
肥田野直・細谷俊夫・末吉悌次・吉田昇編著「学力と評価」『教育学全集』第四巻、小学館、一九六六年
日俣周二・横浜市立元街小学校『学習目標の明確化と形成的評価』東洋館、一九七三年
『VIEW next（高校版）』二〇二三年二月号、ベネッセ
蛭田道春「生涯学習」安彦忠彦他編『現代学校教育大事典』第四巻、ぎょうせい、二〇〇二年
広岡亮蔵「不可捉から可捉なるものへ」『授業研究』一九八〇年八月号、明治図書
藤田恵璽「『教育評価』書評」梶田叡一『巡礼する精神』東京書籍、二〇一〇年
古川治「授業に自己評価活動を生かす」『教育フォーラム』第二一号、金子書房、一九九八年
古川治『指導要録解説と記入方法』文溪堂、二〇一一年
古川治『ブルームと梶田理論に学ぶ』ミネルヴァ書房、二〇一七年
古川治・佐藤真編著『総合的な学習を生かす評価』ぎょうせい、二〇〇二年
古川治・南山晃生編『二〇一九年改訂新小学校児童指導要録　解説と記入方法Q&A』文溪堂、二〇二〇年
ベンジャミン・ブルーム著、梶田叡一・藤田恵璽・渋谷憲一監訳『教育評価法ハンドブック』第一法規、一九七三年
ベンジャミン・ブルーム著、梶田叡一・松田彌生訳『個人特性と学校学習』第一法規、一九八〇年
牧口常三郎『創価教育学体系』（全四巻）聖教新聞社、一九七二年
松本金寿「教育心理学の動向」『日本の心理学』日本文化科学社、一九八二年
水原克敏『現代日本の教育課程改革』風間書房、一九九三年
溝上慎一『幸福と訳すな！ウェルビーイング論』東信堂、二〇二三年

武藤文夫『安藤小学校の実践に学ぶ――カルテと座席表の二二年』黎明書房、一九八九年
村川雅弘『「生きる力」を育むポートフォリオ評価』ぎょうせい、二〇〇一年
村越邦男「教育評価の現段階」『日本の学力』第二巻、日本標準、一九七九年
文部省『学習指導要領一般編』（試案 学習指導要領）一九四七年
文部省『学習指導要領一般編』（改訂版）一九五一年
文部省『教育改革のための基本的政策』一九七一年
文部省『カリキュラム開発の課題――カリキュラム開発に関する国際セミナー報告書』文部省統計課、一九七五年
文部省『初等教育資料』一九八〇年a五月臨時増刊号、東洋館
文部省『新指導要領の解説』初等教育資料臨時増刊号、一九八〇年b一月号、図書文化
文部省　指導資料『新しい学力観に立つ教育課程の創造と展開』東洋館、一九九三年
文部科学省　中央教育審議会答申　二〇〇八年
文部科学省『指導要領総則』初等教育資料九〇〇号増刊（昭和二二年から平成二〇年まで）二〇一三年
文部科学省中央教育審議会初等中等教育分科会教育課程部会報告、二〇一九年
文部科学省通知「新しい通知表の考え方と記入のポイント」二〇一九年三月
山極隆「新しい学力観とは」梶田叡一編『教育フォーラム』第一二号、金子書房、一九九三年
山口明子「指導要録の開示を考える」『大阪高法研ニュース』第一二号、大阪教育法研究会、一九九三年
山根俊喜「通信簿論争」『教育評価事典』図書文化、二〇〇六年a
山根俊喜「指導要録の変遷」辰野千寿・石田恒・北尾倫彦監修『教育評価事典』図書文化、二〇〇六年b

戦後教育年譜

年	学習指導要領・指導要録等の改訂
一九四七年要領（昭和二二年）	学習指導要領一般編（試案） 教科課程を研究する手引書 経験主義教育（問題解決）を重視 小学校に社会科、家庭科、自由研究新設 中学校に職業科新設、高校設置
一九四八年要録（昭和二三年）	小学校学籍簿（主観的絶対評価）を改訂
一九四九年要録（昭和二四年）	指導要録に変更、教育実践・発達の累加的記録簿へ 5段階相対評価導入（−2、−1、0　+1、+2） 「学習の記録」欄は観点別評価（理解・態度・技能等） 「全体について指導の経過」欄「標準検査」欄創設 一〇年間保存、進学先学校へ原本を送付

年	戦後教育の主な出来事
一九四五年	ポツダム宣言受諾・第二次世界大戦終結 新日本建設の教育方針公表
一九四六年	アメリカ教育使節団報告書 日本国憲法公布
一九四七年	教育基本法公布　児童福祉法制定 学校教育法施行六・三制教育制度実施 日本教職員組合結成 経験主義教育による学力低下と学力論争
一九四八年	新制高等学校開校 国会で教育勅語失効・排除決議 教育委員会法公布
一九四九年	教育公務員特例法公布、教育委員会発足
一九五〇年	朝鮮戦争勃発
一九五一年	地方公務員法制定 児童憲章制定　学籍簿が指導要録に変

一九五一年要領 （昭和二六年）	学習指導要領改訂、経験主義の教育課程の方針 小学校自由研究廃止「教科外活動」新設 中学校、外国語・職業家庭、特別教育活動新設	 一九五三年 一九五四年	更 日本教職員組合教育研究集会始まる サンフランシスコ講和条約締結日本独立 学校教育法改正（文部省教科書検定制度発足） 教育二法成立（中確法・教育公務員特例法）
一九五五年要録 （昭和三〇年）	「評定」欄5段階へ表記変更（5・4・3・2・1） 「学習の記録」欄に「備考」欄新設（態度・進歩） 「行動の記録」欄新設3段階評価（A・B・C） 「所見」欄新設（個人内評価）、指導と外部への証明に役立つ原簿へ（二〇年間保存）	一九五五年 一九五六年 一九五七年	自由民主党と社会党の対立「五五年体制」確立 地教行法施行（教育委員は任命制へ改正） 文部省幼稚園教育要領制定 日本教職員組合勤務評定反対闘争
一九五八年要領 （昭和三三年）	学習指導要領「試案」から「告示」に変更、法的拘束力を持つ教育課程の国家基準へ 系統的学習による基礎学力充実、科学技術教育、道徳教育の時間の設置（小・中）、高校は倫理社会科設置	一九五八年 一九五九年 一九六〇年 一九六一年	学校保健法制定　学級編制義務標準法成立 教育の「五八年体制」確立、学習指導要領が（「試案」から「告示」へ） 就学困難児童への教科書・修学旅行費補助法 日米安保条約改定 全国一斉学力調査実施（悉皆調査）、日教組学テ反対闘争

一九六一年要録（昭和三六年）	中学校社会科で地理・歴史・政治経済分野学習 「評定」欄は相対評価（5段階評価）、「所見」欄は文章記述（個人内評価）、「所見」欄に「進歩の状況」欄新設、○を記入、「教科外活動記録」欄新設（文章記述）、「行動および性格の記録」欄新設（文章記述） 「標準検査等の記録」欄新設、公簿として様式統一
一九六八年要領（昭和四三年）	教育の現代化、指導要領の目標「調和と統一」 テスト主義教育の是正と人間性の回復を目指す 国家社会への「責任と協力の精神」で統一 教育課程は教科・道徳・特別活動の三領域構成（学校行事と特別活動の統合） 教育の現代化で小学校に集合・関数・確率導入

一九六二年	高等専門学校制度誕生 義務教育諸学校教科書無償に関する法律公布 序列と競争の能力主義の激化　高校生急増対策
一九六三年	家永三郎『日本史』教科書条件付き検定合格
一九六四年	中教審「後期中等教育の在り方」諮問 東京オリンピック　キャロルの学習モデル発表
一九六五年	全国学力調査（抽出調査）に変化 ＩＥＡ（到達度評価国際協会）国際比較調査参加
一九六六年	文部省「生徒指導の手引き」配布 ユネスコ・ＩＬＯ「教師の地位に関する勧告」 中教審答申「中等教育と期待される人間像」
一九六七年	永野重史ブルームのタキソノミーを日本に紹介
一九六八年	教員の大量採用（〜七三年まで）
一九六九年	モーニングショーで通知表の相対評価論争

	中学校理科「A生物とその環境」「B物質とエネルギー」「C地球と宇宙」の三領域へ整理		教育の現代化と民間教育運動の流行 第三次公立義務教育学校教職員定数改善計画
	中学校時間数週当たり三四時間へ二時間増加	一九七〇年	家永教科書裁判第二次訴訟判決 高校進学率八〇%突破　万国博覧会開催
一九七一年要録（昭和四六年）	評価方法は「絶対評価を加味した相対評価」とし、「評定」欄は5段階評価、相対評価の分配割合は「機械的に割り振らないように」「通信簿には指導要録の様式、記載方法をそのまま転用することは適当でない」と注意（文部省通知）、「学習所見」3段階評価	一九七一年	IEA国際比較調査（理科）参加 全国教育研究所連盟「落ちこぼれ」問題発表 中教審答申（通称「四六答申」）
		一九七二年	沖縄日本に返還　通知表「オール3」問題発生 内申書損害賠償訴訟　日教組市販テスト追放運動
	「行動および性格の記録」欄の「評定」欄は3段階評価（ABC）	一九七三年	人材確保法案閣議決定 ブルーム来日講演　完全習得学習理論普及
	「特別活動の記録」欄新設（文章記述） 前回同様「所見」欄設定（文章記述）		
一九七七年要領（昭和五二年）	「ゆとり」「人間性」重視、指導要領の大綱化	一九七四年	文部省、教頭職を法制化 高校進学率九〇%突破
	教育の現代化による「落ちこぼれ」問題へ対応 人間性豊かな教育課程（知・徳・体の	一九七五年	文部省主任制度化、中学に生徒指導主事配置 京都府教委到達度評価「研究討議資料」配布

調和）学習は基礎基本に精選（教科時間数の削減）
「ゆとりある充実した学校生活」へ学校の自主性尊重、授業時数の三五〇時間削減（「学校が創意工夫を生かした教育活動を行う時間」に充てる）、中学校は現代化で導入した理科、数学の高度な内容の削減や高等学校へ移す、特別活動に国旗の掲揚・国歌の斉唱導入

一九八〇年要録（昭和五五年）

目標に準拠評価（絶対評価の導入）の登場
「学習の記録」欄は「評定」欄と「観点別学習状況」欄の併用、「観点別学習状況」欄は「知識・理解」「技能」「考え方」「関心・態度」の4「観点別学習状況」観点を新設（「評価」欄は「絶対評価を加味した相対評価」）として残る、「観点別学習状況」欄は3段階絶対評価に転換、低学年は「評定」3段階評価に変更

一九七六年	国立教育研究所通知表（第一次）全国調査 旭川学力テスト最高裁判決、学テ適法判断
一九七七年	「ゆとりの時間」カリキュラム開発開始
一九七八年	新構想教員養成大学設置 中教審「教員の資質能力向上」答申
一九七九年	国連「国際児童年」　到達度評価研究会結成 文部省、養護学校就学義務制実施
一九八〇年	警察庁「少年の非行と自殺の概要」発表 学級編制・教職員定数標準法改正（四五→四〇人） 国立大学共通一次テスト開始 IEA国際比較調査（算数・数学）参加
一九八一年	国連「国際障害者年」
一九八二年	文部省「校内暴力に関する手引書」全国配布
一九八三年	ブルーム来日講演（第二回）

	「特別活動の記録」欄に「活動の意欲」「集団への寄与」を新設、「行動および性格の記録」欄の「評定」は＋（優れる）空欄－（指導要する）に、「所見」欄は文章記述（個人内評価）		文部省全国学力調査（達成度）調査実施
		一九八四年	中曽根内閣「臨時教育審議会」設置（八四～八七年）
		一九八五年	文部省「いじめ問題のアピール」公表
一九八九年要領（平成元年）	新学力観の提言、関心・意欲・態度を重視し、思考力・判断力・表現力を重視した自己学習する自己教育力、個性尊重の育成、方針は①心豊かな人間、②自己教育力、③基礎基本と個性教育、④文化と伝統の尊重と国際理解の推進	一九八六年	東京都富士見中学校いじめ自殺事件（第一の波） 教育評価実践交流会開催
		一九八七年	初任者教員研修制度先行実施
		一九八八年	文部省校則見直しを要請
		一九八九年	国連総会「子どもの権利条約」採択 日教組分裂・全日本教職員組合結成
	低学年に「生活科」新設（理科・社会廃止）	一九九〇年	神戸市高校生徒校門圧死事件 伝習館高校最高裁判決、学習指導要領は適法 大学入試センター試験開始 国連「国際識字年」
一九九一年要録（平成三年）	「学習の記録」欄は「評定」欄と「観点別学習状況」欄が併用だが「観点別学習状況」欄がメインに	一九九一年	中教審「後期中等教育改革」答申（新しい高校・大学入試制度）
	「観点別学習状況」欄の観点は「関心・意欲・態度」「思考・判断」「技能・表現」「知識・理解」の順番 評価は絶対評価、評価基準は（ＡＢＣ）、低学年生活科評価、学籍簿と指導簿は	一九九二年	公立諸学校第二土曜日休業日化 大阪府箕面市教委指導要録全面開示、全国波及 文部省高校入学選抜について方法改革

	別様式に、保存期間は学籍簿二〇年、指導簿五年に
一九九八年要領（平成一〇年）	二一世紀を展望した「生きる力」と「確かな学力」 基礎基本の定着と個性を生かす教育、国際化・情報化等社会の変化に主体的に対応できる資質・能力を横断的・総合的な学習で育てる 縦割り型教科の学力から横断的・総合化し課題対応型の学力育成を目指す、「知の総合化」と「特色ある学校」「個性を生かす教育」そのため学校独自の創意工夫を生かした「総合的な学習の時間」新設
二〇〇一年要録（平成一三年）	「学習の記録」欄は「評定」欄と「観点別学習状況」欄が併用だが「観点別学習状況」欄がメインに 「評定」欄は目標準拠評価の3段階評価 「観点別学習状況」欄の観点は「関心・意欲・態度」「思考・判断」「技能・表

	（業者テスト廃止に文部事務次官通達）
一九九三年	第六次教職員配置改善計画開始
一九九四年	日本政府「子どもの権利条約」批准 通知表全国第二次調査（阪大・箕面市教委）
一九九五年	日教組、参加・改革・提言へ方針転換 文部省・日教組和解 阪神・淡路大震災発生 スクールカウンセラー制度実施
一九九六年	中教審「二一世紀を展望した教育の在り方」答申、文部大臣いじめ問題で緊急アピール
一九九七年	神戸市小学生殺害事件 日教組「二一世紀カリキュラム委員会」発足
一九九八年	中・高一貫教育提示 文部省「心の教育」充実
一九九九年	国歌・国旗に関する法律公布 高等教育から「ゆとり」教育・学力低下批判 「学級崩壊」多発
二〇〇〇年	国際学力到達度調査開始（PISA調査―OECD）

	現」「知識・理解」の順番 「総合的な学習の時間」欄を新設（「学習活動」「観点」「評価」欄を設定（全て文章記述）） 「特別活動」「行動の記録」欄「満足」は○印記入 「総合所見及び指導上参考となる諸事項」欄を新設（個性、生きる力等文章記述）
二〇〇三年要領（平成一五年）	学習指導要領の基準変更（最低基準へ）
二〇〇七年（平成一九年）	学校教育法改正（第三〇条）学力の三要素法律化「知識・技能、思考力・判断力・表現力、主体的に学習に取り組む態度」
二〇〇八年要領（平成二〇年）	「ゆとり」教育から学力充実に転換、「知識基盤社会」で生きる力を育成、①知識に国境がなくグローバル化、②競争と技術革新、③パラダイム転換に対応する思考力・判断力、④国際競争

二〇〇一年	小渕内閣「教育改革国民会議」発足 児童虐待防止に関する法律公布 文部科学省設立（文部省と科学技術庁統合） 第七次定数改善（少人数指導） 大教大附属池田小学校児童殺傷事件
二〇〇二年	教育委員会制度改正、完全学校週五日制実施 道徳教材『心のノート』全国配布 中教審答申「指導の充実・改善方策について」 文科省「ゆとり」教育から「確かな学力」へ
二〇〇三年	TIMSS（IEA）算数・数学、理科調査 OECD・PISA『キー・コンピテンシー』報告書
二〇〇四年	中教審答申「新しい義務教育の創造」
二〇〇五年	中教審「特別支援教育推進制度の在り方」答申
二〇〇六年	教育基本法改正、認定こども園スタート いじめ自殺防止に向けて文科省アピー

の激化と自由化に対応できる知識。技術の習得とそれを活用し課題解決する思考力・判断力の育成、総合的な学習の時間の削減と教科の時間数を増加、思考力・判断力・表現力等を育む観点から、基礎的・基本的知識・技能の活用を図る学習活動を重視し、言語活動の充実と言語能力の育成、理数系教科、外国語教育、伝統文化の尊重

二〇一〇年要録（平成二二年）

「ゆとり」教育から「学力充実」へ転換

「観点別学習状況」は定着したが、負担感があり軽減化を図る

学力の三要素を踏まえ評価観点は、「関心・意欲・態度」「思考・判断・表現」「技能」「知識・理解」に整理、「総合的な学習の時間」欄（文章記述）

「外国語活動の記録」欄新設（文章記述）

教育評価の妥当性・信頼性、教師の負担感軽減化のため情報通信技術を使い資料の管理・活用を促進

「特別活動の記録」欄は学校独自の観

	ル
二〇〇七年	学校教育法改正、PISAショック 全国学力・学習状況調査開始 TIMSS（IEA）算数・数学、理科調査
二〇〇八年	教職大学院制度施行 文部科学省第一期教育振興基本計画（二〇〇八～二〇一二年）
二〇〇九年	教員免許更新講習制度施行 大阪府全国学テの府内市町村別正答率を公表
二〇一〇年	文科省『生徒指導提要』配布 TIMSS（IEA）算数・数学、理科調査
二〇一一年	東日本大震災、原子力発電所事故 大津市中学校いじめ自殺事件
二〇一三年	いじめ防止対策推進法施行 安倍内閣教育再生実行委員会設立 OECD国際教員指導環境調査（TALIS） 文科省第二期教育振興基本計画（二〇一三～二〇一七年）
二〇一四年	子どもの貧困対策推進に関する法律施

	点を設定
二〇一七年要領 （平成二九年）	二〇三〇年のＡＩ社会に対応できる子どもの育成 資質・能力の三つの柱により教育課程を構造化、①知識・技能の習得、②思考力、判断力、表現力等の育成、③学びに向かう力、人間性の涵養 ＰＤＣＡによるカリキュラム・マネージメントを重視する 主体的・対話的で深い学びによる学習活動（アクティブ・ラーニング） 「特別の教科　道徳」「外国語」（外国語活動）の導入
二〇一九年要録 （平成三一年）	学習指導要領の目標「知識及び技能」「思考力・判断力・表現力等」「学びに向かう力、人間性の涵養」に対応し「観点別学習状況」の観点を「知識・技能」「思考・判断・表現」「主体的に学習に取り組む態度」に整理、観点別評価段階は前回同様三段階（ＡＢＣ）「学びに向かう力、人間性の涵養」は

	行
二〇一五年	道徳の時間を「特別の教科　道徳」に改編 地教行法改正教育委員会制度改編 学校教育法改正（小中一貫義務教育学校制度） 中教審「コミュニティースクール」答申
二〇一六年	教育機会確保法施行 障害者差別解消法施行 教育公務員特例法改正 第五期科学技術基本計画「Society5.0」提言
二〇一七年	文科省各県教委へ教員育成指標策定を提案
二〇一八年	ＯＥＣＤ国際教員指導環境調査（ＴＡＬＩＳ） 文科省「ＧＩＧＡスクール」構想 文科省第三期教育振興基本計画（二〇一八～二〇二二年）
二〇一九年	中教審「働き方改革」答申
二〇二〇年	新型コロナウイルス感染世界的に蔓延 小学校五・六年外国語、三・四年外国

	語活動実施	観点別評価になじまない点は個人内評価で評価する 「指導要録の『指導に関する記録』を満たす通知表ならば様式の共通化は可能」と校務の情報化推進により負担軽減を通知、「特別の教科　道徳」「外国語」欄新設（文章記述）、「評定」欄は残す
二〇二一年	中教審「令和の日本型学校教育」答申「個別最適な学び」と「協働的な学び」の充実	
二〇二二年	教員免許更新講習の廃止と新研修制度の発足 中教審答申「日本型学校教育を担う教師の養成・採用・研修等の在り方」	
二〇二三年	こども家庭庁発足、こども基本法成立 文科省『生徒指導提要』改訂、若者の自殺増加 PISA2022調査結果公表—日本好成績 生成ＡＩ誕生と「新学力観」模索の議論活発化	
二〇二四年	能登半島地震発生 中教審特別部会提言「教員の環境・処遇改善」 文科省第四期教育振興基本計画（二〇二三～二〇二七年）	

※　戦後教育年譜は、古川治・南山晃生編『二〇一九年改訂新小学校児童指導要録　解説と記入方法Q＆A』（文溪堂、二〇二〇年）並びに戦後箕面教育史編集委員会『戦後箕面教育史』（ＥＲＰ、二〇二二年）のそれぞれの年表をもとに筆者が作成した。

《著者紹介》

古川　治（ふるかわ・おさむ）

1948年　大阪府生まれ。

大阪大学大学院人間科学研究科修士課程修了。

大阪府箕面市立萱野小学校教諭，止々呂美中学校校長，豊川南小学校校長，
箕面市教育センター所長，甲南大学教授などを経て，
現　在　ERP 教育綜合研究所研究員。

主　著　『自己評価活動が学校を変える』（単著）明治図書，2002年。

『教育改革の時代』（単著）東京書籍，2002年。

『過渡期の時代の学校』（単著）日本教育新聞社，2004年。

『ブルームと梶田理論に学ぶ』（単著）ミネルヴァ書房，2017年。

『21世紀のカリキュラムと教師教育の研究』（単著）ERP，2019年。

『小学校児童指導要録　解説と記入方法Q＆A』（編著）文溪堂，2010年。

『教職をめざす人のための教育課程論』（編著）北大路書房，2015年。

『シリーズ・人間教育の探究』全5巻（編著）ミネルヴァ書房，2020～2021年。

その他多数。

学力と評価の戦後史
――学力論争・評価論争は教育の何を変えたのか――

2025年2月1日　初版第1刷発行　〈検印省略〉

定価はカバーに
表示しています

著　者　古　川　　治
発行者　杉　田　啓　三
印刷者　田　中　雅　博

発行所　株式会社　ミネルヴァ書房
607-8494 京都市山科区日ノ岡堤谷町1
電話代表（075）581－5191
振替口座 01020－0－8076

創栄図書印刷・新生製本

ISBN978-4-623-09789-0
Printed in Japan

人名索引

あ行

か行

さ 行

た 行

な 行

は 行

事項索引

さ　行

た　行

な　行

は　行

ま　行

や　行

ら　行

わ　行

数字・欧文